译学新论

两脚踏中西文化
一心评宇宙文章

夏婉璐 / 著

Perspective and Expression: A Study of Lin Yutang's Translation

视角与阐释——林语堂翻译研究

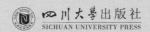

四川大学出版社
SICHUAN UNIVERSITY PRESS

图书在版编目（CIP）数据

视角与阐释：林语堂翻译研究 / 夏婉璐著 ． — 2 版
． — 成都：四川大学出版社，2024.4
（译学新论）
ISBN 978-7-5690-6581-7

Ⅰ．①视… Ⅱ．①夏… Ⅲ．①林语堂（1895-1976）
—翻译理论—研究 Ⅳ．① H059

中国国家版本馆 CIP 数据核字（2024）第 051617 号

书　　　名：视角与阐释——林语堂翻译研究
　　　　　　Shijiao yu Chanshi——Lin Yutang Fanyi Yanjiu
著　　　者：夏婉璐
丛 书 名：译学新论

丛书策划：侯宏虹　刘　畅　余　芳
选题策划：刘　畅　张　晶
责任编辑：刘　畅
责任校对：余　芳
装帧设计：阿　林
责任印制：王　炜

出版发行：四川大学出版社有限责任公司
　　　　　地址：成都市一环路南一段 24 号（610065）
　　　　　电话：（028）85408311（发行部）、85400276（总编室）
　　　　　电子邮箱：scupress@vip.163.com
　　　　　网址：https://press.scu.edu.cn
印前制作：四川胜翔数码印务设计有限公司
印刷装订：四川省平轩印务有限公司

成品尺寸：170 mm×240 mm
印　　张：16.25
插　　页：2
字　　数：303 千字

版　　次：2017 年 7 月 第 1 版
　　　　　2024 年 5 月 第 2 版
印　　次：2024 年 5 月 第 1 次印刷
定　　价：88.00 元

本社图书如有印装质量问题，请联系发行部调换

扫码获取数字资源

四川大学出版社
微信公众号

前　言

　　作为蜚声海内外的著名作家、翻译家、文化使者，林语堂的多重身份是一个有机的整体。他的文学观、文化观、翻译观相互影响，相互印证。林语堂的翻译实践跨越 30 年，共出版 19 部译著，既有汉译英，也有英译汉，并涵盖编译、译写、自译等多种翻译形式。他用英文向西方人介绍中国文化的作品，如《京华烟云》《风声鹤唳》《吾国与吾民》《生活的艺术》，也蕴藏着丰富的翻译元素。此外，就传播中国文化、促进文化交流而言，林语堂称得上是中国典籍英译最为成功的中国译者之一。他的一些译作在多个国家出版并多次再版。林语堂丰富多维的翻译活动为翻译研究带来了无尽的启示。然而，在当前关于林语堂的翻译研究中存在如下一些问题：首先，微观研究远远超过宏观研究，并且重复研究现象突出。大多数研究在选题、观点及资料的使用上雷同。其次，某些研究的结论有失公允。此外，大多数研究过于集中于某几部译作，如《浮生六记》及散落在《中国的智慧》《吾国与吾民》《生活的艺术》中的中国诗词、中国哲学思想翻译。而林语堂的英译汉作品、自译作品以及为中国文化传播做出巨大贡献的编译作品，如《孔子的智慧》《老子的智慧》《英译重编传奇小说》《苏东坡传》则缺乏应有的关注。这些不足为本书的研究提供了深入挖掘的空间。

　　针对上述现状，本书以林语堂尚未得到足够关注的翻译作品为语料，在描述翻译学的原则和方法指导下，运用现当代西方译论观点，从宏观的角度，以林语堂作家、译家、文化使者三位一体的身份为切入点，探讨林语堂的文化观、文学观对林语堂翻译思想的形成以及翻译过程中决策制定的影响。这一研究有助于我们更加全面深入地把握林语堂的翻译思想及翻译实践。此外，本书考察了基于"中西文化溶合观"之上的林语堂跨文化翻译思想及翻译实践，分析其现代意义，揭示了其对当前典籍英译的启示意义。

　　本书由六个章节组成。绪论部分介绍了本书的选题缘起、研究意义、方法及视角。第一章以林语堂的中英文作品为基础，全面整理和梳理了林语堂的文化观及文学观。本章将林语堂的文化观归纳为两点：一是"两脚踏中西文化，一心评宇宙文章"，促进中西文化融合的文化理想；二是当中华民族处于危亡之际，自觉担当中国文化大使，向外传播中国文化的爱国情怀。本章将林语堂的文学观归纳为三点：（1）对作品艺术性的强调；（2）反对文学功利主义；（3）强烈的读者意识。

第二章和第三章考察了在其翻译实践中林语堂的文化观对策略制定的影响。第二章分析了林语堂中西文化融合的文化理想在编译作品《孔子的智慧》《老子的智慧》中，在选材、编撰、哲学术语翻译等方面的具体体现；对林语堂跨文化的翻译思想及翻译实践进行现代阐释，阐明在当下的社会语境中，当文化多元与和平发展成为全球母题时，其翻译理念对促进中西文化的对话交流、人类文化共同繁荣，以及对中国典籍英译工作的重要启示。在此基础上，本章思考并提出了翻译的核心意义和译者应具有的文化素养。

第三章以林语堂的英文长篇小说《京华烟云》为例，分析了在中华民族生死存亡之时，林语堂以"中国文化大使"自居的文化身份对其翻译的具体影响。本章对移民作家作品中的翻译成分进行了界定，并从翻译过程及翻译中所遵循的规范两个方面进行理论论证，证明移民作家文学作品中特定文化元素的表达实质就是翻译。本章对《京华烟云》中的翻译元素以及林语堂在翻译时所采用的策略方法进行了总结和分类，并将林语堂与华裔美国作家黄玉雪、汤亭亭、谭恩美在其作品中翻译中国文化元素的策略进行比较分析，从而揭示了林语堂的文化身份对其翻译的影响和制约。

第四章至第六章考察了林语堂文学观的三个方面对其翻译的影响。第四章以《英译重编传奇小说》中具有美化倾向的译写实践为例，分析了林语堂强调作品艺术性的文学观在其翻译实践中的体现。本章梳理了翻译中改写实践的不同形式及目的，探究了林语堂译写传奇小说的动因，分析了林语堂在翻译《英译重编传奇小说》的过程中对人物描写、对话、叙事视角及主题思想等微观层面的改写，探讨了林语堂以译文"艺术性"为旨归的改写模式，及其在特定社会语境中对延长原作生命、促进中西文化交流的意义与功用。

第五章分析了林语堂反对文学功利主义的文学观对其翻译取材的影响。本章从历时的角度对林语堂翻译生涯的三个阶段（即"语丝"时期、"论语"时期及1936 年出国写作时期）进行了整体考察。通过分析，笔者认为，无论译入语社会的主流意识形态和诗学观念如何变迁，林语堂在翻译取材上对潮流从不盲从。

林语堂对文学功用的理解，即"人生的艺术观"的思想是贯穿其翻译生涯的选材标准。

第六章挖掘了林语堂强烈的读者意识在其翻译中的体现。本章以林语堂的自译作品《林语堂评说中国文化》《啼笑皆非》为例。本章首先探究了在《林语堂评说中国文化》的自译实践中，林语堂在面对不同文化前结构及不同期待视野的读者时对原作所做的改写，分析改写的动因、形式及效果。通过分析，笔者认为，林语堂对英文原文进行改写的出发点是方便读者的理解，增加作品的文学表现效果以吸引读者。接着，本章比较分析了《啼笑皆非》林语堂自译部分和徐诚斌翻译部分。通过比较笔者发现，林语堂比徐诚斌在翻译时具有更大的自由度。林语堂在自译时，只为一位主人即读者服务。读者意识是林语堂在自译活动中改写原文的出发点和原动力。

综上所述，本书证明了林语堂的文化观、文学观对其翻译思想形成及翻译实践所产生的重要影响。这一影响主要体现在翻译目的、翻译标准和翻译的选材三个方面。此外，本书的研究具有一定的理论和实践意义。首先，林语堂的跨文化翻译思想及翻译实践为在强调对话、全球伦理、和平与发展的 21 世纪如何开展典籍翻译工作，促进人类文化共同繁荣提供了可资借鉴和参考的范例。其次，本书中探讨的一些问题，如翻译的核心意义及译者文化素养的提出、对译者以作品艺术性为旨归的改写模式的研究、对移民作家创作文本中翻译元素的界定及论证，均有利于深化翻译理论研究，拓展翻译研究的领域，具有积极的理论意义。

目　录
CONTENTS

绪 论

作为中国文坛丰碑式的人物，林语堂在国内外享有极高的知名度，曾经被美国文化界列为"二十世纪智慧人物"之一①，并当选为诺贝尔文学奖的候选人和国际笔会的副会长。林语堂的系列作品以多种文字在欧美发行，广为流传。1940年，纽约艾迈拉大学（Elmira College）向林语堂颁授了荣誉文学博士学位。该校校长如此评价林语堂："林语堂——哲学家，作家，才子——是爱国者，也是世界公民；您以深具艺术技巧的笔锋向英语世界阐释伟大中华民族的精神，获致前人未能取得的效果。……我们祷盼您不断以中英文表达人类高尚的精神、标准，那是人类共同的愿望。"② 1946年，林语堂又获得了威斯康星贝路艾特大学（Beloit College）颁发的荣誉人文学博士学位。该校校长如此评价他："林博士，东方学者，世界文士，您具有国际思想，为中华民族扬眉吐气，您的卓越不凡的写作已使您在世界上成为非官方的中国大使。"③ 林语堂去世后，1976年3月29日的《泰晤士报》在第16版刊登讣告，详细介绍了林语堂的一生，肯定了他对中西文化交流所做出的卓越贡献："他是一名多产作家，精通东西文化，借助翻译把中国古典哲学带给了西方，并创作了多本畅销小说。"④ 1976年3月27日的《纽约时报》则在头版给予林语堂更高的评价："林语堂是著名的诗人、小说家、历史学家及哲学家。就向西方读者介绍他的国家及同胞的风俗、梦想、恐惧及思想而言，没人能与之相比。"⑤

作为一名多产作家、翻译家及文化使者，林语堂不仅将与他等身的著译作品留给后人，而且他对文学研究、文化研究、语言研究、美学研究、翻译研究的启示难以估量。

---

① 施建伟：《林语堂研究论集》，上海：同济大学出版社，1997年，第105页。

② 林太乙：《林语堂名著全集》第29卷，长春：东北师范大学出版社，1994年，第188页。

③ 林太乙：《林语堂名著全集》第29卷，长春：东北师范大学出版社，1994年，第189页。

④ "Dr Lin Yutang Chinese Scholar and Novelist" in *The Times*，March 29，1976，p.16.

⑤ "Lin Yutang, 80, Dies; Schoolar, Philosopher: Lin Yutang, Scholar-Philosopher, Dies" in *The New York Times*，March 27，1976，p.1.

林语堂在《八十自叙》中自诩为"一团矛盾":"他自称异教徒,骨子里却是基督教友。现在献身文学,却老是遗憾大学一年级没有进科学院。他爱中国,批评中国却比任何中国人来得坦白和诚实……他仰慕西方,但是看不起西方的教育心理学家。曾自称为'现实的理想家'和'热心肠的讽世者'。"① 林语堂的深度、厚度及复杂性使徐讦在《追思林语堂先生》一文中如此评价:"我相信他在中国文学史有一定的地位,但他在文学史中也许是最不容易写的一章。"②

在翻译研究中,林语堂也是不容易写的一章。林语堂的翻译活动跨越 30 年,一生共发表了 19 部译著,既有汉译英,也有英译汉,而且翻译形式多样,有编译、译写也有自译。此外,他用英文向西方人介绍中国文化的作品,如《京华烟云》《风声鹤唳》《吾国与吾民》《生活的艺术》,也蕴藏着丰富的翻译元素。林语堂的译作能穿越时间吸引今天的读者,也能跨越空间抵达并影响大洋彼岸不同文化背景的读者。林语堂称得上是中国典籍英译最为成功的中国译者之一。他的一些译作在多个国家出版并多次再版。如《孔子的智慧》分别在美国、英国、日本、德国、西班牙和葡萄牙出版,并在美国再版两次。《老子的智慧》分别在美国、德国、西班牙出版,并在美国再版两次。《古文小品译英》分别在美国、英国、德国、西班牙、葡萄牙、瑞典及意大利出版。《英译重编传奇小说》则在美国、法国、日本、德国、西班牙、葡萄牙和挪威出版。

近年来,翻译领域内的林语堂研究呈不断上升态势,角度也愈加多元化。笔者在中国学术期刊论文数据库以"林语堂"和"翻译"为词进行题名搜索,搜集到 2003 年至 2013 年 11 月共 175 篇有关林语堂翻译研究的文章。其中,译品研究 79 篇,翻译思想研究 37 篇,文化角度的研究 24 篇,其他角度的研究 30 篇。以"林语堂"和"翻译"为关键词在中国优秀硕士论文库中则搜索到 2003 年至 2013 年 11 月共 86 篇林语堂翻译研究论文。其中,译品研究 31 篇,翻译思想研究 9 篇,文化角度的研究 21 篇,综述 4 篇,主体性研究 5 篇,美学研究 5 篇,其他角度的研究 11 篇。

比较深入的研究有杨柳的博士论文《林语堂翻译研究:审美现代性》(2005)、王少娣的博士论文《跨文化视角下的林语堂翻译研究:东方主义与东方文化情结的矛盾统一》(2007)、冯智强的博士论文《中国智慧的跨文化传播》

---

① 林语堂:《八十自叙》,北京:宝文堂书店,1990 年,第 1 页。
② 徐讦:《追思林语堂先生》,载子通编《林语堂评说七十年》,北京:中国华侨出版社,2003 年,第 155 页。

（2009）。杨柳的论文以审美现代性为切入点，探讨了林语堂在翻译中与现代性相契合的叛逆与颠覆。杨柳在文中分析了林语堂在翻译选材上对"新""异"的追求，对精英文化通俗化的翻译策略，"美译"的翻译思想及实践，翻译中的女权意识以及对"翻译间性"的追求。王少娣的论文以林语堂的文化观为切入点，将林语堂的文化观归纳为由东方主义和东方文化情结构成的矛盾综合体，并在跨文化的视角下考察林语堂复杂的文化观在其汉英翻译中的体现。冯智强的论文从跨文化传播的维度，通过考察林语堂传播中国智慧的整个流程，探讨林语堂中国智慧的建构过程、传播动因、传播策略、接受效果以及在文化传播过程中的功能与效用。

总体而言，对林语堂的翻译研究主要沿三条线发展：一是对林语堂的某部译作（特别是《浮生六记》）进行某个角度微观层面的研究，如翻译方法策略探讨、译本比较。二是从跨文化的角度对林语堂在翻译实践中的文化选择、文化观进行剖析阐释。三是研究林语堂的翻译思想。在这三条线中，沿第一条线进行的研究在数量上占绝对优势。

总的说来，当前林语堂的翻译研究存在如下问题：（1）微观研究远远超过宏观研究，且重复研究现象突出。对林语堂的翻译研究主要集中于译品研究和翻译思想研究，以译品研究为主。这些研究虽然论证充分，资料翔实，但往往侧重于对字句的理解与表达等语言表层问题的静态描写和微观分析，宏观与动态的深入考察则明显不足。此外，大多数论文在选题、观点及资料的使用上存在重复现象。（2）从文化的角度对林语堂这位"中学西渐"史上重要的文化使者的翻译思想及翻译实践研究给予了一定的关注。这一角度为林语堂翻译研究注入了新的活力，但某些研究的结论值得商榷。如：曾与奇（2010）、朱伊格（2009）、李楠（2007）、左芳（2008）片面地将林语堂的文化观归纳为以西方为中心的"东方主义"文化观，王少娣在博士论文《跨文化视角下的林语堂翻译研究：东方主义与东方文化情结的矛盾统一》中将林语堂的文化观定义为东方主义与东方情结的矛盾体。笔者认为，林语堂的文化观包括两个方面：一是林语堂站在人类大同的高度，希望实现中西文化融合互补的文化理想；二是当中华民族处于危亡之际，自觉充当中国文化大使的爱国情怀。（3）对林语堂翻译的探讨集中于某几部译作，如《浮生六记》以及散落在《中国的智慧》《吾国与吾民》《生活的艺术》中的中国诗词、中国哲学思想翻译。而林语堂的英译汉作品、自译作品以及为中国文化传播做出巨大贡献并多次再版的编译作品，如《孔子的智慧》《老子的智慧》《英译重编传奇小说》《苏东坡传》则缺乏应有的关注。

笔者认为，林语堂翻译活动的宏阔、复杂和多维决定了我们的研究不能仅停留在静态的、单维的层面。林语堂作为作家、翻译家及文化使者的三重身份是一个有机的整体。这三重身份相互渗透并相互影响。林语堂的文化观、文学观共同作用，促成了林语堂翻译思想的形成，并最终体现在他的翻译实践中。本书从宏观的角度，以林语堂为考察对象，以林语堂尚未得到足够关注的翻译作品为语料，在描述翻译学以及布鲁克斯提出的"文本细读法"的原则和方法指导下，运用现当代西方译论观点，以林语堂的文化观、文学观为切入点，考察其对林语堂翻译思想的形成以及翻译过程中决策制定的影响。这一研究有助于我们更加全面、深入地把握林语堂的翻译思想和翻译实践。此外，作为典籍英译的成功个案，林语堂的跨文化翻译实践必然具有一定的现实意义。本书对林语堂基于"中西文化溶合观"① 之上的跨文化翻译思想、翻译实践进行了现代阐释，挖掘其现代性，探讨其在当下的社会语境中，对传播中国文化、实现异质文化间的平等对话与交流，从而促进人类文明共同繁荣的启示意义。

这一研究具有一定的理论意义及现实意义。

1. 深化林语堂翻译研究。

本书在两个方面拓展了林语堂翻译研究的维度：深入挖掘林语堂的翻译思想，更加全面地认识林语堂的翻译活动。林语堂的翻译思想主要体现于《论翻译》一文中。在这篇文章中，林语堂提出了"忠实、通顺、美"的翻译三标准，并强调翻译即创作。然而，对于具有丰富的翻译实践，出版了 19 部译著，翻译活动跨越了编译、译写、自译等多种翻译形式的林语堂来说，这些仅是其翻译思想的一部分。这些翻译思想通过林语堂形式众多的翻译实践体现出来。林语堂是一位特殊的译者，他的特殊性表现在他兼具作家、译者的双重身份，拥有中西文化融合和"世界公民"的视角。因此，林语堂的文学观与文化观必然会影响他的翻译观，并在他的翻译实践中有所体现。本书将林语堂的多重身份有机地结合起来，从林语堂的文化观及文学观出发，以林语堂多种形式的翻译实践为例证，挖掘林语堂深受其文学观、文化观所影响的、蕴藏于其翻译实践中的翻译思想。其次，目前在翻译领域中对林语堂的研究集中于《浮生六记》等几部译作。而体现林语堂翻译活动丰富层次、拥有广泛读者、为传播中国文化做出巨大贡献的

---

① 施建伟在《中西文化的溶合》（《林语堂研究论集》）中将林语堂的文化观归纳为"中西文化溶合观"，本书将沿用施建伟的这一提法，但动词仍用"融合"一词。

作品，如《孔子的智慧》《老子的智慧》《英译重编传奇小说》《古文小品译英》则缺乏应有的关注。本书系统研究了这些尚未得到足够关注的翻译作品，有助于更加全面、宏观地认识林语堂的翻译思想和翻译实践。

2. 通过分析林语堂"中西文化溶合观"所决定的跨文化翻译观，进而探讨翻译的核心价值以及译者应具备的文化素养。

当代后殖民主义译论呼吁重视翻译活动中所凸显的强势文化与弱势文化之间的权力失衡现象，关注第三世界文学译入欧美主流文化时所面临的同质化命运，强调通过"抵抗式"翻译解构欧美中心主义的文化霸权从而书写差异。然而，后殖民译论家在指责"东方主义"这一极端的同时，却走向了另一极端。无论是"东方主义"还是后殖民的翻译观均以自己为参照物，以自己为标准来看待另一文化。这两种观点将我们带入了这样一个误区，即强弱文化间的翻译就是一种权力行为。笔者不禁困惑：翻译的核心意义究竟是什么？是权力的博弈还是交流与融合？捍卫文化多元性并不代表将民族文化当作一种静止不变的博物馆文化。将民族文化不加选择、不加调整地强塞于人，也未必就能达到预期的目的。因此，本书通过剖析林语堂"两脚踏中西文化，一心评宇宙文章"的跨文化翻译观，说明在翻译民族文化时并不是只有顺应和抵抗、非此即彼的两条路可走。林语堂基于"中西文化比较"及"中西文化互补"的跨文化翻译观给我们指明了第三条路，让我们更加清晰地看到翻译的核心意义：使不同文化背景下的人们跨越语言的藩篱相互理解，促进人类文化的共同繁荣。而此种文化使命感也应是沟通中西、传承文明的译者所应具备的重要文化素养。

3. 通过考察林语堂的跨文化翻译策略及其在特定的历史文化语境中对中西文化交流的特殊意义与功用，探讨在当下如何传播中国文化，如何通过翻译促进中西文化的对话交流。

林语堂是中西文化交流史上成功的典型个案。其深受中西文化双重滋养的学习成长经历，以和谐作为生命理想和人生追求的情怀，塑造了林语堂站在人类大同这一高度的跨文化视角和"中西文化溶合观"。林语堂的英译作品无不是以传播中国文化、促进中西文化融合和建构世界文化理想为旨归。本书分析了林语堂在编译中国经典《孔子的智慧》《老子的智慧》时，在选材、编撰及具体语言操作层面所体现出的翻译策略。在翻译这些中国经典时，两次世界大战以及高度工业机械化使"人的异化"成为一个突出的世界性问题。在这一背景下，林语堂站在两种文化的间性空间看到了儒家、道家的普适意义。在翻译时，林语堂做的不是复旧，不是事无巨细的转述，而是对中国古典哲学针对新的社会命题在新的时代语境下的萃取和整理，在新的平台上赋予中国古典哲学经典以新的生命。从这个意义上讲，对林语堂的英译作品，特别是英译中国经典进行全面解读与策略阐释，可为当今文化多元化、全球伦理背景下弘扬和传播中国文化、促进异质文化间的对话与交流提供可资借鉴和参考的范例。

4. 有助于深化对译者主体性的研究。

译者主体性的研究常与"权力"相结合。在目前的翻译研究中，译者主体性的彰显、译者对原文的操控常出于三种诉求：（1）勒菲弗尔及操控学派所提出的为了在译入语文化中产出可接受性的译文。（2）女性主义译论家所提出的实现与男性平等的政治理想。（3）后殖民译论家所提出的解构欧洲中心主义及解殖民。本书以林语堂为个案，研究译者在操控原文时的另外两种出发点，即译文的艺术性和读者的接受。林语堂兼具作者和译者的双重身份，因此他本人对文学的理解及其诗学观念在翻译过程中会起到不可忽视的作用。当他的诗学观念与原文不一致时，林语堂通过改写原文让译文书写自己的文学主张。此外，林语堂强烈的读者意识也促使他在面对不同期待视野、不同文化前结构的读者时，采取增、删、重写等策略以方便读者理解。这一研究开辟了译者主体性研究的新视角，廓清了翻译实践中译者对原文进行操控的不同形式，有助于我们更全面、更客观地看待某些译者的翻译实践，理解其改写原文的出发点及指导其改写的具体原则，并探讨这种实践在特殊的社会文化语境下对促进中西跨文化交流的积极功用。

5. 为译家研究提供新的思路。

当前的译家研究大多沿袭面面俱到的传统模式。本书以林语堂的文化观、文学观为切入点，从这个角度进行深入挖掘，探讨其在林语堂翻译实践中的影响。从这一视角出发将林语堂的翻译思想、林语堂在翻译中的决策制定以及林语堂形式多样的翻译实践串联起来，使之成为一个主题鲜明、中心明确的有机整体。这一视角也为其他翻译家，特别是作家译者的研究提供了新的思路，对为更全面、更客观地解读林语堂的翻译具有一定的启示作用。

本书的创新性主要体现在以下五个方面：

（1）本书首次系统地研究了林语堂的编译作品《孔子的智慧》《老子的智慧》《英译重编传奇小说》《苏东坡传》、自译作品《林语堂评说中国文化》《啼笑皆非》及其在"语丝""论语"时期的英译汉作品。这有助于拓展林语堂翻译研究的广度，填补当前林语堂翻译研究中的缺漏。

（2）本书首次系统地研究了林语堂"中西文化溶合观"所决定的跨文化翻译观在其翻译思想、翻译实践中的互文体现。这一研究有助于纠正目前存在于林语堂翻译研究中的某些偏颇的观点。此外，本书剖析了林语堂的跨文化翻译观和翻译实践在特定历史文化语境中对传播中国文化、促进中西文化交流的意义与功用，这有助于探讨在当下经济全球化的社会语境中，当文化多元与和平发展成为全球母题时，如何通过翻译促进中西文化间的对话交流和人类文化的共同繁荣。

（3）本书明确提出了翻译的核心意义以及译者应具备的文化素养。不同的译论家从不同的角度对翻译的目的、功用有着不同的阐释。基于对林语堂的跨文化翻译思想、翻译实践的阐释与分析，本书提出，翻译的核心意义应是使不同文化背景下的人们跨越语言的藩篱相互理解，促进人类文化的共同繁荣。此外，本书也提出了译者应具备的文化素养，即"为天地立心，为生民立命，为往圣继绝学，为万世开太平"的文化意识和文化使命感。

（4）本书首次系统地研究了译者以作品艺术性为旨归的改写模式。国内对翻译中改写的研究几乎言必谈勒菲弗尔和意识形态，似乎改写的动因只有一个：符合译入语社会主流意识形态和诗学观。但实际上，就改写的目的而言，翻译中的改写有多种形式。本书以林语堂在《英译重编传奇小说》中的改写为例，着重探讨译者为追求译文的艺术性、体现其文学主张而进行的改写实践，及其在特定历史文化场域中对文化交流的重要意义。

（5）本书首次将移民作家的创作文本纳入翻译的范畴，并进行理论论证。对于移民作家的写作文本，大多数学者的研究视角仍局限在文学研究和文化研究的框架内，鲜有学者从翻译的角度进行研究。本书以林语堂的英文著作《京华烟云》为例，探讨这类创作文本中所蕴含的翻译现象。本书对这类文本中的翻译元素进行了界定，并从翻译的认知过程和译者在翻译中所遵守的规范两个角度进行理论论证，从而阐明移民作家对特定中国文化元素的传达实质上就是翻译，并通过挖掘、梳理这些文本中的翻译元素来揭示不同文化身份对作家在翻译中国文化元素时的策略选择的不同影响。

本书共六章。绪论阐述本书的研究目的、意义、方法和视角。第一章对林语堂的文化观及文学观进行全面的梳理及整理。林语堂的文化观具体体现在两个方面：一是"两脚踏中西文化，一心评宇宙文章"，促进中西文化融合的文化理想；二是当中华民族处于危亡之际，自觉担当中国文化大使及代言人，向外传播中国文化的爱国情怀。本章将林语堂的文学观归纳为三点：强调作品的艺术性、反对文学功利主义、强烈的读者意识。

第二章和第三章探讨林语堂的文化观在其翻译实践中对其策略制定的影响。第二章通过分析林语堂中西文化融合的文化理想在其编译作品《孔子的智慧》《老子的智慧》中于选材、编撰、哲学术语翻译等方面的具体体现，对林语堂跨文化的翻译思想、翻译实践进行现代阐释，阐明其翻译理念在当下对传播中国文化、促进中西文化交流的启示意义，并思考翻译的核心价值和译者应具有的文化素养。

第三章分析了在中华民族生死存亡之时，林语堂以"中国文化大使"自居的文化身份对其翻译的具体影响。本章以林语堂的英文长篇小说《京华烟云》为例，首先对移民作家作品中的翻译成分进行界定，并进行理论论证；接着，对《京华烟云》中的翻译元素进行归类及整理，总结林语堂在翻译时所采用的翻译方法；最后，通过将林语堂与美国华裔作家黄玉雪、汤亭亭、谭恩美等在其作品中对中国文化元素的翻译策略进行比较，从而分析林语堂的文化身份对其翻译的影响和制约。

第四章至第六章探讨了林语堂的文学观对其翻译的影响。第四章分析了林语堂强调作品艺术性的文学观在其翻译中的体现。本章以林语堂在《英译重编传奇小说》中具有美化倾向的译写实践为例，通过分析林语堂在翻译过程中对人物描写、对话、叙事视角及主题思想等微观层面的改写，探讨林语堂以译文"艺术性"为旨归的改写模式及其在特定社会语境中对延长原作生命、促进中西文化交流的意义与功用。

第五章分析了林语堂反对文学功利主义的文学观对其翻译取材的影响。本章从历时的角度对林语堂翻译生涯的三个阶段（即"语丝"时期、"论语"时期及1936年出国写作时期）进行整体考察。本章论证得出，无论译入语社会的主流意识形态和诗学观念如何变迁，林语堂在翻译取材上对潮流从不盲从，"人生的艺术观"的思想是贯穿始终的选材标准。

第六章挖掘了林语堂强烈的读者意识在其翻译中的体现。本章以林语堂的自译作品《林语堂评说中国文化》《啼笑皆非》为例。本章首先探究了林语堂在《林语堂评说中国文化》的自译实践中，在面对不同文化前结构及不同期待视野的读者时对原作所做的改写，分析改写的动因、形式及效果；接着，通过对《啼笑皆非》汉译本中林语堂自译部分和徐诚斌翻译部分进行对比分析，探讨自译者和他译者在翻译中所表现出的不同特点。通过比较发现，林语堂比徐诚斌在翻译时具有更大的自由度。林语堂在自译时，忠实于原文并不是第一位的。林语堂的翻译是在基于原文的基础上对原文的一种再现。而且，在他的自译实践中，读者的接受是他对原文进行改写的出发点和原动力。

结论部分回顾了本书的要点，从翻译目的、翻译标准、翻译的选材原则三个方面总结了林语堂的文学观、文化观对林语堂翻译思想形成的影响。此外，本部分总结了本书所探讨的一些具有积极的理论及实践意义的问题，总结本书的得失，并对后续研究提出展望。

第一章

林语堂的中西文化观及文学思想综述

第一节　林语堂文化观的形成与发展

20 世纪 30 年代月旦指出，林语堂最大的长处是对外国人讲中国文化，对中国人讲外国文化。其本意不过是嘲讽，林语堂也心知肚明。但在《八十自叙》中，林语堂指出，这一评价一语中的。他据此为自己做了一副对联："两脚踏东西文化，一心评宇宙文章"。这副对联以高度凝练的语言概括了他自己的文化观。

"溶合"是理解林语堂文化观的关键词。施建伟在《中西文化的溶合》一文中将林语堂的文化观归纳为"中西文化溶合观"。施建伟认为："这个溶合观又是由'中西文化比较'和'中西文化互补'这两个层面组成。'比较'是'互补'的根据；'互补'是'比较'的结果；而'溶合'则是比较和互补的结论。"①

林语堂"中西文化溶合观"的形成分为三个阶段。第一阶段为"语丝"时期。在这一阶段林语堂对中国文化所持的是一种激进的、全盘否定的态度。与鲁迅、陈独秀、吴稚晖一样，林语堂用极端偏激的语言批判中国国民性的弱点。林语堂这一阶段的文化观集中体现在《论性急为中国人所恶——纪念孙中山先生》《给玄同先生的信》《萨天师语录》几篇文章中。

林语堂在《萨天师语录》中犀利地批判了中国人恭顺、忍耐、保守的国民性："中国的文明确是世界第一——以年数而论。……你不看见他们多么稳重，多么识时务，多么驯养。由野狼变到家狗，四千年已太快了。你不看见他们多么中庸，多么驯服，多么小心，他们的心真小了。""中国文化的特长的确不少，

---

① 施建伟：《林语堂研究论集》，武汉：湖北教育出版社，1997 年，第 42 页。

但是叩头与哭，绝对非他民族所可企及。""再四千年的文化，四千年的揖让，焚香请安，叩头，四千年的识时务，知进退，他们脑后非再长一对眼睛不可。"①

在《论性急为中国人所恶——纪念孙中山先生》中，林语堂抨击了中国文化的中庸哲学。林语堂将中庸哲学视作中国文化的痛疽，是"中国人惰性之结晶"。在林语堂看来，中庸主义影响下的中国人乐天知命的生活哲学实质上是一种不愿奋斗的惰性思想。"中国最讲求的是'立身安命'的道理，诚以命不肯安，则身无以立，惟身既立，即平素所抱主义已抛弃于九霄之外矣。"②

在《给玄同先生的信》一文中，林语堂完全赞同钱玄同提出的"欧化的中国"的主张。他明确表示了对中国文化的憎恶，言辞之激烈、情绪之激愤溢于言表。在这篇文章中，林语堂将当时的中国人称作中华民族的败类，认为必须从根本上改造国民精神；林语堂也罗列了中国人的一些劣根性，如喜欢唱高调，相信唱高调的作用。③ 因此，林语堂认为，对于中国文化应如周作人所提倡的"针砭民族卑怯的瘫痪，消除民族淫猥的淋毒，切开民族昏惯的痛疽，阉割民族自大的疯狂"④。而具体的方法就是"爽爽快快讲欧化之一法"。

由此可见，这一时期林语堂全面批判、否定中国传统文化，试图以西方的文化价值观来改造中国的国民性。

30年代初，林语堂的文化观开始由前期向后期过渡。在这一时期，林语堂虽然仍坚持对中国文化的激烈批判，但与前期不同的是，林语堂对中国文化的看法更加辩证、理性和成熟。林语堂开始积极地思考中西文化各自的优劣。

第一次世界大战所带来的西方信仰危机使中国的许多有识之士开始从全盘西化转向中西互补。梁启超的《欧游心影录》及梁漱溟的《东西文化及其哲学》便是其中的代表。梁启超从"新民说"转而呼吁青年以"孔老墨三位大圣"和"东方文明"去拯救西方文明。在这一思潮中，大多数学者同意梁启超的观点，赞同中西互补。林语堂文化观的前后变化与这种向中国传统文化复归的思潮有着

---

① 林语堂：《萨天师语录》，《林语堂名著全集》第13卷，长春：东北师范大学出版社，1994年，第315－317页。

② 林语堂：《论性急为中国人所恶——纪念孙中山先生》，《林语堂名著全集》第13卷，长春：东北师范大学出版社，1994年，第15页。

③ 林语堂：《给玄同先生的信》，《林语堂名著全集》第13卷，长春：东北师范大学出版社，1994年，第10页。

④ 林语堂：《给玄同先生的信》，《林语堂名著全集》第13卷，长春：东北师范大学出版社，1994年，第11页。

某种内在的联系。这一思潮在一定程度上催生了林语堂的"中西文化溶合观"。更为重要的是，从小接受西式教育的林语堂此时开始接触宏厚灿烂的中国传统文化，他的文化立场也开始逐渐转变。

"因此当我由海外归来之后，从事于重新发现我祖国之工作，我转觉刚刚到了一个向所不知的新大陆从事探险，于其中每一事物皆是孩童在幻想国中所见的事事物物之新样、紧张和奇趣。同时，这基本的西方观念令我自海外归来后，对于我们自己的文明之欣赏和批评能有客观的、局外观察的态度。"①

林语堂这一时期的文化观集中体现在《中国人之聪明》《中国人与英国人》《论中外的国民性》《论东西思想法之不同》等文章以及英文著作《吾国与吾民》中。在这些作品中，林语堂不再偏激地站在中国文化的对立面，而是站在一个更为客观的立场对中西文化进行比较分析。在《中国人与英国人》一文中，林语堂比较了中国和英国的国民性。在肯定英国国民性的同时，林语堂也对古代中国的国民性表示由衷的赞叹："古代华族是一种自尊的民族，对于外人含有相当的傲慢，正如今日的英人。"② 然而，林语堂也叹息现代中国人已失了古风，因而呼吁向传统复归。

在《论东西思想法之不同》一文中，林语堂比较了中国人和西方人在思维方式、思想体系上的不同："西洋重系统的哲学，而中国无之。……中国人不重形而上学，因为与身体力行无关。……中国人不注重逻辑，尤不喜爱抽象的术语。……总而言之，中国重实践，西方重推理。中国重近情，西人重逻辑。中国哲学重立身安命，西人重客观的了解与剖析。西方重分析，中国重直感。西洋人重求知，求客观的真理。中国人重求道，求可行之道。"③ 在比较的基础上，林语堂提出了互补的可能性。林语堂指出："西洋逻辑是思想的利器，在自然科学、声光化电的造诣，有惊人的成绩。格物致知，没有逻辑不成。"④ 然而，"人生哲学的大问题，若上帝、永生、善恶、审美、道德、历史意义，都无法用科学解

---

① 林语堂：《八十自叙》，北京：宝文堂书店，1990 年，第 102 页。

② 林语堂：《中国人与英国人》，载万平近编《林语堂论中西文化》，上海：上海社会科学院出版社，1989 年，第 19 页。

③ 林语堂：《论东西思想法之不同》，《林语堂名著全集》第 16 卷，长春：东北师范大学出版社，1994 年，第 79－81 页。

④ 林语堂：《论东西思想法之不同》，《林语堂名著全集》第 16 卷，长春：东北师范大学出版社，1994 年，第 81 页。

决"①。而这正是重求道的中国人所关注的问题。中西思想体系走的是不同的路径，而正是由于这两种体系趋向的不同才有了互补的可能性。因此，林语堂提出，儒家和道家的一些思想可以用于解决西方思想体系一味求知而疏于求道的弊端。②

在《吾国与吾民》中，林语堂对中国文化的看法更为辩证、客观。在批评国人的同时，林语堂却又将中华民族的国民性归纳为稳健、淳朴、勤劳、节俭、热爱家庭、热爱和平、知足等 15 条，并毫不掩饰他对这些品质的肯定："总体而言，这些简单却又伟大的品质能让任何国家增光添彩。"③

总而言之，在这一时期，林语堂开始走出了两种文化的二元对立，避免简单粗暴地用一种文化去替代另一种文化。林语堂的文化观包含"中西文化比较"和"中西文化互补"两个相互依存的层面。比较的目的在于揭示互补的必要性和可能性；而互补则是在比较中实现的。

1936 年，林语堂移居美国。在这一时期，林语堂的"中西文化溶合观"也达到了一个新的高度。在时代精神的感召下，林语堂站在中西互补的高度，将东西文化视为建构世界文化的重要元素，通过促进不同文化间的相互学习、取长补短，从而为理想中的大同世界创造一种具有普适价值的全新的文化。因此，在这一时期，林语堂谈到中西文化时，并不是孤立地议论，而是将中西文化放在世界文化的坐标中，以促进人类发展和解决时代命题为旨归，谈论其价值和意义。

林语堂这一时期的"中西文化溶合观"具体体现在《生活的艺术》《啼笑皆非》《奇岛》等英文作品和《论东西文化与心理建设》这篇文章中。

在《生活的艺术》一书序言中，林语堂强调："我选择作为一位享受了现代生活的现代人说话，而不仅仅是作为中国人说话。我想和读者分享的是经过我这颗现代脑袋所吸收的东西，而不仅仅囿于机械地完全忠实地拾古人之牙慧。"④可见，林语堂试图站在一个外在于中国文化的超然的角度来看待中国文化，挖掘

---

① 林语堂：《论东西思想法之不同》，《林语堂名著全集》第 16 卷，长春：东北师范大学出版社，1994 年，第 82 页。
② 林语堂：《论东西思想法之不同》，《林语堂名著全集》第 16 卷，长春：东北师范大学出版社，1994 年，第 87 页。
③ Lin Yutang：*My Country and My People*，Beijing：Foreign Language Teaching and Research Press，2009，p. 47.
④ Lin Yutang：*The Importance of Living*，Beijing：Foreign Language Teaching and Research Press，1998，p. 4. 此部分为作者自译。在后文中，如无明确说明，中译文均为作者自译。

中国文化的现代意义。而且，林语堂在介绍中国传统文化时所做的也并不是静态的复制，而是根据时代命题对中国传统文化进行萃取和动态整理。林语堂的中国文化拼盘中，既有道家的清静无为，体任自然，又有儒家的中庸精神。他将中国传统文化中的"性灵""闲适"之类的士大夫情趣拼接成"生活的艺术"来重塑现代人在对物质文明无尽的追求中异化的人性。

1943 年，林语堂回到战火纷飞的中国，做了题为"论东西文化与心理建设"的演讲。在这篇演讲中，林语堂试图重拾中国人对中国文化的自信心。林语堂号召国人看到中国文化的闪光点。他说："我以为中国如一大海，只看沙滩上的漂泊秽草及鹬蚌相争渔翁得利的小玩意儿，是不足以言观海的。有人恶意宣传，正像向大海投石。投一担石海水不加多，取出所投之石，海水也不减少。凡视一国家的发展，总要眼光放远些，信心要坚定些。营私舞弊，固然也有，而抗战可歌可泣之事也所在多有。目前有不如意小事也！应当批评与纠正，但自信的心理，必须树立。"[①] 然而，林语堂也强调盲目拜外和一味复古都是不可取的。他认为中国文化一定要与西方文化相比较，在比较中明辨东西文化各自的优劣，并对各文化进行扬弃。而比较的目的在于，"发明新知，使古今中外互相印证，这样做法，然后可以融会贯通，自由自在，书为我用，我不为书用，收古今中外为我注脚"[②]。

1943 年 7 月，林语堂的政论著作《啼笑皆非》出版，这也标志着林语堂"中西文化溶合观"的形成。在这本书中，林语堂就国际时事政治发表了自己的见解，同时，他的"中西文化溶合观"也在这部著作中展露无遗。正如林语堂在《啼笑皆非》中文译本序言中所说："是书主旨，可以一言蔽之，即由现此战事战略之处置，明强权政治之存在，由强权政治之存在，推及物质主义之病源，再由物质主义之病源，追溯欧美百年来学术思想上自然主义，科学定数论，及悲观思想之所由来，而后指出最近科学思想之转变，可以打破唯物观念，改造哲学基础，复建精神与物质之平衡配合，使人道主义得超越自然主义之上。由人道与自然之新配合，宇宙观人生观必随之而变，即见老庄与恩斯坦相去不远，东西哲

---

① 林语堂：《论东西文化与心理建设》，《林语堂名著全集》第 18 卷，长春：东北师范大学出版社，1994 年，第 403 页。

② 林语堂：《论东西文化与心理建设》，《林语堂名著全集》第 18 卷，长春：东北师范大学出版社，1994 年，第 406 页。

理，可以互通，而人道得以重立于人间。"①

在 1955 年出版的小说《奇岛》中，林语堂则将他中西融合的文化大同理想付诸实践，创造了他心目中的理想国——泰诺斯共和国。林语堂所创造的这个"乌托邦式"的理想国与其他乌托邦的最大区别在于：泰诺斯共和国是一个多元文化并存的国度，而其他的乌托邦理想都是单一文化的产品。在《奇岛》中，林语堂试图建立一个西方文化与东方文化和平共处的理想国。泰诺斯共和国的精神领袖劳思是集东西方的生理血统和文化血统于一身的"混血儿"。劳思的外祖父是一个在西西里岛做生意的中国人，母亲嫁给了希腊人。劳思希望通过多元文化的融合来构筑泰诺思岛。此外，在这部小说中，人类学家艾玛也希望通过异族通婚来实现文化的融合。

林语堂所强调的世界文化的多元融会，并不是要消弭不同文化的个性，使之同质化，而是要在和而不同中使不同文化相互参照、相互借鉴，以促进人类文化的共同繁荣。

值得关注的是，林语堂的"中西文化溶合观"还有一个重要的部分，即虽然林语堂试图以世界公民的身份、超然的姿态来客观地看待中西两种文化。然而，在身为世界公民的同时，林语堂也是一名爱国者。作为一名生在中国长在中国的中国人，当中华民族处于生死存亡之际，流淌在林语堂身上的中国血液使他不由地从中西文化的间性空间回归到中国文化，担当起中国文化大使的角色。

1936 年，林语堂举家赴美。据林太乙回忆，当外国人向他们投以好奇的目光时，林语堂告诉女儿，时刻不能忘记自己是中国人，更不能因为别人的眼光而感到自卑，因为中华文明源远流长；在外国人面前要不卑不亢，有话直说，才能获得对方的尊敬；并坚持让女儿学习中文。② 40 年代林语堂自美国归国，他在《论东西文化与心理建设》一文中告诫国人，切勿对西方人鞠躬。在林语堂看来，傲慢无礼或卑躬屈膝都是不正确的态度，都失了大国之风。"最要是与外人接触时，有自尊心，不必傲慢无礼，也不必足恭逢迎，不卑不亢，是为大国的风度。"③ 在《中国文化之精神》的中文译序中，林语堂笑谈道："东方文明，余素抨击最烈，至今仍主张非根本改革国民懦弱委顿之根性，优柔寡断之风度，敷衍

① 林语堂：《啼笑皆非》，北京：群言出版社，2010 年，第 1－2 页。
② 林太乙：《林语堂名著全集》第 29 卷，长春：东北师范大学出版社，1994 年，第 150 页。
③ 林语堂：《论东西文化与心理建设》，《林语堂名著全集》第 18 卷，长春：东北师范大学出版社，1994 年，第 406 页。

逶迤之哲学，而易以西方励进奋图之精神不可。然一到国外，不期然引起心理作用，昔之抨击者一变而为宣传，宛然以我国之荣辱为个人之荣辱，处处愿为此东亚病夫作辩护，几沦为通常外交随员，事后思之不觉一笑。"①

从 1936 年林语堂出国写作至 1966 年回台北阳明山定居，林语堂在美国客居了 30 年，但他却一直拒绝加入美国国籍。1966 年，71 岁高龄的林语堂决定举家迁回台北阳明山。对于人们的不理解，林语堂说："自己之所以数十年不在美国买自己的房子，一直高价租房，就是觉得自己是个中国人，最后一定要叶落归根的。"② 连在作品中对林语堂大肆批判的叶灵凤也在《小谈林语堂》一文中说："我对他唯一的'好感'，就是还不曾放弃中国国籍，申请去做美国人。"③

总的说来，林语堂的文化观包含两个方面：一是由"中西文化比较"和"中西文化互补"两个层面所共同构成的"中西文化溶合观"，融合的目的在于促进人类文化的共同繁荣；二是当中国处于危亡之际，自觉充当中国文化大使的爱国情怀。这两个方面看似矛盾，实则是一个统一体。在不同的历史语境中，林语堂的文化观也有不同的侧重点。

第二节　林语堂文学观的形成与发展

林语堂的文学观可以沿着"幽默—性灵—闲适"这条轨迹来理解。这三者一脉相承，环环相扣，又相互支撑。作为"幽默大师"，"幽默"是林语堂最核心的文学主张，"性灵"则是实现幽默的途径，而"闲适"是语言层面的外在表现。

林语堂的幽默观大致可分为三个时期。第一个时期为"语丝"时期。1924年 5 月 23 日林语堂发表《征译散文并提倡"幽默"》一文，同年 6 月 9 日发表《幽默杂话》一文。汉语中本无"幽默"这一词。林语堂是将"幽默"引入中国的第一人。在这一时期，林语堂对幽默的探讨主要集中在译名的确定上。如林语

---

① 林语堂：《林语堂评说中国文化》第 1 集，北京：中国中央党校出版社，2001 年，第 2 页。
② 王兆胜：《21 世纪我们需要林语堂》，载《文艺争鸣》2007 年第 3 期，第 89 页。
③ 叶灵凤：《小谈林语堂》，载子通编《林语堂评说七十年》，北京：中国华侨出版社，2003 年，第107 页。

堂在《幽默杂话》一文中分析了"humor"译作"幽默"的原因："凡善于幽默的人，其谐趣必愈幽隐，而善于鉴赏幽默的人，其欣赏尤在于内心静默的理会，大有不可与外人道之滋味，与粗鄙显露的笑话不同。幽默愈幽愈默而愈妙。故译为幽默，以意义言，勉强似乎说得过去。"① 在最初提倡"幽默"一词时，林语堂对幽默的认识仅仅停留在语言的层面上，认为幽默主要是语言风格上的问题。在《征译散文并提倡"幽默"》一文中，林语堂指出，应在一些学术性较强或是严肃的作品中加入轻松幽默的文字作为调剂。② 此外，值得一提的是，在这一时期林语堂的幽默观是以西方文化为本位的，林语堂在《征译散文并提倡"幽默"》中指出，缺乏论"幽默"的文章是中国当时文学界及文学史上的一个缺漏，一大遗憾。因此，他想写一篇关于"幽默"的文章来弥补这一缺憾。③

同时，在"五四"新文化运动"立人"的社会语境下，林语堂对幽默的提倡是他改造国民性的一种尝试。林语堂提出："幽默的人生观是真实的，宽容的，同情的人生观。"④"语丝"时期，林语堂将中国的国民性归结为昏聩、卑怯、颓丧、傲惰，并加以批判。他看到了根本改造国民性之必要。而改造国民性的重要途径便是"爽爽快快讲欧化"。林语堂认为，传统礼教的束缚是造成中国人性弱点的重要因素。因此，他希望借助幽默恢复活泼自然、自由的人性。

第二个时期为"论语"时期。1932 年 9 月《论语》创刊。在《论语》之后，林语堂相继创办了《人间世》《宇宙风》。以林语堂为代表的"论语派"作家将这三个刊物变为践行幽默闲适小品文的阵地。这一时期，幽默从边缘走进了公众的视线，一度造成"轰的一声，天下无不幽默和小品"（鲁迅《一思而行》）的声势。1933 年也被称作"幽默年"。这一时期，林语堂的幽默观开始逐渐成熟。在《论幽默》一文中，林语堂系统地阐述了自己的幽默观。首先，林语堂以英国作家麦烈蒂斯的《喜剧论》来建构自己的幽默观："我想一国文化的极好的衡量，是看他喜剧及徘调之发达，而真正的喜剧的标准，是看他能否引起含蓄

---

① 林语堂：《幽默杂话》，载万平近编《林语堂论中西文化》，上海：上海社会科学院出版社，1989 年，第 254 页。

② 林语堂：《征译散文并提倡"幽默"》，载万平近编《林语堂论中西文化》，上海：上海社会科学院出版社，1989 年，第 252 页。

③ 林语堂：《征译散文并提倡"幽默"》，载万平近编《林语堂论中西文化》，上海：上海社会科学院出版社，1989 年，第 251 页。

④ 林语堂：《幽默杂话》，载万平近编《林语堂论中西文化》，上海：上海社会科学院出版社，1989 年，第 256 页。

思想的笑。"① 此时，幽默已不仅是语言风格的问题，而上升到了人生观的高度。在《论幽默》一文中，林语堂指出，幽默是人生的不可缺少的一部分，是一个国家的文化发展到一定阶段的必然产物，"人之智慧已启，对付各种问题之外，倘有余力，从容出之，遂有幽默"②，"因此我们知道，是有相当的人生观，参透道理，说话近情的人，才会写出幽默作品"③。在这里，林语堂对幽默寄予了更高的期望："一是对现实人生的批判，这源于笑的社会功能；二是使个体精神世界独立于现实人生的矛盾痛苦，使之在精神的伊甸园内自由舒展，情趣盎然。"④因此，在践行幽默时，林语堂更多的是采取一种超然的姿态。在 20 世纪 30 年代左翼文学及右翼文学的夹击下，林语堂恪守中间立场，使自己从政治的旋涡中抽离出来，站在超然的位置冷静地审视并反思现实。在他的小品文中，"笑"的社会功能发挥得淋漓尽致，"笑"成了他针砭时弊的利器。在林语堂看来，幽默并不仅仅是为人生的，也是自然人性的抒发。林语堂期望实现幽默的批判性和闲适性的兼容。在《论幽默》中，林语堂对幽默的两种形式进行了区分："庄生的愤怒的狂笑，到了陶潜，只成温和的微笑。我所以言此，非所以抑庄而扬陶，只见出幽默有各种不同。议论纵横之幽默，以庄为最，诗化自适之幽默，以陶为始。大概庄子是阳性的幽默，陶潜是阴性的幽默，此发源于气质之不同。"⑤因此，在"论语"时期的作品中，我们既可以看到《论政治病》《中国何以没有民治》《梳、篦、剃、剥及其他》等阳性的幽默，也可以看到《我怎样买牙刷》《吃糍粑有感》《为蚊报辩》等阴性的幽默。此外，林语堂还特别重视"度"的把握，既不能让"议论纵横之幽默"走向"方巾气"的极端，也不让"诗氏自适之幽默"沦为轻浮的"滑稽笑话"。

值得一提的是，林语堂的幽默观已不再仅仅以西方文化为立足点。在《论幽默》一文中，林语堂梳理了中国幽默思想发展的脉络，将中国的幽默溯源到庄子，并强调了蕴涵于陶渊明、性灵派文人作品中的幽默。林语堂将中国文学分为

---

① 林语堂：《论幽默》，《林语堂名著全集》第 14 卷，长春：东北师范大学出版社，1994 年，第 4 页。

② 林语堂：《论幽默》，《林语堂名著全集》第 14 卷，长春：东北师范大学出版社，1994 年，第 4 页。

③ 林语堂：《论幽默》，《林语堂名著全集》第 14 卷，长春：东北师范大学出版社，1994 年，第 17 页。

④ 施萍：《林语堂：文化转型的人格符号》，北京：北京大学出版社，2005 年，第 209 页。

⑤ 林语堂：《论幽默》，《林语堂名著全集》第 14 卷，长春：东北师范大学出版社，1994 年，第 7 页。

两派：一派是儒家正统文学，是言志载道的廊庙文学；另一派是深受道家思想影响的文学，是幽默派的文学。他强调："廊庙文学，都是假文学。"在他看来，真正的文学是性灵的文学，是承袭道家的自然的文学，是属于幽默派、超脱派的文学。这一派的文学才能真正打动人心。他强调："中国若没有道家文学，中国若果真只有不幽默的儒家道统，中国诗文不知要枯燥到如何，中国人之心灵，不知要苦闷到如何。"①

此外，林语堂将"幽默"作为建构理想人性的工具："没有幽默滋润的国民，文化必日趋虚伪，生活必日趋欺诈，思想必日趋迂腐，文学必日趋干枯，而人的心灵必日趋顽固。"②

幽默是林语堂的文学主张，而性灵则是实现幽默的先决条件。"故提倡幽默，必先提倡解脱性灵，盖欲由性灵之解脱，由道理之参透，而求得幽默也。"③ 在《论文》《论性灵》两篇文章中，林语堂集中阐释了他的性灵观。

那么何为"性灵"呢？在《论性灵》一文中，林语堂先从中文的"精神"一词出发。"精神"在英语中并无对应的表达，精神究竟为何物，没有人能说得清楚。但作家如精神不足，则文思枯竭；精神饱满，则字字珠玑若泻玉盘而下。接下来，林语堂由精神而讲到神感（"烟士波利顿"，即灵感）。林语堂指出："精神到时，不但意到笔随，抑且笔意先，欲罢不能，一若佳句之来，胸中作不得主宰，得之无意之中，故托为'神感'之说，实则仍是精神饱满时之精神作用而已，并无两样。"④

林语堂继而阐释"性灵"："一人有一人之个性，以此个性 Personality 无拘无碍自由自在表之文学，便叫性灵。若谓性灵玄奥，则心理学之所谓'个性'，本来玄奥。"⑤ 林语堂指出，发挥个性、直抒胸臆、言个人之志的文学即性灵的文学。也许发挥己见、直言自己喜恶会被世俗所笑，或触犯先哲、触犯权威，但这

---

① 林语堂：《论幽默》，《林语堂名著全集》第 14 卷，长春：东北师范大学出版社，1994 年，第 6 页。

② 林语堂：《论幽默》，《林语堂名著全集》第 14 卷，长春：东北师范大学出版社，1994 年，第 17 页。

③ 林语堂：《论文》，《林语堂名著全集》第 14 卷，长春：东北师范大学出版社，1994 年，第 155 页。

④ 林语堂：《论性灵》，《林语堂名著全集》第 18 卷，长春：东北师范大学出版社，1994 年，第 237 页。

⑤ 林语堂：《论性灵》，《林语堂名著全集》第 18 卷，长春：东北师范大学出版社，1994 年，第 238 页。

一切都被性灵派文人抛诸脑后。对于性灵派文人来说，出卖自己灵魂、趋炎附势、言他人之志、抄袭陈言却是断断不能的。① 林语堂强调，性灵派在写情写景写事时，将自己所欣赏之美景，自己心中之感悟，自己领悟之道理诉诸笔端，便是文学。否则便不能称其为文学。在中国文学传统中，"性灵"具有悠久的历史。《文心雕龙》中已出现"性灵"一词。《原道》篇中写道："仰观吐曜，俯察含章，高卑定位，故两仪既生矣。惟人参之，性灵所钟，是谓三才。"② 南朝的钟嵘在《诗品》中将性灵视为诗歌的本质所在："可以陶性灵，发忧思。言在耳目之内，情寄八荒之表。"③ 林语堂在《论文》一文中指出，袁宗道的《论文》上下两篇是关于性灵派文学最为畅快的议论。同时，林语堂也颇为欣赏袁中郎在《叙小修诗》中对"性灵"的叙述："大都独抒性灵，不拘格套，非从自己胸臆流出，不肯下笔。"④ 林语堂从公安竟陵派汲取了"性灵"的重要思想。林语堂非常推崇公安"三袁"："十六世纪末叶，袁氏三兄弟所创的'性灵学派'或称'公安学派'（袁氏三兄弟为公安县人），即是自我发挥的学派。'性'即个人的'性情'，'灵'即个人的'心灵'。""写作不过是发挥一己的性情，或表演一己的心灵。所谓'神通'，就是这心灵的流动。""自我发挥派因为专喜爱发乎本心的感觉，所以自然蔑视文体上的藻饰，因此这派人士在写作中专重天真和温文。他们尊奉孟子'言以达志'的说法。"⑤

　　值得一提的是，林语堂"性灵"说的源头并不仅仅囿于中国文学这片土壤。林语堂在《论文》一文中指出，他在沈启无编的《近代散文钞》中发现了非常精彩的文学理论。这些文学理论阐述了文学创作的一些核心问题。林语堂继而将视野延伸到西方的文学理论中。林语堂发现，西方的一些文学流派与中国的性灵文学在精神实质上颇为相似。首先，西方表现主义文论也主张性灵；其次，中国的性灵文学反对学古，而西方浪漫主义文学也反对古典主义；此外，中国的性灵文学强调作家个人之感，强调直抒性灵，而西方的近代文学也推崇个人主义。⑥

---

① 林语堂：《论性灵》，《林语堂名著全集》第 18 卷，长春：东北师范大学出版社，1994 年，第 238 页。

② 刘勰：《文心雕龙》上，北京：人民文学出版社，1998 年，第 1 页。

③ 钟嵘：《诗品》，载何文焕编《历代诗话》第 8 卷，北京：中华书局，1997 年，第 8 页。

④ 王骧等：《公安三袁选集》，武汉：湖北人民出版社，1988 年，第 69 页。

⑤ Lin Yutang：*The Importance of Living*，Beijing：Foreign Language Teaching and Research Press，1998，p.394.

⑥ 林语堂：《论文》，《林语堂名著全集》第 14 卷，长春：东北师范大学出版社，1994 年，第 145 - 146 页。

林语堂用"性灵"将东西文学对接。林语堂的态度是"拿来主义"的。他将中国文学中的"性灵"与西方文学中的"表现主义""个人主义"进行融合，其目的在于"抑且足矫目前文人空疏浮泛雷同木陋之弊"①，打破"载道"的廊庙文学，建立起"言志"的新文学。

"独抒性灵"的新文学具体是什么样的呢？在《论性灵》一文中，林语堂指出，首先，性灵的文学应"打破格套"，注重文体的解放和思想的解放。林语堂以性灵派文人袁中郎袁子才为例，他们认为文学应"打破桎梏，唾弃格律，痛诋抄袭"。此外，"李笠翁不言性灵，而所为有实性灵大家，故其《闲性偶奇》一戒飘窃陈言，一戒网罗旧隽，一戒支离补凑，皆性灵文人所应奉为金科玉律"②。在《文章无法》一文中，林语堂指出："八股有法，文章无法。文章有法，便成八股。"③

其次，"独抒性灵"的文学是近情的，言个人之志的；而"不复言廓大笼统的天经地义。而喜怒哀乐、怨愤悱恻，也无非个人一时之思感，……近代文学作品所表的是自己的意，所说的是自己的话，不复为圣人立言，不代天宣教了"④。

"性灵派文学，主'真'字。发抒性灵，斯得其真，得其真，斯如源泉滚滚，不舍昼夜，莫能遏之，国事之大，喜怒之微，皆可著之纸墨，句句真切，句句可诵。"⑤ 最后，林语堂认为，文无新旧之分，唯有真伪之别。在《新旧文学》一文中，林语堂将"真"作为划分新旧文学的标尺："若张恨水之《啼笑姻缘》，虽用白话写来，只好归入旧文学；若《浮生六记》，虽用文言，不得不视为新文学。旧文学之病，在于所写不是忠孝节义的烂调，便是伤春悲秋的艳词，或是僧尼妖怪之谈屑。一则专学古人，少有清新气味，二则与我们情感相差太远，所以不得不旧。"⑥

---

① 林语堂：《论文》，《林语堂名著全集》第 14 卷，长春：东北师范大学出版社，1994 年，第 152 页。

② 林语堂：《论性灵》，《林语堂名著全集》第 18 卷，长春：东北师范大学出版社，1994 年，第 239 页。

③ 林语堂：《文章无法》，《林语堂名著全集》第 14 卷，长春：东北师范大学出版社，1994 年，第 184 页。

④ 林语堂：《论文》，《林语堂名著全集》第 14 卷，长春：东北师范大学出版社，1994 年，第 146 页。

⑤ 林语堂：《论文》，《林语堂名著全集》第 14 卷，长春：东北师范大学出版社，1994 年，第 154 页。

⑥ 林语堂：《新旧文学》，《林语堂名著全集》第 14 卷，长春：东北师范大学出版社，1994 年，第 180 页。

闲适笔调则是林语堂幽默小品文在具体微观层面上的表现，是"性灵"的载体和表达方式，是林语堂心目中理想的文体。那何为闲适笔调呢？林语堂在《论小品文笔调》一文中指出："西洋分文为叙事、描景、说理、辩论四种，亦系以内容而言，亦非叙事与描景各有不同笔法。惟另有一分法，即以笔调为主，如西人在散文中所分小品文（familiar essay）与学理文（treatise）是也。古人亦有'文''笔'之分，然实与此不同。"① 林语堂继而指出，在写作风格上，小品文是闲适的，学理文是严肃的；小品文随性而为，而学理文结构严谨；小品文中可以加入一些无关宏旨的杂谈随想，然而学理文则不能越雷池半步。

> 此中分别，在中文可谓之"言志派"与"载道派"，亦可谓之"赤也派"与"点也派"。言志文系主观的，个人的，所言系个人思感；载道文系客观的，非个人的，所述系"天经地义"。故西人称小品笔调为"个人笔调"（personal style），又称之为 familiar style。后者颇不易译，余前译为"闲适笔调"，约略得之，亦可译为"闲谈体"、"娓语体"。盖此种文字，认读者为"亲热的"（familiar）故交，作文时略如良朋话旧，私房娓语。此种笔调，笔墨上极轻松，真情易于吐露，或者谈得畅快忘形，出辞乖戾，达到如西文所谓"衣不钮扣之心境"（unbuttoned moods），略乖新生活条件，然瑕疵俱存，好恶皆见，而作者与读者之间，却易融洽，冷冷清清，宽适许多，不似太守冠帽膜拜恭读上论一般样式。且无形中，文之重心由内容而移到格调，此种文之佳者，不论所谈何物，皆自有其吸人之媚态。②

林语堂将散文分为"言志"与"载道"两类。他在《小品文之遗绪》一文中强调，这两类的区别并不在于言说的内容。"言志"的文章可以说理，可以抒情，可以描绘人物，可以评论时事。"苍蝇之微，宇宙之大"，无所不谈。这两者的区别在于言说的方式、表现的方法，在于笔调。

"闲适笔调"在语言风格上有如下特点：

---

① 林语堂：《论小品文笔调》，《林语堂名著全集》第18卷，长春：东北师范大学出版社，1994年，第20页。

② 林语堂：《论小品文笔调》，《林语堂名著全集》第18卷，长春：东北师范大学出版社，1994年，第20－21页。

1. 本色之美，平淡自然，无辞藻堆砌。

林语堂在《说本色之美》中曾指出："吾深信此本色之美。盖做作之美，最高不过工品，妙品，而本色之美，佳者便是神品，化品，与天地争衡，绝无斧凿痕迹……文人稍有高见者，都看不起堆砌词藻，都渐趋平淡，以平淡为文学最高佳境；平淡而有奇思妙想足以运用之，便成天地间至文。《论语》平淡，《孟子》亦平淡，子路出，子贡入，有何文法可言？挟泰山以超北海，亦是孟子顺口瞎扯，何尝学什么人来？"① 在《文章五味》一文中，林语堂将文章分甜、酸、苦、辣、咸淡五种味道，分别代表五种不同的语言风格。幽默文章，其味隽永，味甜；讽刺文章，冷峭尖利，味辣；俏皮文章（irony），味酸；大刀阔斧，快人快语，味苦；而语言浅显明白晓畅，味咸淡，而咸淡为五味之正。林语堂在文中直言对咸淡文字和清甜文字的偏爱。他也指出："然五味之用，贵在调和，最佳文章，亦应庄谐并出。一味幽默者，其文反觉无味。"② 在《烟屑（五）》一文中，林语堂指出平淡醇厚的文章最好却最难。因为平淡自然与肤浅无味之间只有毫厘之差。林语堂将写文章比作做鱼，作者学力未足、元气未充、见解未到时，不敢使用本味，而只能多引古书，多袭僻典，多用艰语以掩饰其不足，正如烹制腐鱼时厨师用葱蒜调料来压制臭味。因此，文章平淡自然难能可贵。

2. 闲谈的文体，随意抒发，随心所欲，打破格套，明白晓畅。

在《论小品文笔调》一文中，林语堂指出，小品文与非小品文笔调所不同者，"在取较闲适之笔调，语出性灵，无拘无碍而已。若非有感而作，陈言烂调，概弃不录。至于笔调，或平淡，或奇峭，或清新，或放傲，各依性灵天赋，不必勉强"③。

在《小品文之遗绪》一文中，林语堂对小品文的笔调风格文体进行了补充说明。"小品文笔调，言情笔调，言志笔调，闲适笔调，闲谈笔调，娓语笔调，名词上都不必争执，但确有此种笔调，正实明畅为主，首尾相顾，脉络分明，即

---

① 林语堂：《说本色之美》，《林语堂名著全集》第18卷，长春：东北师范大学出版社，1994年，第387－388页。

② 林语堂：《文章五味》，《林语堂名著全集》第14卷，长春：东北师范大学出版社，1994年，第244－245页。

③ 林语堂：《论小品文笔调》，《林语堂名著全集》第18卷，长春：东北师范大学出版社，1994年，第23页。

有个人论断，亦多以客观事实为主。言情者以抒怀为主，意思常缠绵，笔锋带情感，亦无所谓起合排比，只循思想自然之序，曲折回环，自成佳境而已。换句话说，说理文如奉旨出巡，声势煊赫，言情文如野老散游，即景行乐，时或不免惹了野草闲花，逢场作戏。说理文是教授在讲台上演讲的体裁，言情文是良朋在密室中闲谈的题材（'闲适'笔调便是此义，与'有闲阶级'无干)。"①

在林语堂看来，理想的散文笔调，"乃得语言自然节奏之散文，如在风雨之夕围炉谈天，善拉扯，带情感，亦庄亦谐，深入浅出，如与高僧谈禅，如与名士谈心，似连贯而未尝有痕迹，似散漫而未尝无伏线，欲罢不能，欲删不得，读其文如闻其声，听其语如见其人"②。屠隆的《冥廖子游》在林语堂看来则是闲适笔调的典范。文笔闲散，叙事夹入闲情，说理不妨抒怀。

3. 鲜明的读者意识。

林语堂具有鲜明的读者意识。"良朋话旧，私房娓语"的闲适笔调目的是拉近与读者之间的距离，从而使作品走进读者。林语堂说："我创出一个风格。这种风格的秘诀就是把读者引为知己，向他说真心话，就犹如对老朋友畅所欲言毫不避讳什么一样。所有我所写的书都有这个特点，自有其魔力。"③

综上所述，林语堂的文学观主要体现在如下几个方面：

（1）强调作品的艺术性。林语堂对作品艺术性的强调与西方浪漫主义文学"为艺术而艺术"的观点是不同的。在《做文与做人》一文中，林语堂指出，"世人常说有两种艺术，一为为艺术而艺术，一为为人生而艺术；我却以为只有这两种，一为艺术而艺术，一为饭碗而艺术。不管你存意为人生不为人生，艺术总跳不出人生的。文学凡是真的，都是反映人生，以人生为题材。要紧是成艺术不成艺术，成文学不成文学。要紧不是阿Q时代过去未过去，而是阿Q写得活灵活现不，写得活灵活现，就是反映人生。"④ 因此，在林语堂看来，作品的艺

① 林语堂：《小品文之遗绪》，《林语堂名著全集》第18卷，长春：东北师范大学出版社，1994年，第93页。

② 林语堂：《论小品文笔调》，《林语堂名著全集》第18卷，长春：东北师范大学出版社，1994年，第96页。

③ 林语堂：《林语堂谈自己》，载子通编《林语堂评说七十年》，北京：中国华侨出版社，2003年，第8页。

④ 林语堂：《做文与做人》，《林语堂名著全集》第17卷，长春：东北师范大学出版社，1994年，第256页。

术性指的是一种"人生的艺术观",即用艺术的方法表现对人生的情思,使读者得到艺术的享乐与人生的解释。

(2)就作品的主题而言,林语堂反对文学的功利性。在林语堂看来,文章应是独抒性灵的,是言个人之志的,所表的是自己的意,所说的是自己的话,而不应以为圣人立言,代天宣教为宗旨。

(3)读者意识。在林语堂看来,一部文学作品最重要的便是走进读者,使读者获得愉悦的阅读体验并有所收获。

第三节　本章小结

本章以林语堂的文学评论和文化评论作品为基础,通过梳理这些作品,总结林语堂的文化观及文学观以及各自的发展轨迹。本章首先分析并探讨了林语堂的文化观。林语堂的文化观包括两个方面:一是林语堂中西互补,旨在会通中西,实现人类大同的"中西文化溶合观"。林语堂的"中西文化溶合观"以"中西文化比较"和"中西文化互补"为基础。林语堂"中西文化溶合观"的最终形成经历了三个阶段:"语丝"时期、"论语"时期及1936年后出国写作时期。"语丝"时期的林语堂是"全盘西化"的坚定拥护者。这一时期,林语堂以一种极端的、激进的态度否定中国传统文化,期望用西方文化来替代中国文化。20世纪30年代初期,林语堂开始走出非此即彼的二元对立。在第一次世界大战所带来的西方信仰危机中,林语堂开始更加公正、客观地来看待中西两种文化,开始积极地思考并比较两种文化的优劣。1936年林语堂出国后,他的"中西文化溶合观"最终形成。在时代精神的感召下,林语堂站在文化大同的高度,将中西文化看作建构世界文化,实现人类文化共同繁荣的材料,并根据这一理想对两种文化进行现代阐释及萃取。此外,本章还分析了林语堂文化观的另一方面。林语堂不仅是拥有国际视野及文化理想的"世界公民",也是一名爱国者。他一生以传播中国文化为己任,特别是当中华民族处于生死存亡之际,林语堂无法保持超然的姿态,毅然担当起中国文化使者的角色,为传播中国文化、促进文化间的相互理解奔走呼号。

接着,本章分析了林语堂文学观的形成与发展。本章从"幽默""性灵"

"闲适"三个方面对林语堂的文学观进行整体的勾勒。这三方面一脉相承，环环相扣。"幽默"是林语堂核心的文学主张。"幽默"不仅指一种文体、一种语言风格，更是一种人生观，寄托了林语堂对美好人性的思考。而"性灵"则是实现幽默的途径，是对美好人性的抒发。"闲适"是林语堂在语言上的要求。总的说来，林语堂的文学观可以归纳为三点：（1）对作品艺术性的强调。林语堂认为，文学作品必须是艺术的。但文学创作的最终目的并不是"为艺术"。林语堂的艺术观是一种"人生的艺术观"，他主张用艺术的方法来表现人生。（2）林语堂反对文学功利主义。在林语堂看来，文学作品应是言个人之志、抒个人之情的，应体现作家对人生的思考，而不应成为政治的附庸。（3）强烈的读者意识。

第二章

从 "东西文化" 到 "宇宙文章"：
林语堂中国智慧的跨文化传播

　　我没见过你们那边的山。不过我家附近是真正的高山，不像新加坡的这些小丘陵。真正令人敬畏，给人灵感，诱惑人的高山。一峰连着一峰，神秘、幽远、壮大。……你不懂的，人若在高山里长大，山会改变他的观点，进入他的血液中……山能压服一切。……山使你谦卑。柏英和我就在那些高地上长大。那是我的山，也是柏英的山。……说得明白一点，我有高地的人生观。叔叔有低地的人生观，扁扁的，就在地球上，往下看，而不抬头瞻仰。换一个说法，假如你在高山里生长，你会用高山来衡量一切。你看到一栋摩天楼，就在心里拿它和你以前见过的山峰来比高，当然摩天楼就显得荒谬、渺小了。你懂我的意思了吧？人生的一切都是如此。①

　　这种"高地的人生观"也体现在林语堂的文化观中。林语堂文化观中的"高地"便是人类大同的高度。这一高度决定了他的视角、他的襟怀。林语堂摆脱了狭隘的民族主义，着眼于整个人类的前景与福祉。

　　在《杂说》这篇杂文末尾，林语堂概括了他的治学之道：

　　　　道理参透是幽默，性灵解脱有文章。
　　　　两脚踏中西文化，一心评宇宙文章。
　　　　对面只有知心友，两旁俱无碍目人。
　　　　胸中自有青山在，何必随人看桃花？
　　　　领现在可行之乐，补生平未读之书。

　　"两脚踏中西文化，一心评宇宙文章"并不是林语堂的一句豪言，而是他美好的文化理想。在林语堂的编译作品《孔子的智慧》《老子的智慧》中，林语堂

_____

①　林语堂：《八十自叙》，北京：宝文堂书店，1990年，第10-11页。

将这一理想付诸实践。除了译者这一角色，林语堂还担任了编者这一角色。在"宇宙文章"的文化理想的感召下，林语堂站在人类大同的高度对孔子、老子的学说进行了萃取并进行现代重构。

第一节　林语堂传播中国智慧的历史文化语境

一、林语堂传播中国智慧的国外语境

20世纪上半叶也许是人类有史以来社会变革最为深刻的时代。这一时代被许多哲学家、思想家视为"危机的时代"。几个世纪以来社会结构、思想变革所积聚的能量在此时集中喷发。

自17世纪以来，科学发展及大机器生产深刻影响着西方的思想体系和政治理念。哥白尼、开普勒、伽利略、牛顿、达尔文等在天文学、物理学、生物学、地质学、化学等领域取得一个又一个突破。这些突破除了对人们的宇宙观、世界观产生革命性的影响，还撼动了一些被人们视为普遍真理的命题，如人类的起源。科学发展最伟大的价值在于，它使人们意识到自古以来相信的东西也可能是不正确的；人并非中世纪经院哲学所标榜的那样，在"神"与"真理"面前是无力的、渺小的。随着工业革命的蓬勃兴起，机器生产深深地改变了社会结构，使人类对自己在自然环境方面的能力有了一种新的理解。机器生产对人的世界观最重要的影响就是使人类的权能感极度膨胀。从前，山岳瀑布都是自然形成的；而现在，山可以迁徙，瀑布也可以创造。在人与自然的斗争中人的重要胜利使人的主观意识、自我意识不断增强。笛卡儿"我思故我在"的思想把物质看作是唯有从精神的认知、通过推理才可以认识的东西，从而强调了人的主观能动性。但在笛卡儿的哲学思想中，上帝并未走下神坛。洛克扬弃了笛卡儿的观点，对个人主义哲学进行了进一步的发展。洛克的个人主义哲学，特别是政治哲学，对西方社会产生了巨大的影响。他的政治哲学，如自然状态与自然法、社会契约论、财产论及约制与均衡说，深深地留在美国宪法中。洛克认为，在一个社会中，众人应遵循理性一起生活。洛克理想的社会是无政府主义者们组成的空想社会，在这一社会中不需要警察和法院，因为人们永远遵从"理性"，理性即"自然法"。

理性教导全人类：人人平等独立，任何人不得损害他人的生命、健康、自由或财务。在洛克的世界中，个人的自由及权力高于一切。

"洛克的政治哲学在工业革命以前大体上一直适当合用。从那个时代以来，它越来越无法处理各种重大问题。庞大的公司所体现的资产权力涨大得超乎洛克的任何想象以外。国家的各种必要权力——例如在教育方面的职权——大大增强。国家主义造成了经济权力和政治权力联盟，有时两者融为一体，使战争成为主要的竞争手段。单一的个体公民已经不再有洛克的思想中他所具有的那种权力和独立。"①

因此，在随后的19世纪，虽然有许多人仍旧真心信仰洛克所高扬的平等和民主，然而当时根本不民主的工业体制所促成的社会组织形式的变化使人们的思想产生了分化。罗斯福和丘吉尔走的是洛克的路线，而卢梭、拜伦、黑格尔、叔本华、尼采、墨索里尼及希特勒逐渐走向了另一个极端，即民族主义、国家主义和极权主义。卢梭的政治学说发表在1762年出版的《社会契约论》里。他的社会契约概念起初和洛克类似，他也谈自然状态，但卢梭认为随着自然状态的不断向前发展，个人不能完全保持超然独立。因此，为了保障个人的利益，个人的联合即社会有了存在的必要性。卢梭的社会契约在于每个人把自己的人身及全部力量共同置于总意志的最高指导之下，每个成员皆为整体的不可分割的一部分。这种结社行为产生一个团体，该团体则是"国家"。卢梭将人与自然的斗争中人的权能发展成为统治者们对人的权能。

黑格尔在民族主义和国家主义的道路上向前迈了一大步。黑格尔认为，历史发展的本原是民族精神。在每个时代，都有一个民族承载着历史使命去引导世界。当然，在他看来，当时这个民族就是德意志民族。但是除了民族，黑格尔也强调世界历史性的个人，即那些其自身目标体现着当时历史转变，体现历史潮流的个人。黑格尔把这种人视为英雄，他认为这种人即使做出违反道德规范的事也不为过。亚历山大、恺撒和拿破仑就是黑格尔心目中的英雄。黑格尔认为，在一个国家中公民的义务便是维持国家的独立与主权，战争不全然是罪恶的。黑格尔的国家说为一切国内暴政和一切对外侵略提供了思想基础。

尼采将民族主义、个人主义和英雄崇拜发展到了极致。尼采所谓的个人并不是洛克、边沁概念中的普通大众。尼采的"个人"是贵族精英，是具有艺术才

---

① 罗素：《西方哲学史》下册，北京：商务印书馆，1997年，第174页。

能的专制君主，即"超人"。"超人"在本质上是权力意志的化身。尼采反对服从神的意志，他宣称"上帝死了"。但尼采却用"超人"来取代"上帝"。"超人"被赋予了曾经上帝所拥有的巨大的权力。尼采认为，"超人"有权做一些世俗眼光看来违反道德甚至是犯罪的事。"超人"只对和自己地位相当的人（艺术家、诗人以及其他社会精英）负责。尼采认为普通人是粗制滥造的，是劣等人。高等人、社会精英一定要和普通人划清界限，抵制他们的民主倾向，因为民主即意味着庸碌之辈联合起来争当主人。

尼采具有狂热的英雄主义情结。他甚至认为一个民族的不幸还比不上一个伟大个人的苦难。为了成就他心目中"超人"的伟大胜利，尼采不惜消灭千万个粗制滥造的劣等人。

尼采不是国家主义者，但他却是一个极端的民族主义者。他希望有一个国际性的统治种族来主宰全世界。他的理想社会是一个以最严酷的自我训练为基础的庞大的新贵族社会，这个社会由那些具有哲学思想的强权人物和有艺术才能的专制君主所领导。

尼采在哲学界并未产生多大的影响，但他却在有文学和艺术修养的人们中间起到了巨大的作用。他预言一个大战时代即将来临。而20世纪初的现实世界已和尼采的梦魇非常相似。正如罗素所言："假如他的思想只是一种疾病的症候，这疾病在现代世界里一定流行得很。"[1]

因此，当20世纪来临时，我们所看到的是：一方面，随着工业和科技文明的突飞猛进，"人的能力——一度曾奉献给上帝与救赎的能力，现在却导向控制自然，以及寻求不断增进的物质享受。人不再以产品为获得幸福人生的方法或工具，而把产品实体化为目的本身，成为人生所依属、追求的目标。由于有增无减的劳力分配制度，人遂沦为机器的一部分，不再是机器的主人。人体验到自身是一项商品与投资。人的目标变成完全之追求成就，只求自己在市场上能有最大利润般地出售自己。"[2]虚无主义大行其道，享乐主义一时成为西方人的生活哲学。而原子弹时代的来临，更使人类惊恐地意识到科技在保证人类进步与福祉的同时也会给人类带来巨大的破坏与灾难。

另一方面，希特勒、墨索里尼正在一步步将尼采的权力世界变为现实。两次

① 罗素：《西方哲学史》下册，北京：商务印书馆，1997年，第319页。
② 罗素等：《危机时代的哲学》，台北：志文出版社，1974年，第28-29页。

世界大战使山河家园破碎,无数生命消失,经济萧条窘困,社会分崩解体。在这史无前例的浩劫下,人类尤其是西方人所坚持的价值信念开始幻灭,他们对这世界及自身的社会文化,甚至人生的意义感到无比绝望。人们空虚、焦虑不安,一切似乎都不再有意义,人生也没有目标可言。

因此,在 19 世纪 "上帝死去" 后,20 世纪人类所面临的问题便是 "人已死去"。解决这一问题的方法便是确立人生的价值、人性的本质和生命的本质。正如弗洛姆所说:"今天,人类已经面临了最基本的抉择,不是选择资本主义或共产主义,而是选择机器人世界或以人为本的大同世界。"① 面对时代危机,20 世纪的许多思想家、哲学家开始走出象牙塔,走向现象学大师谢勒(M. Scheler)提出的 "哲学人类学"。他们尊重人的尊严与价值,肯定人是万物之本,是价值与意义的创造者;尊重理性,肯定理性;关怀人类的未来命运、生命的意义、当前文化社会的处境;以爱心及悲天悯人的胸怀去观照这世界及全体人类。

有的思想家诉诸宗教,把宗教作为唯一能使精神免于堕落的力量,如犹太哲学家马丁·布伯。布伯认为宗教如果要深刻影响当代人,就必须 "世俗化",必须回到现实,观照现实世界的命题。萨特的存在主义强调人的自我抉择、责任与行动。人不仅要对自己负责,也要对所有人类负责。弗洛姆、卡尔·波普则重申 "理性" 的重要性,他们号召社会成员都能发扬理性,胸怀博爱精神,培养万物和谐、世界大同的精神。更多的思想家,如汤因比、罗素、雅斯贝斯等则站在人类大同的高度,以人类共同的福祉为旨归,把人类文化视为不分优劣、互补共荣的整体,期望汲取东西不同文化的精髓以重建人性。汤因比在《历史研究》中通过分析文明兴起、没落的因素,指出未来人类的命运。汤因比在《现代文明的危机》一文中指出:"非西方的同代人,已经把握了由于晚近世界统一融合的结果,我们的历史已经成为他们历史活生生的部分。我们近邻的历史,也将成为西方未来的重要部分。"② "同时代的文明——中国、日本、印度、回教、东正教——在未来世界将成为我们西方历史的一部分时;那么,这未来世界将不属于西方,也不属于东方,而是继承一切文化,这一切文化现在由于西方的影响而接受严酷的考验。然而,只要我们面对它,就知道这是显而易见的真理。我们的后代不会像我们一样只是西方人而已,他们将会传承孔子、老子、苏格拉底、柏拉

---

① 弗洛姆:《人类之路》,罗素等编《危机时代的哲学》,台北:志文出版社,1974 年,第 37 页。
② 汤因比:《现代文明的危机》,罗素等编《危机时代的哲学》,台北:志文出版社,1974 年,第 53 页。

图、普罗丁（Plotinus）的遗教，继承释迦牟尼、以塞亚、耶稣的遗教；传承查拉图斯特拉、穆罕默德、伊利亚、艾利沙、彼得、保罗的遗风；传承商卡拉（Shankara）、拉曼奴亚（Ramanuja）、克里门（Clement）、奥里真（Origen）的思想；继续东正教的卡帕多教父、奥古斯丁的遗训；传承伊班卡尔登（Ibn Khaldun）、波修特（Bossuet）的遗教，发扬列宁、甘地、孙逸仙、克伦威尔、华盛顿、马志尼的遗训。"①

在这一思潮中，不少有识之士将眼光投向中国以寻求济世之方。英国政治历史学者高尔斯华绥·刘易斯·狄金森便是其中之一。狄金森没有当时许多西方学者骨子里的文化优越感。相反，他以平等甚至尊敬的眼光去看待一些非西方的民族文化。在亲眼看见欧洲各国为了各自的民族利益而展开的相互争斗以及帝国主义的野蛮与残暴后，他于1901年写了《约翰中国佬来信》一书。此书借用孟德斯鸠《波斯人信札》开创的体例，借东方文明人的眼睛反观西方的野蛮。1914年第一次世界大战期间，他出版了考察报告《论中国、印度、日本文明》。在报告中，狄金森对中国文化极尽溢美之词，他甚至认为中国是西方民主主义的理想境界。

在狄金森的影响下，以中国为参照建立现代文明价值体系成了一批英国知识分子追求的目标，如狄金森的学生，文学理论家瑞恰慈以及瑞恰慈的学生燕卜逊。

瑞恰慈找到了孟子。瑞恰慈写出了西方孟子思想研究的开拓性著作《孟子论心》（Mencius on Mind）。瑞恰慈认为，孟子对这个世界的认知方式与西方截然不同。如果沿着孟子的"心性"论的方向走，求知的方向是向内的，是内省式的，这和西方外向式揭开自然奥秘的路径截然不同。瑞恰慈认为，西方和东方是可以互补的。中国人富于人性，反对暴力，奉公守法，勤俭努力。中国人可以给世界这样的启示，即使在艰难困苦条件下，人类也能和平地生活在一个地球上。

在美国，诺贝尔文学奖得主奥尼尔认为美国是西方文明失败的例证。为了寻找光明，他转向了东方哲学。在仔细阅读佛教、伊斯兰教、印度教和道家的一些经典著作后，奥尼尔总结得出，道家思想是解决当时西方文明危机的良药。奥尼尔在作品《马可百万》《泉》中，将东方描绘为远胜于西方的清雅睿智之地。奥

① 汤因比：《现代文明的危机》，罗素等编《危机时代的哲学》，台北：志文出版社，1974年，第54－55页。

尼尔在小城但维尔（Danville）的大道别墅（Tao House）里，书架上还放着林语堂赠送的《吾国与吾民》《生活的艺术》等书。

美国著名文学评论家、新人文主义的领军人物白壁德主张以 "人的法则" 来反抗 "物的法则"。他力图融合中西传统文化精华来重建人类理性秩序。他高度肯定儒学的现代意义，将其视作反对物化的有力武器。白壁德精通儒家经籍，希望通过结合东方儒家思想、西方希腊文化和基督教精神来建构普适的人文理想。

二、林语堂传播中国智慧的国内语境

19 世纪中期，西方的坚船利炮冲开了中国紧闭的大门。在救亡图存的时代命题下，中国的有识之士开始思索中国文化的出路问题。他们最早喊出的口号是 "中学为体，西学为用"，即以西学来补中学之不足。

维新变法失败以后，革新之士认识到中国的问题仅仅靠西学来补一下是不行的，必须做根本的改造。梁启超从 "中学为体，西学为用" 的思想转向了从根本上改造国民性的 "新民" 理论。"新之义有二：一曰淬厉其所本有而新之；二曰采补其所本无而新之。"① 梁启超的新民理论标志着从 "中体西用" 观向 "西化" 观的过渡。"五四" 前后，陈独秀、胡适等人彻底地站到了中国传统文化的对立面。陈独秀所说的 "欧化"，其核心就在于拥护科学与民主。

"五四" 以后，东西文化论战的天平开始向中国传统文化倾斜。这一转变所发生的背景是第一次世界大战对国际国内思想造成的巨大冲击。第一次世界大战所暴露出的西方资本主义文明的各种问题，引发了西方世界广泛的信仰危机。罗素、杜威、泰戈尔等学者重新思考了西方资本主义文明的优劣。在中国思想界，影响力最大的莫过于梁启超的《欧游心影录》和梁漱溟的《东西文化及其哲学》。曾经歌颂西方文明的梁启超从欧洲旅游归来，危机四伏的欧洲使他对西欧文明产生了幻灭之感。在《欧游心影录》中，梁启超的思想来了一个大转弯。梁启超开始捡起中国传统文化，从 "欧化" 转向 "中西互补" 论。他号召青年看到中国传统文化的价值，以 "孔老墨三位大圣" 去拯救西方文明。

梁启超提出，在怎样对待中国传统文化的问题上，中国的青年应分四步走。首先，要尊重传统文化，对传统文化怀有敬意。其次，要以科学的方法系地研

---

① 梁启超：《新民说》，昆明：云南人民出版社，2013 年，第 10 页。

究中国传统文化。第三，要采他国文化之长，将他国文化的优势与精华与中国传统文化相融合，从而产生一个新的文化体系。第四，要尽力向全世界全人类推广这一文化体系，使普天之下皆受其恩泽。中国的青年应胸怀世界，以全人类的福祉为己任。梁启超甚至呼吁："我们可爱的青年啊，立正、开步走！大海对岸那边有好几万万人，愁着物质文明破产，哀哀欲绝地喊救命，等着你来超拔他哩，我们在天的祖宗三大圣和许多前辈，眼巴巴盼望你完成他的事业，正在拿他的精神来加佑你哩。"①

梁漱溟在1921年出版了《东西文化及其哲学》一书，该书接受并发展了梁启超的新观点。该书比较了西方、中国及印度三种文化。梁漱溟指出，西方、中国、印度三种文化模式分别代表了文化发展的三种不同"路向"，而并不是人类文化发展的不同阶段。梁漱溟指出："你要去求一家文化的根本或源泉，你只要去看文化的根源的意欲，这家的方向如何与他家的不同。"② "如何是西方化？西方化是以意欲向前要求为其根本精神的。……中国文化是以意欲自为调和、持中为其根本精神的。印度文化是以意欲反身向后要求为其根本精神的。"③ 因此，梁漱溟认为，如果坚持自己的路径，中国人无论走多久也走不到西方人可达到的地点。但另一方面，他又认为这三条路向是可以转弯的。但是"除非把这一条路走到尽头不能再走，才可以转弯"④。因此，梁漱溟提出，西方文化、中国文化及印度文化会依次演化，相继成为世界文化。

梁启超的《欧游心影录》和梁漱溟的《东西文化及其哲学》引发了中国思想界关于东西文化的第一次大论战。在这次论战中，大多数学者都同意梁启超的观点，赞同"中西互补"之说，如张君劢、严既澄、章士钊，而胡适则是坚定的西化论者。

这次东西文化之争，到20年代后期逐渐沉寂下来。30年代初又爆发了新的论战。相较于20年代的论战，这次论战在广度和深度上比前者更甚。这次论战最大的亮点在于提出了"现代化"的概念来代替"西化"的概念。《申报月刊》在1933年7月刊出"中国现代化问题号"特辑。这次论战的焦点集中于两个问

---

① 梁启超：《欧游心影录》，罗荣渠编《从"西化"到现代化》，北京：北京大学出版社，1997年，第47页。
② 梁漱溟：《东西文化及其哲学》，上海：上海人民出版社，2006年，第31页。
③ 梁漱溟：《东西文化及其哲学》，上海：上海人民出版社，2006年，第31-59页。
④ 梁漱溟：《东西文化及其哲学》，上海：上海人民出版社，2006年，第160页。

题:一是中国现代化所面临的问题和困难,二是中国现代化应采取的发展模式。①

　　1935 年 1 月 10 日,在这次关于中国现代化问题的论战后,王新命、陶希圣等十位教授发表了《中国本位的文化建设宣言》。《宣言》强调指出,对于西方文化不应全盘吸收,而应取其精华,弃其糟粕。在吸收什么的问题上,应注重中国社会当时当地的需求。② 中国本位即是以中国为本。该宣言使沉寂了一段时间的中国文化问题的讨论重新活跃起来。与中国文化本位论相对立的是陈序经和胡适所代表的全盘西化论。陈序经在《中国文化的出路》一文中提出文化是完全的整个,不能分解。他指出:"西洋文化,是现代的一种趋势。在西洋文化里面,也可以找到中国的好处;反之,在中国的文化里未必能找出西洋的好处。精神方面,孔子所说的仁义道德,未必高过柏拉图的正义公道。"③ 胡适在《编辑后记》一文中提出:"我很明白的指出文化折衷论的不可能。我是主张全盘西化的。"④

　　相较于上一次中西文化的讨论,在这场论争中,论辩双方开始持一种较为理性的、分析的态度;而不是极端的文化观,好就绝对的好,坏就绝对的坏。贺麟在《文化的体与用》一文中,从"体""用"的哲学含义出发,对中国文化本位论及全盘西化论进行了辩证分析。他提出的解决方法是主动地"化西",即对西方文化进行积极的扬弃。⑤ "因此我们无法赞成'中国本位文化'的说法。因为文化乃人类的公产,为人人所取之不尽用之不竭的宝藏,不能以狭义的国家作本位,应该以道,以精神,或理性作本位。"⑥ 张东荪在《现代的中国怎样要孔子?》一文中指出保存国粹与从事欧化在根本上是不冲突的,他主张"必须恢复主体的健全,然后方可吸收他人的文化"⑦。"可见凡是采取欧化的方面都是中国

---

① 罗荣渠:《从"西化"到现代化》,北京:北京大学出版社,1997 年,第 14 页。

② 王新命等:《中国本位的文化建设宣言》,罗荣渠编《从"西化"到现代化》,北京:北京大学出版社,1997 年,第 394 页。

③ 陈序经:《中国文化的出路》,罗荣渠编《从"西化"到现代化》,北京:北京大学出版社,1997 年,第 364 页。

④ 胡适:《编辑后记》,罗荣渠编《从"西化"到现代化》,北京:北京大学出版社,1997 年,第 416 页。

⑤ 贺麟:《文化的体与用》,罗荣渠编《从"西化"到现代化》,北京:北京大学出版社,1997 年,第 664 – 665 页。

⑥ 贺麟:《文化的体与用》,罗荣渠编《从"西化"到现代化》,北京:北京大学出版社,1997 年,第 666 页。

⑦ 张东荪:《现代中国要怎样的孔子》,罗荣渠编《从"西化"到现代化》,北京:北京大学出版社,1997 年,第 398 页。

本来缺少办法的方面。至于做人，中国本来最多讲求，不妨保留其精华。"① 此外，一些学者开始以辩证的态度对待传统文化，挖掘传统的现代意义。嵇文甫在《漫谈学术中国化问题》一文中将传统文化中的积极部分及消极部分进行了区分。嵇文甫将传统文化的积极意义归纳为四点：一是传统文化中具有恒久弥新的部分；二是传统文化中的某些精神对现代社会、现代生活具有启发意义；三是传统文化的糟粕部分中也具有含有真理因素的部分；四是一些已经不适用于现代社会的传统文化在特定的历史语境中仍然有其价值，不能完全否定其积极性。②

这次讨论最大的亮点在于，讨论的双方都产生了一种共识，即用"现代化"来替代"西化"或"中国本位"。张熙若在《全盘西化与中国本位》一文中对"现代化"进行了详细的定义："现代化有两种：一种是将中国所有西洋所无的东西，本着现在的智识、经验和需要，加以合理化或适用化，……另一种是将西洋所有，但在现在并未合理化或适用化的事情，与以合理化或适用化，……比较起来，第一种的现代化比第二种的现代化在量的方面一定要多些，但第二种的在质的方面或者要重些。"③

从"中国本位"、"全盘西化"到"现代化"，中国思想界对中西文化的认识逐步深化。冯友兰在《新事论》中指出，从"西洋化"到"近代化""现代化"提法的转变，并不仅仅是名词上的改变，而是人们观念觉悟的改变。曾经对西洋文化的推崇就在于人们认为西洋文化代表着现代的文化；同样，中国在近百年来落后的原因在于中国的文化已经过时，已经不适用于现代社会的发展。冯友兰指出："这一觉悟是很大底。"④

---

① 张东荪：《现代中国要怎样的孔子》，罗荣渠编《从"西化"到现代化》，北京：北京大学出版社，1997年，第399页。
② 嵇文甫：《漫谈学术中国化问题》，罗荣渠编《从"西化"到现代化》，北京：北京大学出版社，1997年，第634－636页。
③ 张熙若：《全盘西化与中国本位》，罗荣渠编《从"西化"到现代化》，北京：北京大学出版社，1997年，第450页。
④ 冯友兰：《新事论》，冯友兰编《三松堂全集》第4卷，郑州：河南人民出版社，2001年，第205页。

第二节　人学：中国文化的编选与经典重构

1948 年德国哲学家雅斯贝斯在《历史的起源与目标》(*The Origin and Goal of History*) 一书中把公元前 500 年左右人类文明的起源阶段称之为 "轴心时代" (Axial Period)。这一时代见证了同时出现在东方及西方诸多地区的人类文化突破现象。在此以后的东西文化发展都受到这个时代思想的辐射。欧洲人总是喜欢回顾古希腊时期，中国人也总是爱回顾春秋战国时期。

1938 年 2 月，林语堂举家离美旅欧，恰逢慕尼黑事件。整个欧洲正被卷入空前惨烈的大战。林语堂在收音机里听到了希特勒的广播演说，在追随者的狂热欢呼中，希特勒以响亮的声音嘶喊出野心勃勃的狂言。欧洲的一切和春秋时期的中国是何其相似，各国分立，年年征战，结盟和好，终难持久。

孔子和老子试图在西周宗法等级制度瓦解和礼崩乐坏之际重建一个理性化的社会。而林语堂则希望借助儒家学说和道家思想为正在黑暗中挣扎的人类带来一道亮光。

林语堂在《西方人文思想的危机》一文中将现代社会的困境归结为泛物质主义："今日世界使瓦解，可以证明是由于科学的物质主义侵入文学思想的直接结果。人文科学的教授已陷入一种境地，只管在人类的活动中，求得机械式的公例。愈能证明这些公例的严整，愈能证明人类意志没有关系，这些教授心里就愈愉快。所以有经济历史观，把人类历史，当做一种两脚动物因寻求食物原料而断定去向的演进。马克思也自然以他的定数论及唯物辩证自豪。因科学的物质主义必然走上定数论、宿命论，而定数论（否认自由意志）必然走入悲观。所以现代最风行一时的思想家（不是最伟大而是最风行的）都是悲观主义者，并非偶然。"①

林语堂开出的救世良方便是中国传统文化中的人文精神。

中国的人文主义者，自信对于人生真义问题已得解决。自中国人的

---

① 林语堂：《西方人文思想的危机》，钱谷融编《林语堂书话》，杭州：浙江人民出版社，1997 年，第 53 – 54 页。

眼光看来，人生的真义不在于死后来世，因为基督教所谓此生所以待弊，中国人不能了解；也不在于涅槃，因为这太虚；也不在于建树功业，因为这太浮泛；也不在于"为进步而进步"，因为这是无意义的。所以人生真义这个问题，久为西洋哲学宗教家的悬案，中国人以只求实际的头脑，却解决的十分明畅。其答案就是在于享受淳朴生活，尤其是家庭生活的快乐（如父母俱存兄弟无故等），及在于五伦的和睦。暮从碧山下，山月随人归，或是云淡风轻近午天，傍花随柳过前村，这样淡朴的快乐，自中国人看来，不仅是代表含有诗意之片刻心境，乃为人生追求幸福的目标。得达此境，一切泰然。①

林语堂所勾勒的人生真义有两个方面：人的社会性和人的个体性。在《孔子的智慧》《老子的智慧》中，林语堂通过编译作品着力挖掘和介绍这两方面的价值。

一、社会的"人"：林语堂建构的儒学大厦

然而，在穿越两千年后，孔子的学说究竟还有多少普适性呢？郝大维指出，"孔子哲学的失败在很大程度上是创造性的失败。就像我们解释孔子时说过的，给定的东西是历史的文化，可变的东西则是后人在使文化传统成为自己的文化传统时能够创造的程度。《论语》所反映的孔子的哲学完全不是文化的教条，但当人们被动地领会它、不向它赋予自己的意义和价值、不把它人格化时，它就成了一种文化教条了。"②

因此，林语堂看到孔子思想在新的时代语境下的价值："随着现代政治经济的发展，儒家思想如果被视作是恢复封建社会的一种政治体系，将显得陈旧无用并不合时宜。但如果我们把它视作一个人文体系，视作关乎社会生活实践的基本观点，我认为儒家思想仍然拥有其活力。"③

儒家经典经翻译传入西方，始于明清之际来中国传教的西方耶稣会士。1594年，利玛窦（Matteo Ricci）最早将"四书"译为拉丁文。此后，意大利耶稣会

---

① 林语堂：《中国文化之精神》，《林语堂评说中国文化》第 1 集（1930—1932），北京：中共中央党校出版社，2001 年，第 6 页。

② 郝大维、安乐哲：《孔子哲学思微》，南京：江苏人民出版社，1996 年，第 239 页。

③ Lin Yutang: *The Wisdom of Confucius*, Beijing: Foreign Language Teaching and Research Press, 2009, p. 3.

士殷铎泽（Prosper Intercetta）将"四书"译为拉丁文并出版，并与葡萄牙耶稣会士郭纳爵（lgnatius da Costa）合译《大学》，将其取名为"中国的智慧"（*Sapientia Sinica*）。随后殷铎泽又将《中庸》译出，取名为"中国政治伦理学"（*Sinarum Scientia Politico-moralis*）。1687 年，比利时耶稣会士柏应理（Philippe Couplet）将郭、殷二人的译作在巴黎编辑出版，名为《中国哲学家孔子》（*Confucius，Sinarum Philosophus*），在当时的欧洲引起了巨大的反响。此后，白乃心（Joannes Grueber）、卫方济（Francois Noel）、韩国英（Pierre Marchal Cibot）、顾赛芬（Seraphin Couveur）、卫礼贤（Richard Wilhelm）等分别将"四书"全部或其中某一部译为不同的语言。1861 年，英国汉学家、伦敦会传教士理雅各（James Legge）将"四书"译为英文，并在香港出版，名为"中国经典"（*The Chinese Classics*）。这是第一部具有广泛影响力的英文译本。此后，翟理思（L. Giles）、韦利（Arthur Waley）、马礼逊（Robert Marrison）、威廉·詹宁斯（Wiliiam Jennings）、辜鸿铭、刘殿爵（D. C. Lau）等也分别将《论语》《大学》《中庸》《孟子》译成英文。

子曰："述而不作，信而好古，窃比于我老彭。"孔子说自己述而不作，但实际上他创造性地总结并反思了礼乐制度中的原则精神并将其中具有普遍适用性的思想发扬光大。林语堂在翻译儒家思想时也并非述而不作，而是述中有作。林语堂的"作"在于，除了译者这一角色，他还担任了编者这一角色。在 1938 年出版的《孔子的智慧》中，林语堂并不拘泥于四书五经的固定编排，林语堂的做法是"拿来主义"的。他根据"人"这一主题从《大学》《中庸》《论语》《孟子》《礼记》《史记·孔子世家》中萃取出相关材料进行编译，对孔子思想进行梳理，并赋予其新的生命。在《孔子的智慧》中，林语堂开篇即点明，孔子思想具有普适意义，这一普适价值便在于其人文思想。林语堂继而阐明，孔子人文思想中恒久弥新的影响在于其"人的标准是人"的教义。"根据这条教义，一个普通人只要遵循人性中崇高的善的本能，就算奉行儒家的为人之道了，并不必去寻求神性理想中的完美。"[①] 林语堂在孔子那里找到的人是社会的人。

林语堂对孔子思想的翻译整理与胡适的"整理国故"并不相同。胡适的工作是从"考据"入手，重在对历史资料的发掘。然而，胡适将包括孔子在内的中国古代哲学视为一种历史，将其"博物馆化"。此外，胡适所做的是将中国古

代哲学思想用西方哲学的逻辑框架来重新构建，将这些哲学思想拆散、切割，放进西方哲学的体系——自然观、认识论等中去。胡适心目中的哲学是以西方哲学为本位的。而林语堂所做的，是在翻译的基础上对孔子哲学的二次开发。林语堂从孔子思想中抽取出关于人、人生和人道的"人的哲学"。尽管林语堂是在人文主义这一平台上重构孔子的哲学体系，然而林语堂并不是用西方人文主义思想的旧瓶去装孔子人学思想的新酒。林语堂的"人"不是西方文化中的"人"，林语堂的"人"是他定义的"人"，是他站在中西文化的高度，在时代精神的召唤下，脑海中所浮现的人。

在西方哲学体系中，早期西方哲学家都是自然哲学家，他们所关心的问题是世界的本原问题、构成问题，之后的西方哲学研究延续了对自然本原的关注及思考。什么是自然的本原及本质，人怎样才能认识自然等问题是贯穿整个西方哲学史的命题。从苏格拉底开始，西方哲学家也开始关注人、人生、人类社会等命题。在苏格拉底的哲学中，人既是认识主体，又是认识客体。"认识你自己"这句帕尔索那斯神庙的箴言，就是苏格拉底所要解决的问题。这一命题也贯穿了苏格拉底以后的整个西方思想史。布洛克（Allan Bullock）在《西方人文主义传统》中将西方思想体系中对人的认识归纳为三种模式。第一种是超越的模式，将人视为神的创造。第二种是科学的模式，将人视为自然秩序的一部分。第三种是人文主义的模式，以人的经验作为人对自己、对上帝、对自然认识的出发点。[①]人文主义对人的认识在于挖掘人的潜在能力和创造能力。笛卡儿认为人类思想是天生的。启蒙思想家如洛克反对笛卡儿的观点，认为人类思想来自我们的感官印象、我们的经验。道德价值观、善与恶的意义，均产生于人类经验中愉快和痛苦的感觉。18世纪的西方哲学家期望用自然研究的方法来研究人。他们探索人的内心，期望了解人内心的运作。卢梭认为道德的根源在于每一个人内心里天生的正义和道德感。康德继承了经验主义的观点，他认为，人所能知道的只是在人的经验中接触到的东西，人无法了解超过这以外可能存在的任何现实。康德进一步指出，人的思考能力怎样对待经验不是随便任意的，而是遵循一定的模式，这构成了人看待世界的方式。通过感官，人接触到了客体，通过思考客体，由此而产生概念。19世纪的思想家们从各个不同的角度来认识人。达尔文结束了人的特殊地位，把人带到了与动物和其他有机生命相同的生物学范畴。孔德的实证主义

---

① 布洛克：《西方人文主义传统》，董乐山译，北京：三联书店，1997年，第12页。

把自然科学的研究方法应用到社会和道德现象的研究上去。歌德、席勒、洪堡及施莱尔马赫强调个人修养（Bildung）的重要性，通过内省的方式使自己的内心冲突得到克服从而实现与大自然的和谐相处。但布洛克认为，这种做法的缺点在于 "个人可能只顾自己而不关心社会和政治问题"①。

但在林语堂所构建的孔子 "人学" 体系中，对人的探讨并不是在认识论意义上进行的。孔子对人的定义是规约性的。孔子的 "人学" 是对自身价值，特别是社会价值的关注。在苏格拉底及西方哲学家那里，人表现出对自身的理论兴趣，他们关注的是 "人是什么" 的问题；而孔子所关注的则是 "人应当是什么" "人应当怎么样" 的问题。

《四书集注》的集注者朱熹，明确提出我们应该顺着《大学》《论语》《孟子》《中庸》的顺序了解儒家的核心价值。在《孔子的智慧》中，林语堂通过对 "四书"、《礼记》等儒家典籍进行整理重组，力图构建一个层次分明的以 "人道" 为主线的人学体系。

这一体系的第一部分为《中庸》。《中庸》本为 "四书" 的第二部，《大学》为 "四书" 的第一部。然而，在《孔子的智慧》中，林语堂有意将《中庸》置于《大学》及所有儒家典籍之前。林语堂认为："研究儒家哲学自此书入手，最为得法。《中庸》一书本身即构成了儒家哲学一个相当完整的体系。"②

《中庸》这部分的译文并非出自林语堂之手，林语堂采用了辜鸿铭的译文，但对某些部分的翻译进行了增删及修改。辜鸿铭在其译文中对内容进行了重组。林语堂并没有采用辜鸿铭的编排，而是根据自己的目的进行了内容的组合。林语堂将《中庸》各章节进行拆分，并以新的主题将他们重新组合。

总的来说，《中庸》体现的是一种天人合一的、整体的、宽广的人文精神。《中庸》展现了林语堂着力构造的孔子人学体系的基本架构，在整个体系中起着纲举目张的作用。本部分的第一节为 "中和"（The Central Harmony）。本部分开篇就提出了孔子人学体系最重要的命题和出发点，即天命、人性与道的内在关系。"天命之谓性，率性之谓道，修道之谓教。道也者，不可须臾离也；可离，非道也。" "天命" 是指自然规律及自然规律赋予人的社会行为法则；这一行为准则内化为人的主观意识就是 "人性"；按照 "人性" 去行事，使 "天命" 与

---

① 布洛克：《西方人文主义传统》，董乐山译，北京：三联书店，1997 年，第 151 页。

② Lin Yutang：*The Wisdom of Confucius*，Beijing：Foreign Language Teaching and Research Press，2009，p. 78.

"人性"合而为一，便是"人道"。而"人道"正是林语堂所建构的孔子人学体系的关键词。"天命—人性—人道"这一思想脉络也体现了孔子儒学思想的基本构架。接下来，便是何为中庸的问题。《中庸》是这样定义"中庸"的："喜怒哀乐之未发，谓之中；发而皆中节，谓之和。中也者，天下之大本也；和也者，天下之达道也。"《中庸》把"中庸"分为"中"与"和"两部分。"中"是主体情感未发的状态，"和"是主体情感付诸实践后的适度调节。"中"为体，"和"为用。

本部分第二节为"中庸"（The Golden Mean），即"人道"的具体体现。林语堂在这一部分中收录了孔子关于"中庸"的阐述。孔子指出了践行中庸的不易并为中庸之道设立了一个标尺："子曰：'舜其大知也与！舜好问而好察迩言，隐恶而扬善，执其两端，用其中于民。其斯以为舜乎！'"第三至第六节对"人道"进行了深入阐释。第三节"处处皆有道"（Moral Law Everywhere）及第四节"人道标准"（The Humanistic Standard）体现了"人道"的内在向度，即"修身"与"成己"的方法，强调了孔子"道不远人"和"推己及人"的人文精神。"君子之道，造端乎夫妇，及其至也，察乎天地。""道不远人。人之为道而远人，不可以为道。"一个人在任何地位都可以循道而行。"素富贵，行乎富贵；素贫贱，行乎贫贱；素夷狄，行乎夷狄；素患难，行乎患难。""在上位，不陵下；在下位，不援上。"实现中庸之道更为重要的是"推己及人"，"故君子以人治人，改而止。忠恕违道不远，施诸己而不愿，亦勿施于人"。在第五节和第六节中，林语堂将中庸之道由个人延伸到社会，着重展现"人道"的外在向度，强调"个人伦理与政治"的联系，即"修身"与"安人"的相互作用。这六节为整个人学体系搭建起了理论框架。第七节和第八节的核心是以"诚"为价值核心的道德修养论。"诚者，天之道也；诚之者，人之道也。""唯天下至诚，为能尽其性；能尽其性，则能尽人之性；能尽人之性，则能尽物之性；能尽物之性，则可以赞天地之化育；可以赞天地之化育，则可以与天地参矣。"天道之诚是指自然界的生存和发展规律以及万事万物的存在本源。人道之诚是指人性之善、人性中美好的一面。《中庸》通过"诚"将"天道"与"人道"联系起来，并在"诚"的基础上实现统一。然而，作为"人学"，"诚"最终会落实到"人"，成为人的道德修养准则。《中庸》用天道之诚为人道之诚制定了一条路径："自诚明，谓之性；自明诚，谓之教。诚则明矣，明则诚矣。"天道之诚喻于人性之中；人通过"明诚"，即教学、学习将"诚"内化；再通过"择善"而运用到实际生活中；最终达到天人合一。

第二部分为《大学》。《大学》体现的是 "人道" 的外在向度，即修己治人之道，是前一章《中庸》第五、六节 "修身" 与 "安人" 思想的深化。《大学》原为《礼记》的一篇。朱熹将其列为 "四书" 之首。宋儒学家程伊川将《大学》视为初学入德的门径书。《大学》一书以练达的语言涵盖了儒家人学思想的精神内涵。理雅各将《大学》译为 "The Great Learning"，辜鸿铭译为 "The Higher Education"。林语堂赞同辜鸿铭的译法。朱熹认为："大学者，大人之学也。"[①]儒家的教育观点认为教育为上等社会的知识分子所设。他们日后能成为君主或辅佐君主治国济世。因此，在谈论教育时，始终以治国为宗旨。《大学》一书似乎专为教育王子贵人而作。大学，即王子贵人受教育之所。但林语堂关注的并不是儒家的教育制度。"《礼记》之第八和十二两章对古时教育制度有进一步说明，本书并未选入。"林语堂希望读者真正关注的是《大学》所表达的人文思想："此书内容实际上是在谈论 '修身' 与外部世界秩序的联系，或伦理与政治的联系。"[②] "修身" 是人学思想的核心及价值目标，也是治国平天下的出发点。概而言之，《大学》所阐释的就是修己治人之道，即儒家思想一以贯之的内圣外王之道。因此，林语堂将这章取名为 "伦理与政治"。林语堂在《大学》中发掘的人文思想与杜维明不谋而合。杜维明认为："《大学》所呈现的是步步扩展、层层深入的一种修身哲学。如果用一种形象的语言，就是我们可以想象，《大学》所体现的人文精神是一个逐渐向外扩展的同心圆，这个同心圆的外圆应该是开放的，从个人到家庭、到社会、到国家、到世界，乃至到人类的群体、宇宙，它是向外扩展的。"[③] 朱熹把《大学》分为 "经" "传" 两部分，认为 "经" 首章统论三纲八目，二、三、四章分别解释 "三纲领"，后六章则 "细论条目功夫"。朱熹的划分层次分明。林语堂在编译时也大致遵循了朱熹的划分。本部分第一节为 "《大学》的大体思想"（General Idea of this Essay），即朱熹所分出的 "经" 的部分。《大学》一开篇就提出了 "大学之道，在明明德，在亲民，在止于至善"。朱熹将这三者称为 "大学之纲领也"。"三纲领" 即 "明明德" "亲民" "止于至善"。在提出三纲领后，《大学》继而列出了八条目："知止而后有定，

---

① 朱熹：《四书集注》，长沙：岳麓书社，1985 年，第 3 页。

② Lin Yutang: *The Wisdom of Confucius*，Beijing：Foreign Language Teaching and Research Press，2009，p. 107.

③ 杜维明：《儒家传统与文明对话》，石家庄：河北人民出版社，2006 年，第 10 页。

定而后能静，静而后能安，安能后能虑，虑而后能得。物有本末，事有始终，知所先后，则近道矣。古之欲明明德于天下者，先治其国；欲治其国者，先齐其家；欲齐其家者，先修其身；欲修其身者，先正其心；欲正其心者，先诚其意；欲诚其意者，先致其知；致知在格物。物格而后知至，知至而后意诚，意诚而后心正，心正而后身修，身修而后家齐，家齐而后国治，国治而后天下平。自天子以至于庶人，壹是皆以修身为本。"朱熹把这八条称之为"大学之条目也"。林语堂在此部分第二节对"三纲领"进行了具体的阐释。在随后的第三到第八节，分别对"格物""致知""诚意""正心""修身""齐家""治国""平天下"这八个条目进行了阐释说明。

以"修身"为核心的"三纲八目说"是与儒家的人学思想一脉相承的。"三纲领"试图给人以正确的价值引导及道德设定。"《帝典》曰：'克明峻德'。皆自明也。"这句话向我们表明"明明德"的关键乃"自明"。"自明"即发挥个体主观能动性，通过积极学习来明白什么是"德"。"明明德"所注重的是对人性的规约或启发，而"亲民"则强调在个体完善后如何将个体之善拓展到天下万民。这种"以人为本""民贵君轻"的思想皆是儒家人学思想的精华。"明明德""亲民"的终极目标便是"至善"，即理想的人格。

"八条目"则指引人应该怎样做。"八条目"是一个由内到外、相互关联、不能任意颠倒的统一整体。它以"格物"为起点，以"平天下"为奋斗目标。对个体修为的具体描述是儒家人学思想发展逐步系统化的表现。"八条目"体现的是一个全面的、内外结合的体系。"格物""致知""诚意""正心"强调的是内在修为，而"修身""齐家""治国""平天下"则是外在修为。这种由内到外的递进式的修为之路是一个层层递进的过程。作为内外兼修的结合点，"修身"既是《大学》人学思想的根本目的，又是"治国平天下"的出发点。

第三部分为《论语》。这部分体现的是"人道"的内在向度，即"修身"与"成己"的思想。此部分实际为《中庸》第三节、四节"修身"与"成己"思想的深化。《论语》体现了儒家学说最为重要的思想。《论语》共20篇，493章，是一部记录孔子及其弟子言行的著作。"论"就是议论，"语"就是告知。《论语》辑录了孔子的主要观点，包括政治观、教育观、经济思想和宗教观等。因此，《论语》也成为儒家典籍中对外翻译版本最多的一部。宋代的宰相赵普曾说半部《论语》治天下。林语堂在此章中依然以"人"为脉络，用"人"这个关键词将整个《论语》本支离零星的孔子语录进行筛选和串联。本章前四小节讲述了孔子其人其事。这部分向我们展现的并非一个不食人间烟火的圣人孔子,而是一个有血有肉,合乎人性,好学、仁义、可爱、风趣、疾恶如仇的孔子。第一节收录的第一句话便是:"叶公问孔子于子路,子路不对。子曰:'女奚不曰:其为人也,发愤忘食,乐以忘忧,不知老之将至云尔。"更有"迅雷风烈必变"。一个可爱的,如邻家老人的孔子跃然纸上。孔子也有极其感性的一面:"颜渊死,子哭之恸。从者曰:'子恸矣。'曰:'有恸乎?非夫人之为恸而谁为?'"此外,林语堂还着重收录了表现孔子风趣言谈的语录。如:"子曰:'予欲无言'。子贡曰:'子如不言,则小子何述焉?'子曰:'天何言哉?四时行焉,百物生焉,天何言哉?'"本章第六、七节则着重阐述"仁"这一《论语》的关键词。据杨伯峻《论语注释》统计,在《论语》中,孔子讲"仁"的地方共100次。林语堂在本书的导言中将"仁"理解为"人",并以《雍也》篇为例证:"宰予问曰:'仁者,虽告之曰:井有仁焉,其从之也?'"因此,林语堂将"仁"译为"true manhood"。"仁"学即"人"学。林语堂将第六节取名为"人道主义与仁"(Humanism and True Manhood)。在这节中,林语堂提取了孔子的人道思想,介绍了孔子"以人度人"的恕道原则。"恕"字是由"如"与"心"二字构成的。换言之,即由己及人。孔子认为"恕道"乃"仁"之方向与方法。"夫仁者,己欲立而立人,己欲达而达人。能近取譬,可谓仁之方也已。""仲弓问仁。子曰:'出门如见大宾,使民如承大祭。己所不欲,勿施于人。在邦无怨,在家无怨。'"以己所欲,譬之他人,知其所欲之亦犹己。然后推己及人,此即恕之事,而仁术在其中矣。张岱年认为"己欲立而立人,己欲达而达人",便是孔子所规定之仁之界说。[①]

接下来则是何为仁的问题。我们从《论语》中研究"仁"时会发现:在不同场合、不同时期,针对不同主体对象,孔子所阐述的"仁"的含义是不完全一样的,孔子从来没有给"仁"定义过标准,也没有明确指出"仁"到底是什么。林语堂在这一节也收录了孔子对"仁"的多种阐释。如:"子曰:'仁之难成久矣。人人失其所好,故仁者之过易辞也。'""颜渊问仁。子曰:'克己复礼为仁。一日克己复礼,天下归仁焉。为仁由己,而由人乎哉?'""子曰:'恭近礼,俭近仁,信近情。敬让以行此,虽有过,其不甚矣。夫恭寡过,情可信,俭易容也。以此失之者,不亦鲜乎?'""孟武伯问子路仁乎?子曰:'不知也。'又

---

① 张岱年:《中国哲学大纲》,北京:中国社会科学出版社,1982年,第256页。

问。子曰：'由也，千乘之国，可使治其赋也。不知其仁也。''求也何如？'子曰：'求也，千室之邑，百乘之家，可使为之宰也。不知其仁也。''赤也何如？'子曰：'赤也，束带立于朝，可使与宾客言也。不知其仁也。'""子曰：'不仁者，不可以久处约，不可以长处乐。仁者安仁，知者利仁。'""子曰：'知者不惑，仁者不忧，勇者不惧。'""子曰：'仁者，其言也讱。'曰：'其言也讱，斯谓之仁已乎？'子曰：'为之难，言之得无讱乎？'"可以说，"仁"在孔子心目中就代表了最高的道德标准。孔子通过"仁"对人的本质进行规约。后世儒家将这种规约称为"立人极"："圣人定之以仁义中正而主静，立人极焉。"（周敦颐《太极图说》）孔子通过"仁"将礼乐精神和自己的理想内化为人的本质。他不是从对现实生活中的人的分析中得出人的本质是"仁"，而是站在理想主义的立场上规定人的本质应该是"仁"。然而，林语堂在收录孔子关于"仁"的语录时进行了过滤。"樊迟问仁。子曰：'爱人'。"孔子所谓的"人"，在这里是指普通人。然而，孔子的"爱人"与墨子的"兼爱"是不同的。墨子提出"视人之国，若视其国；视人之家，若视其家；视人之身，若视其身"，反对将人分为你我、远近、亲疏。然而，对于孔子来说，仁者之爱是从孝悌开始的，是按血缘关系由近及远的。"孝弟也者，其为仁之本与！"更有"君子笃于亲，则民兴于仁"。林语堂将这些对"仁"的阐释摒除在外的原因不难理解。"孝悌"即"仁"这一观念的提出在当时礼崩乐坏的背景下，对稳定社会是有一定积极意义的。然而在两千多年后的20世纪，这种家族本位的思想在胸怀世界的林语堂心中已日益显示出其狭隘性。如："叶公语孔子曰：'吾党有直躬者，其父攘羊，而子证之。'孔子曰：'吾党之直者异于是。父为子隐，子为父隐，直在其中矣。'"

"为仁由己"，通过求仁成为君子和圣人，这是孔子人学的另一个主要内容。在介绍了"仁"之后，林语堂专门用一节将言及"君子"的语句并置。在孔子之前，"君子"是对人身份的称谓，如："君子所履，小人所视。"（《诗经·大东》）而《论语》中君子的内涵则发生了重大的转变。君子不再指代上位者，而是指道德高尚的人。"君子"是每个人都应当达到、经过努力也能达到的具有现实性的理想人格。在这一理想人格中，仁是最核心的因素："君子去仁，恶乎成名？君子无终食之间违仁，造次必于是，颠沛必于是。"

求仁后的问题便是行仁，在第七节中，林语堂辑录了孔子关于如何践行中庸之道的语录。修己求仁是孔子人学的重要内核，而"安人"的思想也是其中一个重要部分。仁是为己与为人的统一。仁不是独善其身，不是洁身自好，而是

"仁者爱人"。仁是为己与为人、自爱与爱人的统一，因而求仁而得仁的人必然会在修己之后超越自身而去爱他人并成就他人。"仁"要向外扩展，要从个人到社会。因此，林语堂在第八节中辑录了孔子的为政思想。"政者，正也。子帅以政，孰敢不正？"孔子训"政"为"正"，在他心目中，为政的实质即是正民。孔子对政治的这种理解，与西方古代思想家把政治视作维护城邦正义是大相径庭的。古希腊哲学家所谓的政治是公民如何治理好城邦国家，孔子所谓的政治是具有高尚道德的君主如何治理好民众。政治被孔子赋予了浓厚的道德教化色彩。甚至，在一定程度上，道德教化就是为政。所以当有人问孔子为什么不从政时，他回答说："《书》云：'孝乎惟孝，友于兄弟，施于有政。'是亦为政，奚其为为政？"在他看来，为政不一定就是君主之事，一个人只要能对他人施行道德教化，使之由不正归于正，也就是为政。因此，为政者要想正民，必须首先正己："苟正其身矣，于从政乎何有？不能正其身，如正人何？""其身正，不令而行；其身不正，虽令不从。"孔子这一正人必先正己、正己才能正人的思想和为己与为人、修己与安人相统一的思想是一脉相承的。孔子的这一思想后来为儒家所继承，《大学》的"明明德"与"亲民"、"修身"与"齐家""治国""平天下"，《中庸》的"成己"与"成物"，宋儒的"内圣"与"外王"，都是孔子正己才能正人思想的继承与发挥。

第四部分取材于《礼记》之《经解》《哀公问》《礼运》，这一部分对"礼"这一"人道"外化的行为规范进行了阐释："礼"是理想的社会秩序，是代表社会秩序与社会法规的哲理。第五部分论教育的功用，强调教育的最大功用在于立人。

最后一部分为《孟子》。《孟子》全书共七篇，每篇分为上、下两章。《孟子》记录了孟子的性善论、治国思想、政治观点（仁政、王霸之辩、民本、民为贵社稷次之君为轻）。林语堂在此章中只选择了《告子》篇。《告子》记录了孟子和告子有关人之本性的讨论，是孟子性善论的集中体现。在前面几章中，林语堂着重整理了孔子"人应该是什么"的人学思想。在这一章中，孟子的人性论则对"人"进行了本体论的思考。孟子的人性学说无疑是孔子人学的一次深化。在整部《论语》中只有一句关于孔子言"人性"的记载："性相近也。"在孔子之后对人性的探讨并不仅只有孟子的性善说还有荀子的性恶说。孟子和荀子分别继承了曾子的"唯心"倾向和子夏的"唯礼"倾向，提出了相互对立的人性说。林语堂并没有收录荀子对孔子人学思想的发展，也许是因为就孟、荀二人而言，孟子对人的看法是积极的，对人的前景更为乐观，才能达到他济世的目的。

总的说来，林语堂从儒家的教义中提取出关于人的学说。儒家的"人学"思想成为林语堂所构建的"人学"大厦的两大支柱之一，即人的社会性，其中包含个体的内在修养及外化的行为准则（即"人道"）、维系理想社会所应遵循的个人行为规范、教育之于"立人"的重要性三个方面。而在林语堂看来，个体内在修养及外在行为准则（即"人道"）是孔子人学的核心，"孔子的哲学精义，我觉得是在他认定'人的标准是人'这一点上。"①

二、"人"的个体性：老子思想的普适价值

德国思想家马丁·布伯认为，在中国的儒、释、道三大思想体系中，真正具有普适意义的是道家思想。在他看来，佛教的出世精神对于西方文明的发展并无益处，而且会有消极的影响；儒家的思想太注重此岸世界，太入世，因此也很难成为世界性的精神；而道家思想与西方思想相似，两者同样具有超越性。因此，"布伯希望通过中国道家的'无为'、'贵柔'、'尚朴'精神，重新找回西方失落已久的精神家园，重振西方文化"②。

林语堂也在道家思想中找到了具有普适价值的东西。1948 年，林语堂编译了《老子的智慧》。在这部译著中，林语堂提取了老子的人学思想。自此，林语堂的人学大厦拥有了另一根支柱，即个体的人。孔子的"社会的人"与老子"个体的人"相辅相成，构成一个完整的人学体系。

"孔子的人文主义能否叫中国人感到十分的满足呢？答复是：它能够满足，同时，也不能够满足。"③ 在春秋时期"礼崩乐坏"的时代背景下，孔子对西周时代的礼乐制度进行了整合并将其发扬光大。孔子从正面总结并继承了礼乐制度。他力图恢复并完善以礼为核心的社会秩序，着重强调发挥人内在的道德自律。孔子将人置于一个关系网的中心位置，探讨人与人、人与社会的关系。孔子的人是具有强烈的群体意识和社会责任感的人。孔子的人应是一个好臣子、好儿子、好父亲，也就是说，孔子所提倡的人生价值必须置于社会群体中才能实现。

---

① Lin Yutang：*The Wisdom of Confucius*，Beijing：Foreign Language Teaching and Research Press，2009，p. 4.

② 刘杰：《马丁·布伯论"东方精神"的价值》，载《文史哲》，2000 年第 6 期，第 39 - 40 页。

③ 林语堂：《老子的智慧》，黄嘉德译，长沙：湖南文艺出版社，2013 年，第 1 页。

　　然而，儒家式的人生没有给个人留下多少属于自己的空间，对个体性缺乏足够的关注，人的个性淹没在群体性之中。

　　因此，孔子的人并不能成其为一个完整的人。正如林语堂所言："孔子学说依其严格意义，是太投机，太近人情，又太正确。人具有隐藏的情愫，愿披发而行吟，可是这样的行为非孔子学说所容许。于是那些喜欢蓬头跣足的人走而归道教。"① 孔子的人缺乏一个维度，即自我的维度。林语堂在老子与庄子的道家学说中找到了这一失落的维度。黑格尔也持有相似的观点，黑格尔认识到，儒家哲学是中国的国家哲学，是社会的、入世的，而道家哲学是与儒家思想迥然不同的，走的是另一条路。②

　　老子也对西周时期的礼乐思想进行了扬弃。然而，老子选择了一条与孔子相反的路径。与孔子对礼乐制度的肯定不同，老子注意到的是礼乐制度的偏失和流弊。在老子看来，社会的无序混乱有着更深层的原因，那就是个人价值的失落、自然人性的失落。老子认为，儒家的礼乐教化使人越来越背离自然的天性。因此，他极力抨击礼乐制度对人类淳朴天性的戕害以及对人的异化作用。老子着重凸显人的个体性，他试图通过回归自然的方法来避免和矫正自然人性的异化，通过 "无为" 来恢复自然的崇高价值，从而建立起合乎自然的社会秩序，并且解放自然的人性。他主张 "见素抱朴"，提出人应该不断进行复归本位的运动，以返璞归真，保持心灵的纯净。此外，老子提出 "圣人无常心，以百姓心为心"，通过 "无为"，通过消弭统治者的权力从而自上而下地捍卫人的自由及自然天性。

　　在林语堂看来，道家关注的是人内心的自然真实的感受。道家的人是顺性而为的，不必拘于外在的束缚，是褪去了所有外在附加的社会属性后真实的自我，也是自我心灵真正的归宿。"每一个中国人心头，常隐藏着内心的浮浪特性和爱好浮浪生活的癖性。生活于孔子礼教之下，倘无此感情上的救济，将是不能忍受的痛苦。所以，道教是中国人民游戏姿态；而孔教为工作姿态。"③

　　林语堂将儒家哲学比作中国思想之古典派，而将道家哲学比作浪漫派。这一点与冯友兰不谋而合。冯友兰在《中国哲学简史》一书中指出，儒家思想强调人的社会性，即人肩负的社会责任，而道家思想重视人自然的天性。孔子所做的是对人的社会性进行规约，而老子、庄子则主张顺性而为。"中国哲学的这两种

---

① 林语堂：《老子的智慧》，黄嘉德译，长沙：湖南文艺出版社，2013 年，第 1 页。
② 黑格尔：《哲学史讲演录》第 1 卷，贺麟、王太庆译，北京：商务印书馆，1983 年，第 125 页。
③ 林语堂：《老子的智慧》，黄嘉德译，长沙：湖南文艺出版社，2013 年，第 2 页。

思潮大体类似于西方思想中的古典主义和浪漫主义两种思潮。"①

　　儒家思想注重有为，孔子式的人生是刚性的。而"无为"的道家则向我们展现了人的另一个侧面，老子所主张的"无为""谦和""不争""处低位"消弭了孔教文化的负累。

　　在编译《老子的智慧》时，林语堂以"个体的人"和"顺性自然的人"为主题将《道德经》重新分章编排。大多数研究者将《道德经》分为《道经》（前三十八章）与《德经》两个部分。林语堂并没有遵循这一分类。他将《道德经》分为七个部分，并且用庄子注老子，在每一章节中选择《庄子》中相匹配的内容对老子的思想进行进一步阐释。此外，林语堂为每一章补充了章节标题，对该章的主旨进行归纳。林语堂认为，在这七个部分中，前四个部分为哲学原理，而后三个部分则是实际运用。

　　通过对《道德经》进行重新编排及分类，林语堂在《老子的智慧》中着力建立一个关乎"个体的人"的人学体系。这一体系的内容包括：人的本性是什么样的？遵照自然的人性，人应该是什么样的？人在实际生活中应遵循的行为准则是什么？

　　林语堂将《道德经》一到六章归为一个部分，命名为"道的性质"（The Character of Tao）。这一部分为老子最基本的哲学观念：何为道？相对论、无为、道之德。这一部分也是林语堂人学的出发点。老子所创立的学派之所以称作"道"，原因就在于老子的整个思想体系以"道"为根本，为依归。"道"为老子学说的核心概念。"道"字最早出现于西周早期的青铜器铭文中，本义是指人行走的道路，是人们达到特定目标的必经之路。因此，老子将"道"引申为事物存在与发展的必然性与必然趋势。此外，"道"具有明确的方向性，人们必须沿着道一直走下去才能到达目的地。因此，老子将"道"进一步提炼为事物的发展以及人的行为所必须遵守的原则，认识事物、解决问题的根本方法。更为重要的是，"道"为万物之母，不能名，更不能言；它出之有形，入于无形；既不行，又不言，是深不可测的众生之源；它公正无私，它无所不在。因此，"道"为人的根本，是人的本源。此外，人也需循道而行。

　　第二部分为《道德经》七到十三章，林语堂将这一部分命名为"道的教训"（The Lessons of Tao）。第一部分介绍了道的定义、道的属性后，开始从"道"的

　　① 冯友兰：《中国哲学简史》，北京：新世界出版社，2007年，第19页。

高度去关注人生诸问题。这一部分集中表现的是"人法道""道法自然"的思想。"法"意为效法、取法。也就是说，万事万物都处于一种和谐、平衡的状态中。这种状态是不受外力的干扰自然形成的。在不受外界强力干扰的情况下，万物能发挥出自己的最佳状态，并且与周围的事物保持良好的关系，这就是老子所谓的"自然"。自然是万物之母，"道"所遵循的原则，当然也就是隐藏于世间万物的内在普遍原则。

作为万物之一的人，也应该循道而行，效法自然。因此，这一部分重点体现了"自然"的人应是怎样的，即如果遵循自然的本性，人应该是什么样的。首先，人须无私。七章为《无私》（Living for Others）。"天地所以能长且久者，以其不自生，故能长生。是以圣人后其身而身先，外其身而身存。非以其无私？故能成其私。"天地之所以能长且久，乃是因为它不自营其生，所以能长生。圣人明白这个道理，圣人遇事无私，因此才能成就其伟大。其次，"自然"的人应如水一般，不争、谦恭、就低位。"水善利万物而不争，处众人之所恶，故几于道。"第三，只有功成身退、含藏收敛，不自满、不自骄的人，才合乎自然之道。"持而盈之，不如其已；揣而锐之，不可长保；金玉满堂，莫之能守；富贵而骄，自遗其咎。功遂身退，天之道也。"第四，十章《抱一》（Embracing the One）及十二章《感官》（The Senses）提出，人应形神抱一，摒弃外物的诱惑，保持宁静质朴的本性。最后，人应意识到"无"的用处，才能虚怀若谷，宠辱不惊，进入无我的境界。

第三部分为"道的描摹"（The Imitation of Tao），这一部分是对人法道思想的深化。首先，十四章《太初之道》（Prehistoric Origins）指出："视之不见，名曰'夷'；听之不闻，名曰'希'；博之不得，名曰'微'。"道是视之不见，听之不闻，博之不得的。人只要秉持这亘古存在的道，就知道"道"的规律了。既然"道"视之不见，听之不闻，博之不得，那循道而行的人应该怎样呢？十五章指出有道之人的言行做派："豫兮，若冬涉川；犹兮，若畏四邻；俨兮，其若客；涣兮，其若凌释；敦兮，其若朴；旷兮，其若谷；混兮，其若浊。"遵循"道"的人也应是不炫智、不多言的。十六章《知常道》（Knowing the Eternal Law）提出动静循环的学说："致虚极，守静笃。万物并作，吾以观复。夫物芸芸，各归其根。归根曰'静'，静曰'复命'。复命曰'常'，知常曰'明'。"虽然万物复杂众多，但到头来要各返根源。回返根源叫做"静"，也叫"复命"。相对于变动不已的外部世界，本根之处是呈虚静状态的，因此，万物向道的复归，亦可看作是由动返静。老子认为，虚静的状态乃是一切存在的本性，本性亦即命，故曰"归根曰'静'，静曰'复命'"。这是万物变化的常规，所以复命叫做常。因此，了解"常"的人是明智的，"知常曰'明'"。了解"常"的人也应致虚、守静。而且，"知'常'容，容乃公，公乃全，全乃天，天乃道，道乃久"，了解常道的人无事不通，无所不包；无事不通、无所不包就能坦然大公，坦然大公才能做到无不周遍，无不周遍才能符合自然，符合自然才能符合于"道"，体道而行才能永垂不朽。十七到二十章抨击了教化的不良后果。在人的本性尚未腐败时，他可以依道而行，且完全服从自己的本能。这时的善是无意识的善，一旦圣人的善恶、智慧之教，和政府的奖惩法则蔚成时，大道就开始废坠，使人的本性由真善而伪善，由伪善而天下乱。因此，老子提出"绝学，弃智"，回复人性的本原、慈善的天性。二十一到二十五章提出把道看作一种值得效仿的典范。"人法地，地法天，天法道，道法自然。"大德之人应顺道无为。老子提出争之无益，无用之有用，希言，不自满夸耀争胜。"曲则全，枉则直，洼则盈，敝则新，少则得，多则惑。"不争反而能显现自己的结果。正因为不与人争，所以全天下没有人能和他争，这样反而成全了他的伟大。

第四部分"力量的源泉"（The Source of Power）重点讨论"人类天性的起源"。二十八章、三十二章、三十七章和三十九章详述了人类原始天性的来源。二十八章《守其雌》（Keeping to the Female）指出："知其雄，守其雌，为天下谿。为天下谿，常德不离，复归于婴儿。知其白，守其黑，为天下式。为天下式，常德不忒，复归于无极。知其荣，守其辱，为天下谷。为天下谷，常德乃足，复归于朴。""复归于婴儿""复归于无极""复归于朴"均是指万物向自己的本根状态——"道"的复归。"朴"指未经雕琢的木头。老子用"婴儿""无极""朴"来描述"道"的自然状态，同时也借此来形容纯真、质朴的人类天性。三十二章及三十九章重述了二十八章的主题，强调了"道"为万物之源："譬道之在天下，犹川谷之与江海。"（三十二章）道对于天下人来说，就好像江海对于川谷一样，江海是百川的归宿，因此，道也就是天下人的归宿。"昔之得一者——天得一以清，地得一以宁，神得一以灵，谷得一以盈，万物得一以生，侯王得一以为天下正。""一"便是"道"，即天地万物生成的源头。三十七章《天下自正》（World Peace）指出："道常无为而无不为。"道永远顺应自然，不造不设，好像是无所作为的，但万物都由道而生，恃道而长，因而道又是无所不为的。在这一章中，林语堂从《庄子》中《天道》《天地》两篇提炼出无为说，通过探讨自然无为和天地行而不言，林语堂将关注的重点转回人的命题上："因此，只有综合虚静、恬淡、寂寞、无为，才是最恰当的生活方式。"① 本部分的其他章节如二十六章《轻与重》（Heaviness and Lightness）、二十七章《袭明》（On Stealing the Light）、二十九章《戒干涉》（Warning against Interference）、三十章《戒用兵》（Warning against the Use of Force）、三十一章《不祥之器》（Weapons of Evil）等则再次强调了人须顺道而行及无为的行为准则。三十八章《堕落》（Degeneration）重复了第三章"绝学、弃智"的主题："故失道而后德，失德而后仁，失仁而后义，失义而后礼。"仁、义、礼、乐是造成"道"堕落的原因。因此，大丈夫在处世时，应"处其厚，不居其薄；处其实，不居其华。故去彼取此"。

林语堂指出，《道德经》前四十章主要囊括了老子思想的哲学原理。而后四十章则主要处理实际生活的问题，即人在实际生活中的行为准则。儒家强调人的行为的社会性，人应该做的便是如何处理好在社会网络中的各层关系。而老子所指的行为准则强调的则是个体对自我的要求，即人应具有的内在品质和生活态度。林语堂将四十一章至五十六章合为第五部分，命名为"生活的准则"（The Conduct of Life）。在这 16 章中，老子谈到了人在具体的为人处世中的行为准则，如知足、不露锋芒，并重复了无为、"复归于朴"等主要主张。林语堂在这部分中提取了老子的处世哲学对实际生活的指导意义。在四十一章的按语中，林语堂将四十一章到四十六章的主题归纳为知足与损益。这六章强调了在实际生活中人的行为标准。"大器晚成，大音希声，大象无形。"（四十一章）"故物或损之而益，或益之而损。人之所教，我亦教之。强梁者不得其死，吾将以为教父。"（四十二章）"吾是以知无为之有益。"（四十三章）"故知足不辱，知止不殆，可以长久。"（四十四章）"大成若缺，其用不弊。大盈若冲，其用不穷。大直若屈，大巧若拙，大辩若讷，大赢若绌。"（四十五章）"祸莫大于不知足，咎莫大于欲得。"（四十六章）总的说来，在行为处世方面，人应收敛锋芒、谦恭、就低位、知足常乐。此外，以退为进也是人生一大智慧。"故物或损之而益，或益之而损。"（四十二章）任何事物，表面上看来受损，实际上确是得益。表面上看来得益，实际上确是受损。此外，老子在五十章《养生》（The Preserving of Life）中探讨了"死"这一许多人关注的话题。《养生》一篇强调了人由生入死

---

① Lin Yutang：*The Wisdom of Laotse*，Beijing：Foreign Language Teaching and Research Press，2009，p. 139.

的必然性。林语堂从《庄子》的《知北游》《齐物论》《大宗师》中提炼出生死轮回、浮生若梦的生死谈，将老子的生死学说深化。而这一章的生死谈也证明了人应取法自然和无为的行为准则的正确性。此外，值得关注的是，林语堂在本部分从《庄子》中摘取的材料几乎全是富含哲理的故事，而非理论陈述，并且用老子在本章中的主要观点为故事的题目。如四十一章中，林语堂从《庄子》的《寓言》篇中挑选出阳子居与老子结伴而行，老子教导他何为有德之人的故事，并以老子"大白若辱，盛德若不足"为题。这也让读者能更为清楚地体会到老子所倡导的行为准则在实际生活中的指导意义。

林语堂将五十七章至七十五章合为一个部分——"统治的理论"（The Theory of Government）。与第五部分不同，这一部分关注的是统治者的行为准则。统治的关键在于掌握政权的人。那么，统治者应该怎样处理与百姓的关系呢？在老子看来，理想的政治应该是使百姓可以各安其性命之情，而不是用外在的规矩使他们屈服。真正的君主应该是充分考虑和尊重百姓的意志，并以他们的意志为自己的意志。老子为统治者们树立了一个可供效法的榜样——圣人。儒家和道家都以圣人为最高的理想人物，但就圣人的标准而言，两者却有差异：儒家的圣人是强调内在修为及教化力量的典范，而道家的圣人则循道而行，体任自然。"故圣人云：我无为，而民自化；我好静，而民自正；我无事，而民自富；我无欲，而民自朴。"（五十七章）"是以圣人终不为大，故能成其大。"（六十三章）"是以圣人处上而民不重，处前而民不害，是以天下乐推而不厌。以其不争，故天下莫能与之争。"（六十六章）圣人通过无为，以达到百姓的自化、自正、自富及自朴，从而建立起自发形成的、和谐自然的社会秩序。孔子的儒家要建立的是以礼为核心的社会秩序，而维护这一秩序需要道德教化；墨家要建立的是"尚同"的社会秩序，"兼爱"为实现这种秩序的主要途径；法家要建立的是绝对君权的社会秩序，以法治国则是实现这种秩序的途径。这三种秩序都需要自上而下的控制，需要人民的服从。而老子所要建立的，是非人为的、自然的秩序。维系这一秩序不需要内在的自我约束及外在的强制性手段，而是一种自为的调节的过程。

总体而言，林语堂从儒家、道家思想中提取出不同角度关于人的学说。儒家注重有为，注重人的社会性，表现出强烈的群体意识，儒家式的人生价值必须置于社会群体中才可以实现。而道家则注重人的个体性。道家站在大道的高度，以超越的态度来观察人生，主张人应体道而行，保持自己自然的人性及独立的意志。儒道互补构成了林语堂完整的人生观。

第三节　中国智慧的现代性阐释

"哥白尼消解了地球中心论，达尔文将人的上帝肖像相对化，马克思推翻了社会和谐的意识形态，弗洛伊德则将我们的意识活动变得错综复杂。他们为现代重新界定了人性。不过，他们也能够使我们以共有的、批判的自我意识来更新我们对于古代儒家智慧的信仰。"[1]

自德国社会学大师韦伯以降，"传统"和"现代"久已成为互相排斥、相互对立的东西。在韦伯看来，"现代"以理性和科学为代表，而"传统"则主要是建立在非理性的信仰甚至迷信的基础上。

其实，任何传统都不是静止的。文化虽然在不断变动之中，但是事实上却没有任何一个民族可以尽弃其文化传统而重新开始。怀特海曾说："一部西方哲学史不过是对柏拉图的注脚。"[2] 也就是说西方后世哲学家所讨论的都离不开柏拉图所提出的基本范畴和问题。这一说法同样也适用于文化。各种文化虽然经过了多次变迁，但其价值系统的核心部分至今仍充满活力。每一种文化都经历过一个"传统"与"现代"相互激荡的历史阶段。就传统和现代的关系来说，传统内部有其合理的成分，并能继续吸收合理性，因而可以与现代接轨。

20 世纪初的中国社会，"传统"与"现代"的碰撞，特别是儒家传统在面对西方民主与科学挑战时的生存问题，尤为引人关注。因为时代的需要，当时许多思想家都认为，在儒家传统思想中君主凌驾于臣民之上，家庭凌驾于个人之上，男性凌驾于女性之上，这种对权威的强调，是压迫性的、腐朽的、落后的，它已成为阻碍中国社会进步的最大障碍。民主与科学成为许多知识分子心中实现社会进步的唯一途径。正如杜维明在《现代精神与儒家传统》中所提到的："与其说是救亡压倒启蒙，不如说是启蒙所体现的科学、物质、功利、现实以及进步的观念所铸模而成的工具理性已成为先进知识分子心目中救亡图存的不二法门。"[3]

"强人政策"是比较文化学中文化比较的一种方法，指用自己文化的精华与

---

① 杜维明：《东亚价值与多元现代性》，北京：中国社会科学出版社，2001 年，第 215 页。

② 转引自余英时：《中国思想传统的现代诠释》，南京：江苏人民出版社，1995 年，第 47 页。

③ 杜维明：《现代精神与儒家传统》，北京：生活·读书·新知三联书店，2001 年，第 205 页。

另一文化的糟粕进行比较，比较的目的在于强调自己文化的优势。杜维明在《文化的冲突与对话》一书中指出，中国"五四"时期持西化观的学者在对中西文化进行比较时采取的也是"强人政策"，只不过这一"强人政策"和真正意义上的"强人政策"并不相同。这些西化论者在比较时采用的是相反的路径，即用中国文化的糟粕和西方文化的精华进行比较，从而得出中国文化的不足与劣势。在杜维明看来，这其实是一种"弱者政策"①。

因此，从百年来第一代知识分子——康有为、梁启超、谭嗣同、章太炎、刘师培、严复、王国维和孙中山，到"五四"时期的蔡元培、胡适、陈独秀、李大钊、张君劢，到民国时期的新儒家——熊十力、梁漱溟、冯友兰，如何向西方学习是他们共同思考的问题，是一股占绝对优势的思想主流。

然而，正如第一节所述，在目睹了 20 世纪初西方社会的风云突变后，以及在一些具有世界胸怀及视野的思想家（如白璧德、杜威、罗素）的感召下，中国的知识分子开始重新衡量中国传统文化的价值，重新思考传统与现代的关系。创办《学衡》的一批知识精英就受到了白璧德人文主义的影响。白璧德教导他的学生不仅要了解西方现代，也要了解西方古代（如苏格拉底），了解非西方的宝贵精神遗产（如释迦牟尼、孔子等）。吴宓、梅光迪、汤用彤和陈寅恪便不赞同一味反传统，把儒家学说全盘否定为完全过时的封建糟粕。新一代的现代新儒家，如贺麟、梁漱溟、冯友兰，都致力于挖掘儒家传统的现代价值。此外，当时的知识分子已明确指出现代化并非西化。胡适开始提倡全盘西化，后来经过反复思考，他改变了原来的看法，提倡充分的现代化。冯友兰在写《新原人》时也说我们应该现代化，但这不一定意味着西化。因此，19 世纪二三十年代的中国知识界就已提出这样的看法：中国的现代化必须走一条融合古今、会通中西的道路。

而林语堂则将中国传统文化的现代化化作实实在在的行动。林语堂是当时真正践行了中国传统文化现代性阐释的少数学者之一。他在编选、翻译《孔子的智慧》一书时，也完成了对儒家思想的现代重构。他没有将儒家奉为神圣的经典，他试图站在一个更高的层面审视其价值与不足，并尝试在新的时代语境中激发出儒家思想新的价值。

对于儒家思想的现代重构，林语堂是从对儒家思想进行分流开始的。在他看

---

① 杜维明：《文化的冲突与对话》，长沙：湖南大学出版社，2001 年，第 129 页。

来，儒家思想最具价值的是孔子、子思和孟子的学说，而将荀子及宋代的程朱理学摒除在外。

"不幸，我们所见的所谓孔学，都是板起脸孔的老先生，都没有孔子之平和可亲，或孟子的辣泼兴奋。七百年来道学为宋人理学所统制，几疑程朱便是孔孟，孔孟便是程朱。程朱名为推崇孟子，实际上是继承荀韩释氏（戴东原语），不曾懂得孟子……我们七百年来所行的就是伊川这条窄路。理学道理，也全是生姜树头的道理。"①

在《戴东原与我们》一文中，林语堂指出："宋儒由佛经学得形而上学，因而也要谈空说性，分天理与人欲为二物，因而要存天理，灭人欲，因而主静不主动，直以无欲为上乘境界。这话以现代的人生观看来，是绝对说不通的。又要强搭附孟子性善之说，强分理欲，谓性是善的，而气禀是恶的，更是说不通的。"②

因此，正如林语堂在《孔子的智慧》一书导言所述，当有人蔑弃礼教如老庄，有人如今日之欧洲人，开始对文化表示怀疑，而想返回太古之原始生活，有人却如孔子，如现代的基督教徒，相信道德的力量，相信教育的力量，相信艺术的力量，相信文化传统的力量。③ 孔子在面对传统时，并非像他所说的"述而不作"，而是对西周的礼乐制度进行了萃取、整合，赋予它新的精神，使它得以流传后世。林语堂对儒家传统也采取了相同的做法。林语堂对儒家传统"取其精华，弃其糟粕"，将儒家传统的基本价值与核心观念在现代化的要求之下进行调整与转化，从而实现其在新的社会历史语境之下的重构，使传统迸发出新的生命。

虽然当时的知识分子已经意识到"现代化"并不等于"西化"，但不可否认的是，西方文化中的某些价值观，如平等、民主、科学等，具有普适的价值。正如杜维明所述："可是儒家是入世的，是经世致用的，它如果不能面对民主和科学的挑战，要进一步发展就非常的困难。"④ 因此，林语堂在继承儒家"道统"时，通过编撰，发展出了"政统"。这一做法比后儒牟宗三早了 10 年。

---

① 林语堂：《孟子说才志欲》，《林语堂名著全集》第 16 卷，长春：东北师范大学出版社，1994 年，第 43 页。

② 林语堂：《戴东原与我们》，《林语堂名著全集》第 16 卷，长春：东北师范大学出版社，1994 年，第 60 页。

③ Lin Yutang：*The Wisdom of Confucius*，Beijing：Foreign Language Teaching and Research Press，2009，pp. 5 - 6.

④ 杜维明：《儒家传统与文明对话》，石家庄：河北人民出版社，2006 年，第 231 页。

一、林语堂对孔子政治哲学的现代萃取：恢复"王道"，摒除"霸道"

冯友兰在《中国哲学简史》中将政治统治形式分为"王道"和"霸道"两类。"王道"所依靠的是道德教化的力量及教育的力量，是一种非暴力的统治形式。而"霸道"走的则是相反的路径。"霸道"是暴力的统治，是通过强制性的手段来实现的统治。①

"王道"是孔子的为政哲学。孔子不从权力和控制来论政。在孔子看来，政治的最大目的在于教化。自荀子以后，儒家的为政哲学开始走向政治化的、儒法并用的"霸道"。孔子以后，继承儒学大统的两位后儒——孟子和荀子——在政治思想上走上了不同的路。孟子以一种积极的社会参与感和责任感将孔子的"为政以德"的思想和"修身"与"安人"的主张发扬光大，提出"仁政"的思想。"人皆有不忍人之心。先王有不忍人之心，斯有不忍人之政，以不忍人之心行不忍人之政，治天下可运之掌上。"（《孟子·公孙丑上》）"尧、舜之道，不以仁政，不能平治天下。"（《孟子·离娄上》）孟子以"重民""不嗜杀""行仁之教化"等方式来说明"仁政"的重要作用。孟子甚至提出："民为贵，社稷次之，君为轻。是故得乎丘民而为天子。"（《孟子·尽心下》）孟子认为，国君、社稷都是可以变更的，唯有人民是不变的，人心向背是政权是否稳定的基础，这是一种民本主义的思想。

孟子着眼于孔子"为仁由己"，而荀子着眼于"约之以礼"。孟子继承孔子内顷化之礼，将礼说成"恭敬之心""辞让之心"等。而荀子则相反，荀子将"礼"视为外在原则，具有外在约束的功能。荀子通过对人性恶的论证表明，人性具有趋恶的本能，若纵容人性不予节制，便会出现恶的结果。"人生而有欲，欲而不得，则不能无求，求而无度量分界，则不能不争；争则乱，乱则穷。"（《荀子·礼论》）因此，"化性起伪"是必要的，礼义制度是必要的。解决问题的方法之一是"分"："离居不相待则穷，群而无分则争。穷者，患也；争者，祸也。救患除祸，则莫若明分使群矣。"《荀子·富国》"分"直接导致了社会等级、权力政治的出现。而将礼法融合的重法思想则是荀子的一大转变。孔子和孟子均把礼法相对立，而荀子认为法从属于礼。他说："《礼》者，法之大分，类之纲纪也。"（《荀子·劝学》）在礼不行的时候，就要施以刑罚，以刑辅之。荀

---

① 冯友兰：《中国哲学简史》，北京：新世界出版社，2007年，第66页。

子认为,社会要稳定,既要 "重礼",又要 "重法",二者缺一不可。"治之经,礼与刑,君子以修百姓宁,明德慎罚,国家既治四海平。"(《荀子·成相》)

到了汉代,董仲舒提出 "君权天授",将统治者与民众对立起来,使权力政治合法化。此外,董仲舒将孔孟的正名,本来是双向关系的 "君君、臣臣、父父、子子" 变成权威体制的纲常,"君为臣纲、父为子纲、夫为妻纲" 变质为一种单向的关系。董仲舒及汉代士大夫们将儒家伦理转化为一种政治意识形态。正如杜维明所述:"中国传统文化,特别是从汉代开始,实践的不是圣王而是王圣。也就是指没有通过修身而获得权力的人,他要求的不仅是政治权力,还要求意识形态的权力和道德的权力。所以这使得儒家圣王的思想异化为王圣的实践。"①这种权力政治受到 "五四" 时期知识分子的诟病。"三纲" 被描绘为三大枷锁,儒家伦理被谴责为专制、独裁、家长制、老人统治和男性沙文主义,也偏离了孔子的初衷。在孔子看来,"从政" 并不是官本位的。儒家是入世的,孔子希望积极参与政治,但不能接受权力政治。孔子心目中的知识分子参政不是无原则地做官食禄。他的标准是能否行 "道",即实现儒家的政治理想。如果只为求个人富贵而仕宦,在孔子看来是十分可耻的事。所以,孔子说:"天下有道则见,无道则隐。邦有道,贫且贱焉,耻也。邦无道,富且贵焉,耻也。"(《论语·泰伯》)单纯地为了做官而去读书求知是孔子最反对的。"三年学,不至于穀,不易得也。" 这两句话足以澄清现代人对孔子的歪曲。他称赞读了三年书尚不存做官食禄之念的人为难得。

林语堂将儒家政治学说进行现代化重构便是恢复 "王道",摒除 "霸道"。林语堂将孔子的政治哲学与伦理相统一,使孔子的政治学说与汉代以来政治化的、儒法并用的儒家学说区别开来。

林语堂反对政府凌驾于人民之上,反对用严刑峻法获得政治秩序;赞同将社会治安置于道德之上,即 "圣王之道"。林语堂所构建的孔子政治哲学分为两个部分:"修身与治国" 和 "为政以德"。"修身与治国" 的思想体现在《孔子的智慧》第四章中。第四章为《大学》,讲述了修身与治国平天下的关系。这一部分阐述了孔子内圣外王的思想。林语堂将这一章命名为 "伦理与政治"。孔子 "为政以德" 的思想体现在第五章《论语》中。在第五章的第九节中,林语堂将散落在《论语》中的孔子的政治思想串联起来,并将它们组合成三个部分:"为政

---

① 杜维明:《儒家传统与文明对话》,石家庄:河北人民出版社,2006 年,第 226 页。

之理想""为政以德"和"为政的要素"。

孔子训"政"为"正":"季康子问政于孔子。孔子对曰:'政者,正也。'子帅以正,孰敢不正?"从"政者,正也"可以看出,在孔子的政治观念中,政治被赋予了非常浓厚的道德教化色彩。"正"既是正人也是正己。为政者想要正民,必须首先正己:"苟正其身矣,于从政乎何有?不能正其身,如正人何?""其身正,不令而行;其身不正,虽令不从。"孔子由此得出,统治者具有较高的道德水平是为政的首要条件。

林语堂认为孔子的政治理想在于整个社会的和睦相处,最终实现无政府主义。这一点林语堂在该书的第一章也专门做了强调。"或谓孔子曰:'子奚不为政?'子曰:'《书》云:孝乎惟孝,友于兄弟,施于有政。'是亦为政,奚其为为政?"在孔子看来,"为政"不一定就是在位者之事,一个人只要能对他人施行道德教化,使之由不正归于正,也就是"为政"。

林语堂重点强调了孔子"为政以德"的思想。"为政以德,譬如北辰,居其所而众星拱之。""为政以德"要求统治者要实地去做,要施德于民,要以德正民。以德导民和以礼乐教民是孔子"为政以德"的两个主要内容:"道之以政,齐之以刑,民免而无耻。道之以德,齐之以礼,有耻且格。"此外,林语堂专门收录了孔子反对法治的语录:"季康子问政于孔子曰:'如杀无道,以就有道,何如?'孔子对曰:'子为政,焉用杀?子欲善而民善矣!君子之德,风;小人之德,草;草上之风,必偃。'"然而,孔子并不完全排斥杀戮。"郑子产有疾,谓子大叔曰:'我死,子必为政。唯有德者能以宽服民,其次莫如猛。夫火烈,民望而畏之,故鲜死焉;水懦弱,民狎而玩之,则多死焉,故宽难。'疾数月而卒。大叔为政,不忍猛而宽,郑国多盗,取人于萑苻之泽。大叔悔之,曰:'吾早从夫子,不及此。'兴徒兵以攻萑苻之盗,尽杀之,盗少止。仲尼曰:'善哉!政宽则民慢,慢则纠之以猛。猛则民残,残则施之以宽。宽以济猛,猛以济宽,政是以和。'"林语堂则摒弃了孔子"宽猛相济"的思想。

林语堂认为,儒家思想代表着一个以伦理为法、以个人修养为本的理性的社会秩序。儒家思想以道德为施政之基础,以个人正心修身而达到政治的和谐。最值得深思的特点是儒家思想消除了政治与伦理之间的差异。①

---

① Lin Yutang:*The Wisdom of Confucius*,Beijing:Foreign Language Teaching and Research Press,2009,p.4.

二、林语堂对"礼"的现代阐释：礼——理想化的社会

20世纪初的新文化运动对"礼教"进行了激烈的讨论。陈独秀说："儒家之言社会道德和生活，莫大于礼。"他认为"孔教之核心为礼教，为吾国伦理政治之根本"①。

礼教是否真的全是糟粕呢？贺麟认为，儒家的礼教包含有合理的部分，而且我们可以吸收西方文化的精华从而完善礼教中的合理部分。在《文化与人生》一书中，贺麟将儒家思想的积极价值归纳为三个方面。他说："儒家思想本来包含三个方面：有理学以格物穷理，寻求智慧；有礼教以磨炼意志，规范行为；有诗歌以陶冶性情，美化生活。"② 因而，他主张，首先应用西方的哲学来充实和完善儒家的理学；然后，通过对西方艺术的研习来发展儒家的诗教。

在梁漱溟看来，"礼教"意为"礼乐教化"，他在《人心与人生》一文中，将理想的社会模式描绘为以礼乐教化为基础的、天下为公的社会。③

西周时期周公的"制礼作乐"使"礼"从夏、商时期的原始宗教层面解脱出来。"礼"开始分化为"经礼""仪礼"，并发展出社会意义。"经礼"即典章制度，是关于西周社会体制的基本规定。"仪礼"即关于人们日常行为的规范，如不同等级身份的人在婚丧祭祀宴饮等场合以及日常生活中的衣冠饰物、揖让登降等准则。仪礼只是礼之末，是礼的枝节，而不是礼的根本。

孔子在继承周礼的同时对周礼进行了反思，从具体的礼乐规范中萃取出礼乐之道。孔子说："礼云礼云，玉帛云乎哉？乐云乐云，钟鼓云乎哉？"（《论语·阳货》）在孔子看来，无论是"经礼"还是"仪礼"都有两重性，都可分为具体规范和道两部分。礼乐的根本不是规范仪式，而是隐藏在规范仪式后面的形上之道。孔子认为，礼乐之道才是礼乐之本。

"仁"与"礼"是儒家学说最重要的两个核心概念。"仁"强调内在修为，"礼"强调外在约束。子曰："君子博学于文，约之以礼，亦可以弗畔矣夫。"（《论语·雍也》）"礼"最重要的价值在于建立一个理性的社会秩序。"礼"是政治统治的需要："道之以政，齐之以刑，民免而无耻。道之以德，齐之以礼，有耻且格。"（《论语·为政》）同时，"礼"也是社会伦理的需要："礼之用，和

① 蔡尚思：《中国礼教思想史》，香港：中华书局，1991年，第267页。
② 贺麟：《文化与人生》，北京：商务印书馆，1988年，第8页。
③ 梁漱溟：《人心与人生》，《梁漱溟集》第3卷，北京：群言出版社，1993年，第438页。

为贵。先王之道，斯为美，小大由之。有所不行，知和而和，不以礼节之，亦不可行也。"（《论语·学而》）

礼不是法律，也不等于道德。但礼有法的功能，有道德的含义，礼是儒家道德观念与伦理精神在现实生活中的具体实现方式。儒家以习俗礼节仪式作为具体的实践途径，将其转化为对人们有约束力的伦理观念和非法律化、非制度化的规范，从而实现其社会功能。

孔子对"政"与"礼"的定义是重合的。政是"正"，即"正名"，而"礼"也是"事之治也"。孔子把他的时代及他以前两百年的政治历史写成《春秋》，其用意即在以"正名"为手段，而求恢复社会之正常秩序。在这一社会人人相爱，尊卑等级森严。

然而在两千年后，"孔子志在恢复的古代封建秩序（feudal order），已是不合时宜了"①。而且近世儒家对"礼"的发展从上层建筑转向了基层社群。

因此，在时代命题的感召下，林语堂对"礼"进行了现代化重构。林语堂并没有像贺麟所主张的那样用西方哲学来修正"礼"。林语堂和梁漱溟一样，都期望将礼乐之道经过选择而有益地应用于社会问题的解决、人际关系的调整，以期创立并维持社会秩序的和谐。林语堂认为："特别需要指出的是，礼教的目的在于恢复等级森严的古代封建秩序（feudal order）。但这一关于社会秩序的原则又可以推广并涵盖家庭、社会及政治方方面面的基本关系。实质上，礼教建立的是一套完整的道德秩序。这一秩序对社会等级和社会义务有明确的划分，为国家政治秩序提供了道德基础。这一有关和谐人际关系的哲学对于现代中国来说仍然不无启发——他是中国民族精神的根本。"②

林语堂对"礼"的系统介绍主要集中在《孔子的智慧》六、七、八章中。这三章的内容均来自《礼记》：《礼记》之第二十六《经解》，第二十七《哀公问》，第九《礼运》。《礼记》记录了秦汉以前儒家关于礼仪制度以及"礼"的思想。梁启超将《礼记》的内容分为五类：一通论礼仪和学术，有《礼运》《经解》《乐记》《学记》《大学》《中庸》《儒行》《坊记》《表记》《缁衣》等篇。二解释《仪礼》17篇，有《冠义》《昏义》《乡饮酒义》《射义》《燕义》《聘

① Lin Yutang: *The Wisdom of Confucius*, Beijing: Foreign Language Teaching and Research Press, 2009, p.161.

② Lin Yutang: *The Wisdom of Confucius*, Beijing: Foreign Language Teaching and Research Press, 2009, pp.160-161.

义》《丧服四制》等篇。三记孔子言行或孔门弟子及时人杂事，有《孔子闲居》《孔子燕居》《檀弓》《曾子问》等。四记古代制度礼节，并加考辨，有《王制》《曲礼》《玉藻》《明堂位》《月令》《礼器》《郊特牲》《祭统》《祭法》《大传》《丧大记》《丧服大记》《奔丧》《问丧》《文王世子》《内则》《少仪》等篇。五为《曲礼》《少仪》《儒行》等篇的格言、名句。从选材上来讲，林语堂并没有选择《礼记》中记录各种典礼仪式和制礼精神的篇章。这些具体的礼节仪式枯燥乏味，随着社会的发展已失去吸引力。

　　林语堂所选择的这三篇文章皆是关于"礼"的论述。林语堂在序言中特别强调将"礼"字看作是为政的条件，为政的基本，"绝不可只看做遵守仪礼之意，而是代表社会秩序与社会法规的哲理"①。《经解》强调的是养"礼"成德的伦理秩序。《经解》在说明礼的作用时指出："故以奉宗庙则敬，以入朝廷则贵贱有位，以处室家则父子亲，兄弟和，以处乡、里则长幼有序……故朝觐之礼，所以明君臣之义也。聘问之礼，所以使诸侯相尊敬也。丧祭之礼，所以明臣子之恩也。乡饮酒之礼，所以明长幼之序也。婚姻之礼，所以明男女之别也。"由此可见，儒家将朝觐、丧祭等习俗和仪式进行提炼，从而挖掘其背后的礼乐之道，并且向外发展出维系人与人之间关系的伦理规范。周公所制的"礼"中包括政治制度，但《经解》中的"礼"主要指的是一种社会秩序。

　　《哀公问》凸显的是"齐之以礼"的社会管理模式。"公曰：'敢问何谓为政？'孔子对曰：'政者，正也。君为正，则百姓从政矣。君之所为，百姓之所从也。君所不为，百姓何从？'公曰：'敢问为政如之何？'孔子对曰：'夫妇别，父子亲，君臣严，三者正，则庶物从之矣。'公曰：'寡人虽无似也，愿闻所以行三言之道，可得闻乎？'孔子对曰：'古之为政，爱人为大。所以治爱人，礼为大。所以治礼，敬为大。'"因此，《哀公问》阐释的是一种自上而下的通过上行下效自我约束从而实现社会有序和谐的模式。

　　《礼运》篇则涵盖了"礼"字的全部含义。本篇前段描绘了孔子的理想社会"大同世界"及次理想社会"小康世界"。在大同社会中，人已接近完美，"礼"的约束已没有必要。然而这样一个道德完美的理想社会只能是乌托邦而已。因此，孔子退而求其次，为不完美的人创造一个次一等的社会。这个社会即是循礼的秩序井然的理性化的社会。此外，在本章的后半部分对"礼"的其他含义有

---

① Lin Yutang：*The Wisdom of Confucius*，Beijing：Foreign Language Teaching and Research Press，2009，p. 161.

详细阐述。"'礼'包括民俗、宗教风俗规矩、节庆、法律、服饰、饮食居住，也可以说是'人类学'一词的内涵。"[1]

"礼"所构建的秩序不是外在的强制性的，而是内在的通过自我约束实现的。林语堂在《孔子的智慧》中对"礼"这一意义的挖掘可为我们提供一些有益于现代的启示。

第四节　林语堂中国智慧的翻译策略：梳理与解读

一、"和而不同"：林语堂英译中国智慧的微观策略

"君子和而不同，小人同而不和。"（《论语·子路》）这句话原指人与人之间和谐相处的一种方式。在林语堂看来，这也是处理不同文化间关系的重要原则。"和"即统一、和谐。"和"的目的是促进人类文明的共存共荣，而在实现"和"的同时也尊重、包容不同文化之间的差异。

郝大维和安乐哲在《孔子哲学思微》一书中提出通过中西哲学和文化的比较来对孔子的思想进行思考并做一番中西思维的反思。他们认为："我们的比较方法不可能建立在文化差异不可化约论或理论差异不可化约论的基础上，而是有着跨文化的色彩。它企图促进各种文化之间的对话，以逐渐导致承认相互之间的同和异，从而使得各方最后能提出共同关心的重要的理论和实际问题。"[2]

在翻译孔子思想时，林语堂的视角也是跨文化的。林语堂"和而不同"的"中西文化溶合观"在他的翻译实践中体现在他既注重保持孔子思想的异质性，又尽量实现两种文化在交流上的畅通。在具体的操作层面，林语堂的翻译有如下三个特点。

---

① Lin Yutang：*The Wisdom of Confucius*，Beijing：Foreign Language Teaching and Research Press，2009，p. 179.

② 郝大维、安乐哲：《孔子哲学思微》，蒋弋为、李志林译，南京：江苏人民出版社，1996 年，第 3 页。

（一）强调异质

《孔子的智慧》一书涵盖了《大学》《中庸》《论语》《孟子》《礼记》。除《中庸》之外其他部分的翻译均出自林语堂之手。《中庸》这部分的译文大体来自于辜鸿铭。林语堂在本书的引言部分称赞辜鸿铭的译文准确，语言清晰，才华横溢。然而，虽然林语堂对辜鸿铭的译文充满了溢美之词，但在引用辜鸿铭的译文时，他还是对其中的某些部分进行了修改。他对哪些部分进行了怎样的修改以及进行这些修改意图如何，值得我们关注。林语堂修改的部分除了个别措辞的调整，最为明显的便是对哲学关键词的翻译处理。安乐哲指出："对于任何西方人文学者，如果他们试图使用'翻译过来的'中国材料，无论是文本的还是观念的，则最大的障碍不是译文的句法结构，而是那些赋予它意义的特殊词汇。"①这些特殊词汇在儒家经典著作中最为显著的体现便是哲学关键词。

辜鸿铭是民国以来最著名的前朝遗老。当严复、梁启超等为代表的中国士大夫阶层和思想界有识之士强烈要求在政治制度、文化观念和科学技术等方面效仿西方以拯救中国的时候，在文化上趋于保守主义的辜鸿铭却笃信儒家文化比西方的思想更加优越，满腔热情地投入到儒经的研究和翻译工作中。他要向西方人传播儒家文化，让西方人知道中国也有高度的文明，它甚至比西方文化还要优越，甚至西方人应当向中国学习。这是辜鸿铭英译儒经的内在动机。然而，站在中国文化的立场，有强烈文化使命感的辜鸿铭却并没有采用"异化"的翻译策略。相反，他采用的是"归化"策略。辜鸿铭采用"归化"策略旨在"向西方人表明——中国不仅有西方伟大的圣哲们所吐露的思想和智慧，而且这些思想和智慧出现得比西方更早。辜鸿铭要展示的是，孔子的思想学说既是哲学、伦理、道德，也是伟大的宗教。"② 在哲学关键词的翻译上，林语堂并不赞同辜鸿铭的归化译法。在《中庸》的译文中，林语堂对多处哲学关键词的翻译进行了修改。

1. 天命之谓性，率性之谓道，修道之谓教。

辜译：The ordinance of God is what we call the law of our being（性）.

To fulfill the law of our being is what we call the moral law（道）. The moral

---

① 安乐哲：《自我的圆成：中西互镜下的古典儒学与道学》，石家庄：河北人民出版社，2006 年，第6 页。

② 金学勤：《〈论语〉英译之跨文化阐释——以理雅各、辜鸿铭为例》，成都：四川大学出版社，2009 年，第80 页。

law when reduced to a system is what we call religion （教）.

林译：What is God-given is what we call human nature. To fulfill the law of our human nature is what we call the moral law. The cultivation of the moral law is what we call culture.

中国文化有一套不同于西方的预存观念（presuppositions），如中国文化中不存在任何超越的概念。西方传统中超越概念无处不在，如神和世界、存在和非存在、主体和客体、心和物。用它们来讨论中国古代哲学，是不恰当的。中国哲学的一个重要特点是，个存在在严格意义上叫以超越其他因素的概念。一切都是相互关联的，一切因素都相互依存，相互制约。相互对应的概念都把彼此作为自身存在的必要条件，如天人、知行。因此，如果在翻译中国哲学核心词汇时未能体现这种差异，不加分析地套用渗透西方内涵的语言，这种做法有极大的误导性。读者会认为他们所接触的东方与自己所谙熟的世界并无不同。

在这句话中最值得关注的改变在于林语堂将"教"由"religion"改译为"culture"。朱熹训"教"为："性道虽同，而气禀或异，故不能无过不及之差。圣人因人物之所当行者，而品节之，以为法于天下，而谓之教。"① 因为人的气质禀赋各不相同，在遵循人性践行"道"时难免有所不同。因此，"教"能使一切合乎"道"。"教"在这里的意思应为"教化"。这句话与孔子天人合一、由内及外、由己及人的核心价值观是一脉相承的。儒家哲学是一种现世的哲学。"天命"通过人的内化而成为"人性"，循"人性"行事便为"道"。"天命"与"人性"是统一的。辜鸿铭将"教"译为"religion"，西方读者头脑中所浮现的是一个高高在上的"天""神"。西方宗教中的"天""神"是与"人"相对的。"天""神"是伟大的，是一切美德、真理的结合，而"人"是渺小的、邪恶的，"人"要得到救赎必须依靠对"天""神"的信仰和膜拜。西方的宗教将"人"视为"神"的附属品，忽视了人的能动性。而孔子的哲学是人的哲学，孔子哲学中的"修身"是靠人的内省而实现的。因此，如果将"教"译为"religion"，无疑改变了孔子思想的核心价值。正如郝大维等提醒我们所要警惕的："简单地说，我们翻译中国哲学的核心词汇所用的现存的常规术语，充满了不属于中国世

---

① 朱熹：《四书集注》，长沙：岳麓书社，1985 年，第 29 页。

界观的东西。因而多少强化了上述有害的文化简化主义。"①

2. 喜怒哀乐之未发，谓之中；发而皆中节，谓之和。中也者，天下之大本也；和也者，天下之达道也。

辜译：When the passions, such as joy, anger, grief and pleasure, have not awakened, that is our true self（中）or moral being. When these passions awaken and each and all attain due measure and degree, that is the moral order（和）. Our true self or moral being is the great reality（大本 lit, great root）of existence, and moral order is the universal law（达道）in the world.

林译：When the passions, such as joy, anger, grief and pleasure, have not awakened, that is our *central* self or moral being（*chung*）. When these passions awaken and each and all attain due measure and degree, that is *harmony*, or the moral order（*ho*）. Our central self or moral being is the great basis of existence, and *harmony* or moral order is the universal law in the world.

朱熹将"中""和"解释为："喜怒哀乐，情也。其未发，则性也。无所偏倚，故谓之中。发皆中节，情之正也。无所乖戾，故谓之和。"② 喜怒哀乐构成了人的情感，或本性，即"moral being"。人的情感应该是无所偏倚的，即"中"。辜鸿铭将"中"译为"true self or moral being"，传达了"中"即人之本性这一深层意义。林语堂将"true self"改为"central self"，并将"central"用斜体，意在强调"中"的表层及字面含义。林语堂的调整更能凸显"中"的异质性。同样，林语堂在该句中对"和"的翻译也做了类似的调整，突出了"和"的字面含义。

此外，值得关注的是，林语堂在很多出现哲学关键词的地方都进行了增补，加上了该词的拼音形式，用斜体来强调其异质性，并补充此术语的其他意义。请看如下两例：

---

① 郝大维、安乐哲：《孔子哲学思微》，蒋弋为、李志林译，南京：江苏人民出版社，1996年，第6页。

② 朱熹：《四书集注》，长沙：岳麓书社，1985年，第30页。

3. 哀公问政。子曰："文武之政，布在方策。其人存，则其政举；其人亡，则其政息。人道敏政，地道敏树。夫政也者，蒲卢也。故为政在人，取人以身，修身以道，修道以仁。仁者，人也，亲亲为大。义者，宜也，尊贤为大。"

辜译：Duke Ai (ruler of Confucius' native state) asked what constituted good government. Confucius replied: "The principles of good government of the Emperors Wen and Wu are abundantly illustrated in the records preserved. When the men are there, good government will flourish, but when the men are gone, good government decays and becomes extinct. With the right men the growth of good government is as rapid as the growth of vegetation is in the right soil. Indeed, good government is like a fast growing plant. The conduct of government, therefore, depends upon the men. The right men are obtained by the ruler's personal character. To put in order his personal character, the ruler must use <u>the moral law</u>. To put in order the moral law, the ruler must use <u>the moral sense</u>. The moral sense is the characteristic attribute of man. To feel natural affection for those nearly related to us is the highest expression of the moral sense. <u>The sense of justice</u> is the recognition of what is right and proper. To honour those who are worthier than ourselves is the highest expression of the sense of justice."

林译：Duke Ai (ruler of Confucius' native state) asked what constituted good government. Confucius replied: "The principles of good government of the Emperors Wen and Wu are abundantly illustrated in the records preserved. When the men are there, good government will flourish, but when the men are gone, good government decays and becomes extinct. With the right men the growth of good government is as rapid as the growth of vegetation is in the right soil. Indeed, good government is like a fast growing plant. The conduct of government, therefore, depends upon the men. The right men are obtained by the ruler's personal character. To cultivate his personal character, the ruler must use <u>the moral law (*tao*)</u>. To cultivate the moral law, the ruler must use <u>the moral sense (*jen*, or principles of true manhood)</u>. The moral sense is the characteristic attribute of man. To feel natural affection for those nearly related to us is the highest expression of the moral sense. The sense of justice (*yi* or propriety) is the recognition of what is right and proper. To honour those who are worthier than ourselves is the highest expression of the sense of justice."

4. 子曰："吾说夏礼，杞不足征也；吾学殷礼，有宋存焉；吾学周礼，今用之，吾从周。"

辜译：Confucius remarked："I have tried to understand <u>the moral and religious institutions</u> of the Hsia dynasty, but what remains of those institutions in the present state of Chi are not sufficient to give me a clue. I have studied the moral and religious institutions of the Yin dynasty；the remains of them are still preserved in the present state of Sung. I have studied the moral and religious institutions of the present Chow dynasty, which are now in use. In practice, I follow the forms of the present Chow dynasty."

林译：Confucius remarked："I have tried to understand <u>the moral and religious institutions</u> (*li*) of the Hsia dynasty, but what remains of those institutions in the present state of Chi are not sufficient to give me a clue. I have studied the moral and religious institutions of the Shang (Yin) dynasty；the remains of them are still preserved in the present state of Sung. I have studied the moral and religious institutions of the present Chow dynasty, which are now in use. In practice, I follow the forms of the present Chow dynasty."

此外，儒经中的许多哲学关键词内涵广泛，无法用一言以蔽之。林语堂在翻译时非常注重厘清哲学关键词在不同语境下的含义差别，尽可能展现这一术语的全貌。

5. 仲尼曰："君子中庸，小人反中庸。"

辜译：Confucius remarked："The life of the moral man is an exemplification of <u>the universal moral order</u>. The life of the vulgar person, on the other hand, is a contradiction of the universal moral order."

林译：Confucius remarked："The life of the moral man is an exemplification of the universal moral order（*chungyung*, usually translated as 'the Mean'）. The life of the vulgar person, on the other hand, is a contradiction of the universal moral order."

朱熹在此处对"中庸"的解释为："中庸者，不偏不倚，无过不及，而平常之理，乃天命所当然，精微之极致也。唯君子为能体之，小人反是。"① 在这句话中，"中庸"指的是自然规律及自然规律赋予人的社会行为法则，是一个宽广的概念。因此，林语堂沿用了辜鸿铭的翻译，只是在后面补充了"中庸"的拼音并用斜体以凸显其异质性和术语性。然而，在下面一句中，林语堂则对辜鸿铭的翻译进行了改变。

6. 故君子尊德性而道问学，致广大而尽精微，极高明而道中庸。温故而知新，敦厚以崇礼。

辜译：Wherefore the moral man, while honouring the greatness and power of his moral nature, yet does not neglect inquiry and pursuit of knowledge. While widening the extent of his knowledge, he yet seeks to attain utmost accuracy in the minutest details. While seeking to understand the highest things, he yet lives a plain, ordinary life in accordance with the moral order. Going over what he has already acquired, he keeps adding to it new knowledge. Earnest and simple, he respects and obeys the laws and usages of social life.

林译：Wherefore the moral man, while honouring the greatness and power of his moral nature, yet does not neglect inquiry and pursuit of knowledge. While broadening the scope of his knowledge, he yet seeks to exhaust the mystery of the small things. While seeking to attain the highest understanding, he yet orders his conduct according to the middle course（literally "*chungyung*"）. Going over what he has already learned, he gains some new knowledge. Earnest and simple, he respects and obeys the laws and usages of social life（*li*）.

① 朱熹：《四书集注》，长沙：岳麓书社，1985年，第31页。

这五句话是君子修德的五个方面。朱熹训 "中庸" 为： "不以一毫私意自蔽，不以一毫私欲自累，涵泳乎其所已知，敦笃乎其所已能，此皆存心之属也。析理则不使有毫厘之差，处事则不使有过不及之谬。"① 这里的 "中庸" 指的是君子的处世之道。因此，林语堂根据具体的语境将 "the moral order" 改译为 "the middle course"。

（二）读者意识

林语堂在翻译时带有强烈的读者意识。以《论语》为例。《论语》涉及大量的人名和地名，这些人名、地名对于没有任何源语文化知识背景的西方读者，特别是非汉学家的普通读者来说是相当困难的。辜鸿铭的做法是略去除孔子、颜回、子路之外几乎所有的人名和地名。其他的弟子用 "a disciple" 来指代；国家用 "a certain State" 来指代。这样做极大地降低了读者的认知难度，但同时也造成了大量文化信息的丢失。孔门弟子众多，不同的弟子天赋不同，禀性不同。孔子在与不同弟子的对话中，针对每一弟子的不同情况，因材施教。因此，林语堂在翻译中并没有略去人名，而是保留了人名。但为了帮助读者更好地理解，林语堂对人物的关系、身份进行了增补说明，并在书后的附录中专门列表对书中所出现的主要人物进行详细的介绍。如：

7. 子曰： "回之为人也，择乎中庸，得一善，则拳拳服膺而弗失之矣。"

Confucius remarked of his favorite disciple, Yen Huei： "Huei was a man who all his life sought the central clue in his moral being, and when he got hold of one thing that was good, he embraced it with all his might and never lost it again."

8. 或问子产。子曰： "惠人也。" 问子西。曰： "彼哉！彼哉！"

Someone asked about Tsech'an （a good minister of Cheng） and Confucius said, "He is a kind man." The man then asked about Prince Tsehsi （of Ch'u）, and Confucius said, "Oh, that fellow! Oh, that fellow!"

① 朱熹：《四书集注》，长沙：岳麓书社，1985 年，第 57 页。

此外，正如林语堂所指出的，"《论语》是一部未经编辑杂乱无章的孔子语录，往往是从别处记载的长篇论说中摘来的语句，脱离了原来的语境"①。而某些语句中语境的缺失会给读者的理解造成很大的障碍。如：

9. 阳货欲见孔子，孔子不见，归孔子豚。孔子时其亡也，而往拜之。遇诸途。谓孔子曰："来！予与尔言。"曰："怀其宝而迷其邦，可谓仁乎？"曰："不可。好从事而亟失时，可谓知乎？"曰："不可。日月逝矣，岁不我与。"孔子曰："诺。吾将仕矣。"

Yang Ho wanted to see Confucius, and Confucius would not see him. Yang then presented Confucius with a leg of pork, and Confucius took care to find out when he would not be at home and then went to pay his return call, but met him on the way. Yang Ho said to Confucius, "Come, I want to talk to you!" And he said, "Can you call a man kind who possesses the knowledge to put the country in order, but allows it to go to the dogs?" "Of course not," said Confucius. "Can you call a man wise who loves to get into power and yet lets an opportunity pass by when it comes?" "Of course not," said Confucius. "But the time is passing swiftly by," said Yang Ho. Confucius replied (sarcastically), "Yes, sir, I'm going to be an official." (Yang Ho was a powerful but corrupt official in Lu, and Confucius refused to serve under him.)

在这句话中，如果不将背景信息补充出来，如：阳货是什么样的人，孔子一直拒绝仕于阳货，读者就会很难理解为什么孔子对阳货避而不见，为什么最后会答应阳货"吾将仕矣"。通过语境信息的补充，读者便可分辨原来孔子最后的那句"吾将仕矣"是对阳货的讽刺。

10. 哀公问社于宰我。宰我对曰："夏后氏以松，殷人以柏，周人以栗，曰使民战栗。"子闻之曰："成事不说，遂事不谏，既往不咎。"

(*Confucius hates a bad pun.*) Duke Ai asked about the customs of the worship of the Earth, and Tsai Yu replied, "The Hsias planted pine trees on

---

① Lin Yutang: *The Wisdom of Confucius*, Beijing: Foreign Language Teaching and Research Press, 2009, p.28.

the altar, the Shangs used cypresses, and the Chous used chestnuts, in order to make the people nuts." (Literally "give the people the creeps," a pun on the Chinese word *li*.) When Confucius heard this, he said, "Oh, better forget your history! Let what has come, come! Don't try to remedy the past!"

这句话讲的是，哀公问宰我：国家都有祭祀大地的社，不知道具体怎样？宰我回答说：古人立社，一定要栽种树木，夏朝栽松树，商朝栽柏树，周朝栽种栗树。栽种栗树是取战栗之意。从前都是在社前进行杀戮，所以要让人民看了感到战栗恐惧。根据钱穆《论语新解》，"古人建国必立社，所以祀其地神，犹今俗有土地神。立社必树其地所宜之木为社主。亦有不为社主，而即祀其树以为神之所凭依者。今此俗犹存。"① 也就是说，栽种何种树木，是根据当地的土质决定的，并不是取树木名字的意思。夏居河东，其野宜松。殷居亳，其野宜柏。周居酆镐，其野宜栗。孔子听说此事，认为宰我回答国公的话，既不是立社的本意，又引起了国公的杀戮之心，所以责备他说："凡是大事还没有成之前，还可以说，如果已经成事了，再说还有什么意思？还不如不说。凡是事情还没有做的，尚可以劝谏制止，如果已经做了，再劝还有什么意义？还不如不劝。凡是事情还没有过去的，尚可以追究罪责，如果事情已经过去了，再追究还有什么意义？还不如不追究。你对国君说的让人民战栗的言论已经出口，到了国公的耳朵里，已经成事，已经做完，已经过去了，我再怎么责备你呢？"孔子认为不足以责备他，其实正是对他最大的责备，让他知道不可以随便说话，将来做事要谨慎。即使是对于中国读者来说，不借助注释，也很难弄清楚孔子责备宰我的原因。因此，林语堂在前面补充了这样一句话"孔子厌恶不恰当的比喻"，使读者对这句话的含义一目了然，减轻了读者的认知困难。

其次，正如林语堂所言："对于西方读者而言，通过阅读《论语》从而理解孔子思想体系的最大困难在于西方读者的阅读习惯。西方读者期望读到的是连贯的语篇，他们希望作者能一直不停地说下去。在他们看来，从一本书中读到一个句子，并用一两天的时间咀嚼消化反思，并用自己的经历进行印证是难以理解

---

① 钱穆：《论语新解》，北京：生活·读书·新知三联书店，2002 年，第 75 页。

的。"① 因此，"这就正是为什么我在编译此书时从儒家经典及'四书'中挑选出一些章节，这些章节围绕一个主题并且前后连贯"②。

（三）以西喻中

在《孔子的智慧》中，林语堂常对所译的人与物进行补充说明，用西方读者熟知的人物与所译的人和物进行跨文化类比。如：将《论语》比作儒学中的《圣经》，在介绍孔子时将孔子的个人魅力与苏格拉底相比。"这两人的人品与思想深得其弟子的敬爱。他们的思想也由其弟子记录并传播下来。"③ 将读《论语》的感觉比作读巴特莱特（Bartlett）的《引用名句集》（*Familiar Quotations*）。④ 巴特莱特的《引用名句集》收集了名人名言及文学名句。林语堂将《论语》与之类比，使西方读者在阅读缺乏系统性、前后缺乏连贯的《论语》之前有"前见"，有益于读者对《论语》的接受。此外，林语堂将子路比作耶稣的大弟子彼得，将子思与孟子比作耶稣的门徒圣约翰。彼得性格爽直率真，热情易冲动，敢于质疑耶稣，在性格上和子路颇为相似。而圣约翰则发展了耶稣教义中理想的一面，并融入自己的思想而著有《约翰福音》《启示录》等，正如子思与孟子对于孔子"中庸之道"及"仁"学思想的传承与发展。

林语堂的跨文化类比能帮助西方读者很快地捋清儒经中复杂的人物关系并把握人物的主要特点。许多学贯中西的翻译家（如辜鸿铭）也在翻译中采用过相同的方法。但林语堂与辜鸿铭的不同在于：林语堂的跨文化类比旨在帮助读者理解特定文化信息，跨越认知障碍；而辜鸿铭这种类比的范围则大得多，在《论语》和《中庸》的译文中，辜鸿铭通过文中评论及注释，采用西方思想家和作家的思想来阐释儒经思想。辜鸿铭引用的西方思想家和作家，包括歌德、贺拉斯、伏尔泰、卡莱尔、丁尼生、莎士比亚、济慈、莫尔、华兹华斯、爱默生等，正如辜译《论语》的副标题"一部引用歌德和其他西方作家言语作解释之新的

① Lin Yutang：*The Wisdom of Confucius*，Beijing：Foreign Language Teaching and Research Press，2009，p. 28.

② Lin Yutang：*The Wisdom of Confucius*，Beijing：Foreign Language Teaching and Research Press，2009，p. 29.

③ Lin Yutang：*The Wisdom of Confucius*，Beijing：Foreign Language Teaching and Research Press，2009，p. 18.

④ Lin Yutang：*The Wisdom of Confucius*，Beijing：Foreign Language Teaching and Research Press，2009，p. 120.

特别之译本"。辜鸿铭英译儒经的目的在于 "把中国优秀之文化展示在西方人面前，向西方人表明——中国不仅有西方伟大的圣哲们所吐露的思想和智慧，而且这些思想和智慧出现得比西方更早"①。辜鸿铭同林语堂一样，相信中国文化的普适价值。他在《中国人的精神》一书中指出，欧洲在第一次世界大战之后将在中国寻找到解决西方思想危机的药方。② 然而，正如林语堂所言，"人总是对自己所不知的怀有敬意。一个人越多地谈论众人所不知道的东西，众人对他所怀的敬意也就越大"③。用西方的思想来阐释儒经对于西方读者的理解来说虽不无裨益，然而这样做的弊端在于使西方读者对儒家思想失去了敬意。

　　然而，林语堂在以西喻中时却非常警惕那些会误导西方读者，特别是会造成文化简化主义的类比。在谈到 "君子" 这一概念时，林语堂提到 "君子" 的三种英文译法，"gentleman"，"superior man" 和 "princely man"。林语堂也强调应把 "君子" 同尼采的 "超人"（super man）相区别。君子是在道德上仁爱谦和的人，他同时好学深思，泰然从容，时刻谨言慎行。④ 林语堂指出，"君子" 这个词在孔子之前已经存在，不过孔子赋予了这个词新的意义。当 "君子" 指道德楷模时，应用 "gentleman"，而当 "君子" 指 "君王" 时便不能译为 "gentleman"。儒学中 "圣王" 这一概念包含 "君子" 的这两重含义，在这一层面上颇似柏拉图所说的 "哲人帝王"（philosopher king）。

　　此外，林语堂在采用辜鸿铭《中庸》的译文时，删去了辜鸿铭译文中的大段评论。在这些评论中，辜鸿铭用歌德、马修·阿诺德的思想及圣经中的谚语来阐明孔子的思想。林语堂在翻译中没有采用辜鸿铭式的评论。林语堂所加的评论体现在注释中，目的是 "引导读者理解或解释特定术语"⑤。

二、哲学关键词的翻译

　　在哲学关键词 "仁" 和 "礼" 的翻译中，也体现了林语堂 "和而不同" 的

---

① 金学勤：《〈论语〉英译之跨文化阐释——以理雅各、辜鸿铭为例》，成都：四川大学出版社，2009 年，第 80 页。

② 辜鸿铭：《中国人的精神》，黄兴涛译，海口：海南人民出版社，1996 年，第 27 页。

③ Lin Yutang：*The Wisdom of Confucius*，Beijing：Foreign Language Teaching and Research Press，2009，p.163.

④ Lin Yutang：*The Wisdom of Confucius*，Beijing：Foreign Language Teaching and Research Press，2009，p.17.

⑤ Lin Yutang：*The Wisdom of Confucius*，Beijing：Foreign Language Teaching and Research Press，2009，p.35.

翻译思想。

（一）"仁"的翻译

关于"仁"这一孔子学说中最为重要的核心概念，孔子从未明确指出其具体含义。在不同的场合，针对不同的对象，孔子所阐述的"仁"具有不同的内涵。对"仁"的把握，仅仅以一个特定场合的具体论述来概括是不全面的，"仁"不能以《论语》中任何一段论述来论证它的价值内涵。许多学者在分析"仁"时悲叹"《论语》中的'仁'充满悖论，神秘莫测"，"复杂得使人灰心丧气"①。正如杜维明所指出的，评论家在试图找到"仁"的意思时陷入了困境。当然，"仁"之所以没有确定，决非孔子故意隐藏这个字的深奥意义。"仁"是一种"理想人格"的目标。"仁"既是一种境界，也具有可实践性。因此，孔子没有用抽象的语言来阐释"仁"，而是用现实生活中可行的、具体的一些行为规范来体现"仁"。正因为"仁"是一种理想的状态，所以，孔子对"仁"这一概念的阐释采取的是描述而非规约的做法。"子张问仁于孔子。孔子曰：'能行五者于天下，为仁矣。''请问之'。曰：'恭、宽、信、敏、惠。……'"（《论语·阳货》）"刚、毅、木、讷，近仁。"（《论语·子路》）"樊迟问仁，子曰：'居处恭，执事敬，与人忠；虽之夷狄，不可弃也。'"（《论语·子路》）"夫仁者，己欲立而立人，己欲达而达人。"（《论语·雍也》）"克己复礼为仁。一日克己复礼，天下归仁焉。"（《论语·颜渊》）

陈荣捷在分析"仁"时指出，孔子是第一个把"仁"看作一种普遍德行的人。② 杜维明赞同陈荣捷的看法，也把"仁"看作是一种德行："'仁'从根本上说，不是一个人类关系的概念，虽然人类关系对'仁'来说是非常的重要。我们不如说，'仁'是一种内在的原则，'内在'即指'仁'不是从外部获得的品质；它不是生物的、社会的，或者政治的力量的产物……因此，'仁'是一种内在的道德，而非由外部的'礼'产生的。它是一个高层次的概念，它赋予意义于'礼'。此意义上的'仁'基本上是同个人的自我把握、自我完善、自我实现的过程联系在一起的。"③ 芬格莱特反对从心理的层面来理解"仁"。"'仁'在英语中已有各种各样的译法，如翻译为 Good（善）、Humanity（人性）、Love

---

① 杜维明：《孔子〈论语〉中的"仁"》，载《东西方哲学》1981 年第 31 期。
② 陈荣捷：《中西方对"仁"的解释》，载《中国哲学》1975 年第 2 期。
③ 杜维明：《仁和礼的新冲突》，载《东西方哲学》1968 年第 12 期。

（爱）、Benevolence（仁慈）、Virtue（美德）、Manhood（人的状态）、Manhood-at-Its-Best（人的最佳状态）等等。"① 芬格莱特认为，这些译法具有把"仁"心理化的倾向，即把"仁"看作是"一种美德、一种无所不包的美德、一种精神状态、一种态度和情感的复合、一种神秘的统一体"②。芬格莱特提醒我们要反对这种简单化的做法："'仁'似乎强调了个人、主观、特性、情感和态度；简言之，它好像是一个心理学意义的概念。如果有人像我一样，认为《论语》本质的思想表达并不基于心理学的概念，那么，'仁'的诠释问题就变得特别的棘手。诚然，这里有关'仁'的分析，其主要结果之一，就是要展示孔子如何能以一种非心理学的方式来处理一些基本的问题，我们西方人是很自然地将一些心理学的用语投射到这些问题之上的。……而孔子'仁'的学说中真正创新的那些方面，恰恰是我们需要发现而没有能够发现的；因为这些方面是新颖的，故而不容易套用我们惯于使用的带有心理学偏见的语言来加以阐明。"③

芬格莱特期望对"仁"这一"内部"的认识进行纠正。他呼吁从"外部"来看待"仁"。他指出："就'仁'来说，我们应当把它设想成为运作于公共时空行为中的一种有方向的力量，有一个人作为始点，另一个人则作为承受该力量作用的终点。"④ "事实上，孔子所强调的美德都具有'能动性'（dynamic）和社会性。例如，'恕'（人际关系的相互性）、'忠'和'信'（对他人善良的信念）——都内在地涉及一种与他人的动态关系。另一方面，像纯洁或者天真（purity or innocence）那样'静态的'或'内在的'美德，在《论语》中则没有扮演任何的角色。"⑤ 张岱年也认为，在孔子的思想体系中，"仁"的意思就是"己欲立而立人，己欲达而达人"⑥。"己立立人，己达达人"侧重于说明"仁"的外在表现方式。刘殿爵把这种对人际关系的强调叫作"仁"的方法论——"恕"。

郝大维、安乐哲认为，陈荣捷和杜维明代表一方，芬格莱特代表另一方，把"仁"解释为"内部的"和"外部的"两种看法，会使"仁"这个概念显得十分贫乏。他们赞同布德堡在《孔子基本概念的语义学》一文中将"仁"和"人"

---

① 芬格莱特：《孔子：即凡而圣》，彭国翔、张华译，南京：江苏人民出版社，2002 年，第 38 页。
② 芬格莱特：《孔子：即凡而圣》，彭国翔、张华译，南京：江苏人民出版社，2002 年，第 38 页。
③ 芬格莱特：《孔子：即凡而圣》，彭国翔、张华译，南京：江苏人民出版社，2002 年，第 38 页。
④ 芬格莱特：《孔子：即凡而圣》，彭国翔、张华译，南京：江苏人民出版社，2002 年，第 47 页。
⑤ 芬格莱特：《孔子：即凡而圣》，彭国翔、张华译，南京：江苏人民出版社，2002 年，第 48 页。
⑥ 张岱年：《中国哲学大纲》，北京：中国社会科学出版社，1982 年，第 256 页。

两个概念视为同一个词。他们强调必须更多地注意到孔子把"仁"定义为"人"。例如，《孟子·梁惠王上》和《中庸》第二十章曾明确表示："仁"者，人也。但"仁"和"人"指的是两个完全不同层次上的人（非生物意义上的人）。① "仁"并非生物意义上的"人"。

此外，布德堡在分析"仁"时指出："还必须注意到，孔子原著中'仁'这个词不仅用作名词和形容词，而且用作及物动词……"② 如："成己，仁也。"（《中庸》）"仁"不仅指成仁之人，而且指成仁之道。

而早在1938年出版的《孔子的智慧》中，林语堂已经意识到"仁"兼具外在和内在的两重向度。他指出："要理解孔子的哲学精义，必须认识到'以人度人'这一点。"③ 首先，林语堂指出："中文的'仁'字分开为'二'、'人'，即表示其意义为人际关系。"④ 只有通过主体间的交流，在群体的环境中才能达到"仁"。此外，林语堂还指出："有时'仁'指的是一种心理状态，是人所'追求'，'获得'的状态。"⑤ 因此，林语堂认为将"仁"译为"true manhood"十分贴切。他也指出鉴于"仁"的多重含义，"有时只需译为'kindness'就可以了"⑥。详见如下例子：

　　11. 子曰："由也，女闻六言六蔽矣乎？"对曰："未也。""居！吾语女。好仁不好学，其蔽也愚；好知不好学，其蔽也荡；好信不好学，其蔽也贼；好直不好学，其蔽也绞；好勇不好学，其蔽也乱；好刚不好学，其蔽也狂。"

　　Confucius said, "Ah Yu, have you heard of the six sayings about the six shortcomings?" "No," said Tselu. "Sit down, then, and I will tell

---

① 郝大维、安乐哲：《孔子哲学思微》，蒋弋为、李志林译，南京：江苏人民出版社，1996年，第85－86页。

② 转引自郝大维、安乐哲：《孔子哲学思微》，蒋弋为、李志林译，南京：江苏人民出版社，1996年，第86页。

③ Lin Yutang：*The Wisdom of Confucius*，Beijing：Foreign Language Teaching and Research Press，2009，p.13.

④ Lin Yutang：*The Wisdom of Confucius*，Beijing：Foreign Language Teaching and Research Press，2009，p.13.

⑤ Lin Yutang：*The Wisdom of Confucius*，Beijing：Foreign Language Teaching and Research Press，2009，p.14.

⑥ Lin Yutang：*The Wisdom of Confucius*，Beijing：Foreign Language Teaching and Research Press，2009，p.14.

you. If a man loves kindness, but doesn't love study, his shortcoming will be ignorance. If a man loves wisdom but does not love study, his shortcoming will be having fanciful or unsound ideas. If a man loves honesty and does not love study, his shortcoming will be a tendency to spoil or upset things. If a man loves simplicity but does not love study, his shortcoming will be sheer following of routine. If a man loves courage and does not love study, his shortcoming will be unruliness or violence. If a man loves decision of character and does not love study, his shortcoming will be self-will or headstrong belief in himself. "

朱熹注："六言皆美德。" 在此句中，"仁" 指的是内在的德行。因此，林语堂将其译为 "kindness"。再看一例：

12. 阳货欲见孔子，孔子不见，归孔子豚。孔子时其亡也，而往拜之，遇诸涂。谓孔子曰："来! 予与尔言。" 曰："怀其宝而迷其邦，可谓仁乎?" 曰："不可。"

Yang Ho wanted to see Confucius, and Confucius would not see him. Yang then presented Confucius with a leg of pork, and Confucius took care to find out when he would not be at home and then went to pay his return call, but met him on the way. Yang Ho said to Confucius, "Come, I want to talk to you!" And he said, "Can you call a man kind who possesses the knowledge to put the country in order, but allows it to go to the dogs?" "Of course not," said Confucius.

"怀其宝而迷其邦，可谓仁乎?" 杨伯峻将这句话阐释为："自己有一身的本领，却听任国家的事情糊里糊涂，这可以叫作仁爱吗?"① 因此，林语堂也将这句话中的 "仁" 翻译为表示内在道德的 "kind"。

而在以下的几个例子中，"仁" 则是一个广义的概念，"仁" 即 "人"。因此，林语堂将 "仁" 译为 "true manhood"。

13. 子罕言利，与命，与仁。

---

① 杨伯峻：《论语译注》，北京：中华书局，1963 年，第 187 页。

Confucius seldom talked about profit or destiny or true-manhood.

14. 子贡曰：“如有博施于民而能济众，何如？可谓仁乎？”子曰：“何事于仁？必也圣乎，尧、舜其犹病诸。夫仁者，己欲立而立人，己欲达而达人。能近取譬，可谓仁之方也已。”

Tsekung asked, "If there is a man here who is a benefactor of mankind and can help the masses, would you call him a true man?" "Why, such a person is not only a true man," said Confucius, "he is a sage. Even the Emperors Yao and Hsun would fall short of such a standard. Now a true man, wishing to establish his own character, also tries to establish the character of others, and wishing to succeed himself, tries also to help others to succeed. To know how to make the approach from one's neighbors (or from the facts of common, everyday life) is the method or formula for achieving true manhood.

15. 仲弓问仁。子曰：“出门如见大宾，使民如承大祭。己所不欲，勿施于人。在邦无怨，在家无怨。”

Chung Kung asked about true manhood, and Confucius replied, "When the true man appears abroad, he feels as if he were receiving distinguished people, and when ruling over the people, he feels as if he were worshipping God. What he does not want done unto himself, he does not do unto others. And so both in the state and in the home, people are satisfied."

从上面的例子我们可以看出，林语堂根据“仁”在不同语境的不同所指将其译为不同的词，力图全面展现“仁”的多重含义。此外，值得注意的是，在某些句子中，林语堂并没有将“仁”翻译为“内在的美德”，也没有翻译为“true manhood”，而是根据上下文做了灵活的变通。如：

16. 子曰：“巧言令色，鲜矣仁。”

Confucius said, "A glib talker with an ingratiating appearance is seldom a gentleman."

朱熹注：“巧，好。令，善也。好其言，善其色，致饰于外，务以悦人，则人欲肆，而本心之德亡矣。"① 在此句中，"仁" 指的是内部的德行，因此，林语堂将 "仁" 意译为 "gentleman"。

17. 子曰："观过知仁。"

Confucius said, "By looking at a man's faults, you know the man's character."

（二）"礼" 的翻译

夏、商时期的 "礼" 停留在一种原始宗教的层面上，"礼" 是 "事鬼神" 的宗教仪式。小篆 "禮" 字用 "示" 作偏旁，意思是 "显示" "记号" "指示"，意即使人的意图为神明所知的宗教活动。"禮" 字的另一部分 "豊" 则把 "礼" 和神圣的祭祀仪式联系起来。西周时期，礼乐从原始宗教中脱离出来，成为维系宗法社会制度的工具。周公的 "制礼作乐" 是中国文化史上一件具有里程碑意义的大事。在周公所制的礼乐中，最重要的是《周官》。《礼记正义·序》说："周公摄政六年，制礼作乐，颁布度量于天下，但所制之礼则《周官》、《仪礼》也。"《周官》乃《书传》中所说的 "礼经三百"，或《礼记·礼器》所说的 "经礼三百"。"经礼" 或 "礼经" 即典章制度，是关于西周社会体制的基本规定。周公除了作《周官》，还制定了不同等级身份的人在婚丧祭祀宴饮等场合以及日常生活中的衣冠饰物、揖让登降等准则，此即所谓的 "仪礼"。"仪礼" 即关于人们日常行为的规范。周礼开始发展出礼的社会意义。鉴于春秋时期礼崩乐坏所导致的混乱局面，孔子号召恢复周礼。

孔子思想体系中的 "礼" 并不完全等同于 "周礼"。孔子在继承周礼的同时也对周礼进行了发展。"周监于二代，郁郁乎文哉！吾从周。"（《论语·八佾》）但是孔子也说过："麻冕，礼也；今也纯，俭，吾从众。"（《论语·子罕》）"从周" 和 "从众" 表明，孔子并不是死守周礼。孔子虽然声称 "述而不作"，但实际上孔子对礼乐进行了反思，把礼乐之道从具体的礼乐规范中剥离出来，作为指导人生和人际关系的一般原则。这也就是曲阜孔庙元神到碑铭所说的 "先孔子而圣者，非孔子无以明"。

孔子人学思想中关于 "礼" 的思想原则具有很强的实践性。"仁" 的精神价

---

① 朱熹：《四书集注》，长沙：岳麓书社，1985 年，第 71 页。

值是求得理想人格，用"爱人""已立立人，已达达人""己所不欲，勿施于人"等道理来促使人们关注他人；而"礼"的精神价值是调和与规范人们之间有可能出现的矛盾，使社会生活能够合理有序地进行。"仁"与"礼"一为体，一为用；一强调内在修为，一强调外在约束。"礼"体现于日常生活的方方面面。"礼"是政治统治的需要，同样也是社会伦理的需要。"道之以政，齐之以刑，民免且无耻；道之以德，齐之以礼，有耻且格。"（《论语·为政》）孔子强调人们应该以"礼"来对待他人。"居上不宽，为礼不敬，临丧不哀，吾何以观之哉?"（《论语·八佾》）礼在日常生活中表现为人与人之间交往的原则："礼之用，和为贵。先王之道，斯为美，小大由之。有所不行，知和而和，不以礼节之，亦不可行也。"（《论语·学而》）孔子认为要真正成为有学问、有道德修养的人，学习和运用礼都是一个根本条件。"子曰：兴于《诗》，立于礼，成于乐。"（《论语·泰伯》）礼是立人之本。"子曰：不知命，无以为君子也。不知礼，无以立也。"（《论语·尧曰》）

孔子在《论语》中没有直接解释"礼"到底是什么。正如他对"仁"的态度一样，孔子所关注的焦点是告诫人们如何遵守"礼"，而对"礼"的内涵实质却很少论及。孔子说："礼云礼云，玉帛云乎哉? 乐云乐云，钟鼓云乎哉?"（《论语·阳货》）礼乐的根本不是其仪式，而是隐藏在仪式背后的东西。孔子把礼乐二重化了：礼乐既有外在形式一面，又有抽象的形上之道一面。孔子把礼乐二重化为礼乐规范和礼乐之道。在孔子看来，无论是"经礼"还是"仪礼"都有两重性。都可分为具体规范和道两部分。孔子对礼乐规范和礼乐之道二者都很重视，但两相比较，他更重视礼乐之道。"朝闻道，夕死可矣。"（《论语·里仁》）朱熹训"礼"为："礼者，天理之节文，人事之仪则也。"[①] 杨伯峻训"礼"为"礼意，礼仪，礼制，礼法"[②]。"天理之节文""礼意"即为礼乐之道，而"人事之仪""礼仪""礼制""礼法"即为礼乐规范。

林语堂在翻译"礼"时，也尽量避免文化简化主义，力图体现"礼"在不同语境中的不同含义。

如在以下几个例子中，"礼"意指与祭祀和祖先崇拜等相关的典礼、仪式、礼仪等，即礼乐规范。因此，林语堂将"礼"翻译为"ritual"或"ceremony"。

---

① 朱熹：《四书集注》，长沙：岳麓书社，1985 年，第 74 页。
② 杨伯峻：《论语译注》，北京：中华书局，1963 年，第 318 页。

18. 子贡欲去告朔之饩羊。子曰："赐也，尔爱其羊，我爱其礼。"

Tsekung wanted to do away with the ceremony of sacrificing the lamb in winter. Confucius said, "Ah Sze, you love the lamb, but I love the ritual."

19. 子曰："先进于礼乐，野人也；后进于礼乐，君子也。如用之，则吾从先进。"

Confucius said, "The earlier generations were primitive or uncouth people in the matter of ritual and music; the later generations are refined (literally 'gentlemen') in the matter of ritual and music. But if I were to choose between the two, I would follow the people of the earlier generations."

20. 陈亢问于伯鱼曰："子亦有异闻乎？"对曰："未也。尝独立，鲤趋而过庭。曰：'学《诗》乎？'对曰：'未也。'曰：'不学《诗》，无以言。'鲤退而学《诗》。他日，又独立，鲤趋而过庭。曰：'学礼乎？'对曰：'未也。''不学礼，无以立。'鲤退而学礼。闻斯二者。"陈亢退而喜曰："问一得三。闻《诗》，闻礼，又闻君子之远其子也。"

Chen K'ang asked Poyu (or Li, the name of Confucius' only son, meaning "a carp"), "Is there anything special that you were taught by your father?" Poyu replied, "No. One day he was standing alone and I ran past the court, and he asked me, 'Have you learned poetry?' And I said, 'Not yet.' He said, 'If you don't study poetry, your language will not be polished.' So I went back and studied poetry. Another day he was standing alone, and I went past the court, and he said to me, 'Have you studied the ceremonies?' And I said, 'Not yet.' And he said, 'If you don't study the ceremonies, you have no guide for your conduct.' And I went back and studied the ceremonies. I was taught to study these two things." Cheng K'ang came away quite pleased and said, "I asked him one question and learned three things. I learned what Confucius said about poetry. I learned what he said about ceremonies. And I learned that the Master taught his own son in exactly the same way as he taught his disciples (was not partial to his son)."

而在以下几个句子中，"礼"表示日常生活中人与人之间的行为规范，即礼乐之道，因此，林语堂将"礼"翻译为"proper conduct"，"propriety"，"the moral order or discipline"，意在突出"礼"的行为准则。并在例22译文后加上了该词的拼音形式，用斜体以强调其异质性和术语性。

21　颜渊喟然叹曰·"仰之弥高，钻之弥坚，瞻之在前，忽焉在后！夫子循循然善诱人，博我以文，约我以礼，欲罢不能。既竭吾才，如有所立卓尔。虽欲从之，末由也已！"

Yen Huei heaved a sigh and said, "You look up to it and it seems so high. You try to drill through it and it seems so hard. You seem to see it in front of you, and all of a sudden it appears behind you. The Master is very good at gently leading a man along and teaching him. He taught me to broaden myself by the reading of literature and then to control myself by the observance of proper conduct. I just felt being carried along, but after I have done my very best, or developed what was in me, there still remains something austerely standing apart, uncatchable. Do what I could to reach his position, I can't find the way."

22. 陈司败问："昭公知礼乎?"孔子曰："知礼。"孔子退，揖巫马期而进之，曰："吾闻君子不党，君子亦党乎? 君取于吴，为同姓，谓之吴孟子。君而知礼，孰不知礼?"巫马期以告。子曰："丘也幸，苟有过，人必知之。"

The Secretary of Justice of Ch'en asked Confucius if Duke Chao of Lu understood propriety (or li) and Confucius replied that he did. After Confucius had left, the Secretary asked Wuma Ch'i to come in and said to him, "Is a superior man partial to his own country? I heard that a superior man should not be partial. Duke Chao married a princess of Wu, who was of the same family name, and called her Mengtse of Wu. Now if that man understands propriety, who doesn't?" Later on Wuma Ch'i told this to

Confucius, and Confucius said, "How lucky I am! Whenever I make a mistake, people are sure to discover it."

而在下面的几个例句中，"礼"是一个整体的概念，是礼乐规范及礼乐之道的集合。因此，林语堂用音译的方法来避免文化简化主义。

23. 子曰："兴于《诗》，立于礼，成于乐。"

Confucius said, "Wake yourself up with poetry, establish your character in *li* and complete your education in music."

24. 子曰："道之以政，齐之以刑，民免而无耻；道之以德，齐之以礼，有耻且格。"

Confucius said, "Guide the people with governmental measures and control or regulate them by the threat of punishment, and the people will try to keep out of jail, but will have no sense of honor or shame. Guide the people by virtue and control or regulate them by *li*, and the people will have a sense of honor and respect."

25. 子曰："礼云礼云，玉帛云乎哉？乐云乐云，钟鼓云乎哉？"

Confucius said, "We are saying all the time, '*Li*! *Li*!' Does *li* mean merely a collection of jades and silks (in ceremonial use)? We are saying all the time 'Music! Music!' Does music merely mean playing about with drums and bells?"

总的说来，林语堂在翻译哲学关键词时，努力做到尽可能全面地展现这一词在不同的语境中的不同意义，减少读者的理解困难，并避免使用西方的哲学术语，在保证可通约性的同时强调差异。

第五节　林语堂跨文化翻译思想翻译实践的现实意义

一、重建巴别塔：翻译的核心价值

翻译是什么？正如沙特尔奥斯和考利在《翻译学词典》中阐释"翻译"这一词条时所指出的：翻译是一个宽泛得令人难以置信的概念。[①] 对翻译的不同定义体现了对翻译不同角度的理解及译论家不同的理论出发点。语言学派对翻译的理解仅囿于语言的层面。卡特福德将翻译定义为："把一种语言（原语）的文字材料替换成另一种语言（译语）的对等的文字材料。"[②] 雅可布逊将语际翻译定义为："用一种语言的符号去解释另一种语言的符号。"[③] 奈达的定义为："所谓翻译，是指从语义到文体（风格）在译语中用最切近而又最自然的对等语再现原语的信息。"[④] 随着认识的发展，翻译概念也随之发展。随着翻译研究文化学派的兴起，这一学派的译论家对翻译的认识从语言层面进入了文化层面。"翻译是社会体系。"（Translation as a social system.）[⑤] "翻译是交际。"（Translation as a communication.）[⑥] "翻译是目的语系统中无论所根据的理由是什么，表现为或被认为是翻译的目的语文本。"[⑦] "翻译是对原文的改写。"[⑧] 文化学派的译论家在走出语言层面的狭小范围时，却走入了另一个极端。翻译既是跨语言也是跨文化的

---

① Mark Shuttleworth：*Dictionary of Translation Studies*，Shanghai：Shanghai Foreign Language Education Press，2006，p.181.

② 谭载喜：《西方翻译简史》，北京：商务印书馆，2000 年，第 250 页。

③ 谭载喜：《西方翻译简史》，北京：商务印书馆，2000 年，第 243 页。

④ 谭载喜：《西方翻译简史》，北京：商务印书馆，2000 年，第 273 页。

⑤ Theo Hermans：*Translation in Systems: Descriptive and Systemic Approaches Explained*，Shanghai：Shanghai Foreign Language Education Press，2004，p.141.

⑥ Ernst-August Gutt：*Translation and Relevance: Cognition and Context*，Shanghai：Shanghai Foreign Language Education Press，2004，p.22.

⑦ Mark Shuttleworth：*Dictionary of Translation Studies*，Shanghai：Shanghai Foreign Language Education Press，2006，p.182.

⑧ André Lefevere：*Translation*，*Rewriting and the Manipulation of Literary Fame*，Shanghai：Shanghai Foreign Language Education Press，2007，p.vii.

活动。

在实践层面，有不少译者及理论家也陷入了这种非此即彼、各执一端的情况。"归化"与"异化"之争贯穿了整个中西翻译史。无论是"归化"还是"异化"其实并不存在孰是孰非的问题。文化身份不同、社会文化背景不同才是采取不同翻译策略的根本原因。西塞罗、贺拉斯和昆体良在罗马征服希腊后，强大的希腊文化给征服者带来的心理劣势激发了征服者的征服欲。翻译成了战场。这些罗马翻译家们在其翻译中站在罗马文化这一边，把原作视为战利品，对原作进行随意删改。翻译的目的乃是彰显罗马文化的优势，与希腊文化竞争。翻译不仅要与原作媲美，还要在艺术性方面超越原作。西塞罗的"作为演说家的翻译"，贺拉斯的"活译"及昆体良的"竞赛"论都是这一观点的集中体现。

15 世纪文艺复兴席卷了整个欧洲。翻译在复兴古典文化，传播新文化的过程中起到了巨大的作用。在文艺复兴精神的感召下，西方社会充满了强烈的求知欲。翻译成为汲取新思想最重要的手段。各国译者都致力于将古代和近代强国有关政治、哲学、社会体系以及文学、艺术等经典著作译成本民族语言，以供本国借鉴。从这一时期开始，民族国家逐渐形成，民族语言也日益发展，民族精神空前高涨。这一时期的翻译家们抱着为国效力的目的，在翻译中采取了巩固民族语言、强调译语风格的策略。如：路德在《圣经》翻译中力求译语的通顺、地道；多雷在《论如何出色的翻译》中指出"译者必须通过选词和调整词序使译文产生色调相当的效果"①；荷兰德在翻译中力求译文地道，不带翻译腔，宁可用古词语，也不用外来语。

17 至 19 世纪，随着经济及文化的进一步繁荣，翻译活动的深度、广度进一步拓展。这一时期出现了古典主义潮流，并且翻译的对象也从古希腊、罗马作品拓展到欧洲之外其他国家的文学作品。值得一提的是，这一时期的翻译理论研究蓬勃发展。欧洲各国在这一阶段经济、社会的飞速发展中所建立的文化自信心在部分译者的翻译实践、翻译理论中均有突出的体现。在翻译实践中，阿伯兰库的"漂亮而不忠实的翻译"，考利的"拟作"，蒲伯措辞隽永、晓畅清新的荷马史诗译文，菲茨杰拉德在《鲁拜集》中的肆意篡改，皆体现了这种译语本位思想。在翻译理论方面，德南姆在翻译维吉尔时提出"如果维吉尔必须讲英语，那他就

---

① 谭载喜：《西方翻译简史》，北京：商务印书馆，2000 年，第 88 页。

不仅必须讲这个民族的英语，而且必须讲这个时代的英语"①；泰特勒在《论翻译的原则》中提出，"译作应具备原作所具有的通顺"；坎贝尔提出"译作像原作那样自然、流畅"；阿诺德也在与纽曼的论战中占据上风。

19世纪至今，这种以英美文化为中心，以尊重和满足目的语读者需要为旨归，对源语文本进行归化处理的通顺的翻译策略成为主流。在翻译批评中，对语言风格的关注远远超越了译文的准确性。而语言风格评价的标准也大致相同，那就是通顺。"通顺的英语使用的是现代英语而不是古英语；是常用的而不是晦涩的术语的语言；是标准英语而不是俚语、俗语；通顺的英语应尽量避免使用外来词。"② 在出版方面，译入与译出之间的巨大差距，在外实行文化帝国主义，在内实行文化排外主义的孤芳自赏也导致了翻译语言的透明化及对译文可读性的强调。

在归化翻译盛行的同时，有部分译者、理论家站到了源语文化的一边。韦努蒂在《译者的隐身》一书中对英美盛行的归化翻译进行了批驳。韦努蒂提倡异化的翻译。在韦努蒂看来，"英语中的异化翻译应是抵抗欧洲中心主义，种族主义，文化自恋及帝国主义的一种方式"③。韦努蒂赞同菲利普·刘易斯（Philip Lewis）的"扭曲忠实"（abusive fidelity）。韦努蒂的异化翻译强调译语在语言上的陌生化，甚至牺牲语言的通顺和可读性。他认为译语应与目的语有足够大的差异而营造一种具有异域风情的阅读体验，从而凸显译本在语言及文化层面上的不同。

尼兰贾纳提出翻译应该"控制不去交流"（holding back from communicating），翻译的单位是词而非句子，译文应该能够反映出原文的句法结构。④

韦努蒂、尼兰贾纳等赞成在翻译中使用异化的翻译策略的出发点在于达到解殖民、彰显弱势文化的目的。

令我们困惑的是，无论译者选择站在源语文化的一方还是译语文化的一方，翻译所扮演的都是权力工具这一角色。当译者站在源语文化的一方，谴责强势的

---

① 谭载喜：《西方翻译简史》，北京：商务印书馆，2000年，第147－148页。

② Lawrence Venuti：*The Translation's Invisibility: A History of Translation*，Shanghai：Shanghai Foreign Language Education Press，2006，p.4.

③ Lawrence Venuti：*The Translation's Invisibility: A History of Translation*，Shanghai：Shanghai Foreign Language Education Press，2006，p.20.

④ T. Niranjana：*Siting Translation: History, Post-structuralism, and the Colonial Context*，Berkeley，Los Angeles，Oxford：University of California Press，1992，p.155.

译语文化中忽视异质输入的翻译实践，而提出异化的翻译时，他们是否注意到了自己的偏见，自己在谴责对方的同时却又变得多么像对方，在批评一种极端做法的同时自己却走向了另一个极端。难道贯穿人类文明活动始终的翻译就仅仅是权力斗争的场所吗？

笔者眼前不禁浮现出了那座高耸的塔。巴别塔虽然并不真正存在，然而这座塔却应时刻伫立在每一个译者的心中。巴别塔的故事告诉我们不同语言、文化的来由。更为重要的是，它向我们传递了翻译的真谛及核心意义：使居于不同文化的人们跨越语言的藩篱达到相互理解并促进人类文化的共同繁荣。缺乏理解，人类将一事无成；交流融合，人类将力可通天。

而跨越语言，促进理解、交流，最重要的便是超越文化。超越文化要警惕两种做法：文化的同质化和狭隘的民族主义。

文化的同质化，或去区域化，体现为 "麦克世界"，即世界文化的西方化、美国化。这种文化帝国主义可能是强势文化所发起的文化暴力，也可能是弱势文化在强势文化强大攻势面前所做出的自保的选择。当两种文化，特别是强势文化和弱势文化相互接触碰撞时，强势的一方往往以自己的文化为参照物，作为衡量一切文化的标准，把弱势的一方污蔑成文化、宗教甚至种族方面的低劣者，进行文化侵略。西方的工业革命和同步出现的国家主义，共同造就了 "列强"，每个强国都自诩为宇宙的中心。"每个强国还热切希望取代整个人类社会，不仅在政治经济领域，甚至在精神文化方面一概惟我独尊。"① 正如《马太福音》所说："所以你们要去，使万民作我的门徒。"（《马太福音》28 章 19 节）弗朗西斯·福山提出 "历史的终结" 的命题。福山认为人类可能正在目睹历史的终结。这种终结意味着人类意识形态演进的终结点和作为人类政府最终形式的西方自由民主制的普及。未来人们将不再致力于思想斗争，而是致力于解决世界的经济问题和技术问题。福山眼中的未来世界文化是一种达沃斯文化，即所有世界公民持有个人主义、市场经济和政治民主的共同信念，这些共同信念也是西方文明的典型特征。而随着弱势文化国家在经济实力上的提升，文化之间出现的并不是一种均势，而是从 "西方压倒东方" 变为 "东方压倒西方"。如：东亚日益增长的经济实力及自信导致了亚洲化的出现。马哈蒂尔总理于 1996 年对欧洲国家的政府首

---

① 汤因比：《历史研究》，刘北成、郭小凌译，上海：上海人民出版社，2009 年，第 8 页。

脑宣称"亚洲价值是普遍的价值，欧洲价值是欧洲的价值"①。这种亚洲人的"西方学"，用西方的东方学曾用来描绘东方时所持的同样的否定态度来描绘西方。然而，这种做法的后果便是激起敌意与对抗。在资本原始积累时期，西方坚持要把自己的宗教强加给世界其他地区。西方的这种做法引起了它所接触的社会的恐惧和敌意。有的社会就选择把门户关闭。在日本，对西方文化的抵制最终发展成对外国传教士和本国基督教信徒的残酷迫害。

同质化也可以是自我的选择。在强势文化的文化侵略下，弱势的一方所做出的反应，要么采取一种过分的防御立场，要么迫使自己向外来文化看齐，即狂信主义与希律主义。这两种主义来源于叙利业世界，表示犹太人对希腊文明入侵的两种截然不同的反应。狂信派的做法是，在希腊文明的强烈攻势下，他们竭尽全力避免希腊文明对自己的侵染。他们将自己封闭起来，加强内部的团结，在内部形成一条坚不可摧的防线。希律派则主要由伊多姆国王希律大帝的仆从、支持者组成。他们认为希腊文明的进入是不可逆的。因此，他们通过吸取希腊文明中一切有用的成果来武装自己，使自己在希腊文明的强势入侵中得以生存。但希律主义的成效被证明是肤浅的。彼得大帝希望使俄罗斯帝国从一个俄罗斯东正教大一统国家变成一个现代西方世界的区域性国家。这是非西方强国自愿实行西化的第一个范例。然而，俄国在吸收西方资本主义的技术时却忽视了西方社会与俄国在政治和社会各方面的不同。彼得将西方资本主义的一片幼芽嫁接到了东正教的传统俄国社会这一具有排斥性的枝干上，所以这种尝试失败了。同样，20世纪初中国社会的"全盘西化"浪潮也最终平息。彼之甘饴，吾之毒药，一物"生"一物。换言之，如果在吸收外来文化时不考虑自身情况而盲目照搬是极具危险性和破坏性的。

狭隘的民族主义是指一种修建高墙的做法。世界各地伫立着很多坚固的墙：2002年，约旦河西岸建起了一道坚固的墙以保护以色列在耶路撒冷的领土；在北爱尔兰有一条被称作"和平防线"的墙将其和英国隔离；美国与墨西哥之间有一段长达3 360公里的国界线上布满荆棘；印度与孟加拉国之间的国界线上有一条绵延4 000公里的屏障；一条长1 400公里的屏障隔开了中国与朝鲜；一条"阿提拉防线"分隔开希腊与土耳其……这些墙阻隔了外来的威胁，却也将自己封锁、禁锢起来。美国学者亨廷顿便是这种筑墙策略的典型代表。在《文明的冲突

---

① 转引自亨廷顿：《文明的冲突与世界秩序的重建》，周琪等译，北京：新华出版社，2002年，第110页。

与世界秩序的重建》一书中，亨廷顿把世界文明大致分为七个：东方文明、西方文明、伊斯兰文明、日本文明、印度文明、拉丁美洲文明及撒哈拉以南的非洲文明。在提到文明之间的交往时，亨廷顿提出："文明之间最引人注目的和最重要的交往是来自一个文明的人战胜、消灭或征服来自另一个文明的人。"① 亨廷顿认为，所有民族都需要敌人的存在以维护自己的统一。而在当今，"潜在的最危险的敌人会出现在世界主要文明的断层线上"②。亨廷顿认为，建立全球帝国是不可能的，西方文化的普遍化也是不现实的。然而，亨廷顿却将西方及西方文化与其他地区、其他文化对立起来。他指出，全球政治结构将面临重新洗牌。曾经以意识形态而确立的结盟将被以文化确立的结盟而取代。新的政治阵营实质上是文化共同体，而未来全球政治的冲突将突出地表现为不同文化阵营间的摩擦及冲突。③ 而最主要的分裂来自于西方与非西方之间。亨廷顿强调，将来全球政治最严重的冲突会在以伊斯兰国家、亚洲社会为代表的非西方文化阵营和西方文化阵营之间发生。亨廷顿甚至推测，穆斯林社会和以中国为代表的华人社会将联合起来共同钳制西方。④ 因此，"西方领导人的主要责任，不是试图按照西方的形象重塑其他文明，这是西方正在衰弱的力量所不能及的，而是保存、维护和复兴西方文明独一无二的特性"⑤。萨义德认为，这是一种 "无知的冲突"。这是 2001年 10 月 4 日《国家》（The Nation）杂志中一篇文章的标题。

在笔者看来，这两种做法都是轻率的。文化之间不应相互无视、相互争斗，而应相互学习、相互补充。正如一句希腊谚语所说："大自然给了我们两只耳朵和一张嘴巴，就是让我们用两倍于说话的时间去聆听。"被誉为跨文化传播之父的爱德华·霍尔在其著作《超越文化》一书中指出："我们呼唤一场规模宏大的文化'扫盲'运动，这一运动不应该是外在强加的，而是发自内心的。……然而，要达此目的，我们必须停止将人及其才能分为若干等级，我们必须接受这样一个事实：有许许多多通向真理的道路；在探索真理的过程中，没有哪一种文化能在寻求真理的道路上独霸一方，也没有哪一种文化比其他文化拥有更多得天独

---

① 亨廷顿：《文明的冲突与世界秩序的重建》，周琪等译，北京：新华出版社，2002 年，第 35 页。
② 亨廷顿：《文明的冲突与世界秩序的重建》，周琪等译，北京：新华出版社，2002 年，第 4 页。
③ 亨廷顿：《文明的冲突与世界秩序的重建》，周琪等译，北京：新华出版社，2002 年，第 129 页。
④ 亨廷顿：《文明的冲突与世界秩序的重建》，周琪等译，北京：新华出版社，2002 年，第 199 - 202 页。
⑤ 亨廷顿：《文明的冲突与世界秩序的重建》，周琪等译，北京：新华出版社，2002 年，第 360 页。

厚的条件。"① 我们要摒除一种爱德华·霍尔所指出的文化性非理性。"这种非理性深深地植根于我们大家的生活之中。由于文化强加于我们的盲目性,我们常常无法超越它强加于我们的局限性。"② 促进交流、跨越文化应强调"相异性"这个跨文化工作中的关键词。正如法国著名政治活动家米歇尔·苏盖在其著作中所提出的:"在差异中承认他者,承认他者的智慧。"③ 以史为镜可以知兴替。几乎世界上所有文明都借鉴过其他文明来使自己强大从而延续传承。

文明不是静止的,而是不断衍化、向前发展的。杰出的历史学家、社会学家和人类学家,包括马克斯·韦伯、斯宾格勒、阿诺德·汤因比等一直在探索文明的起源、形成、兴起、相互作用、成就、衰落和消亡。汤因比在《历史研究》中将文明变化、成长的原因归结为不断有新的刺激、新的挑战。"某些正在攀登的人如果成功地爬上了下一块凸起的岩石,这块岩石也不是人类心灵的永久归宿。如同我们看到的下面那块凸石一样,它只是个暂时歇脚的地点。……但下一块凸石绝不是最后一块。"④ 当我们接触与自己的文化迥然不同的文化时才能更加清晰地看清自己的文化。否则,我们就会让霍尔所说的"文化无意识"蒙蔽自己的双眼。

如果一种文明或文化缺乏挑战,盲目自我崇拜、排外,那么这种文化便已开始走向没落。雅典的优越感和孤立状态使它最终被崛起的罗马所消灭。著有《希腊史》等书的雅典著名史学家色诺芬(Xenophon)曾公开鄙视他的那些阿凯亚和阿卡狄亚同事。色诺芬认为,同优秀的希腊人相比,阿凯亚人和阿卡狄亚人显得任性、冲动、无远见、自由散漫、粗俗和野蛮。所以,"Xeno-"也留在了英语中,意为"排外"。《撒母耳记》所记述的大卫与歌利亚的故事也向我们说明了这一点。歌利亚靠巨大的长矛和刀枪不入的铠甲赢得过多次胜利,因此他认为自己天下无敌。他向以色列人挑战,要他们选出一位优秀的勇士与他一对一进行决斗。当牧羊人大卫上前迎战,身上没有任何装备,手中只拿了一根木棍的时候,歌利亚不仅没有惊慌,反而因为对手没有准备而心生懊恼。歌利亚没有注意到大卫没拿棍子的另一只手中有一把毫不起眼的弹弓,也没有想到他的灾难就来自于这个不起眼的小东西。于是,当歌利亚傲慢地向大卫走来时,他那没有遮拦的前额正好成了弹弓的目标。

---

① 爱德华·霍尔:《超越文化》,何道宽译,北京:北京大学出版社,2010年,第7页。

② 爱德华·霍尔:《超越文化》,何道宽译,北京:北京大学出版社,2010年,第193页。

③ 米歇尔·苏盖:《他者的智慧》,刘娟娟、张怡、孙凯译,北京:北京大学出版社,2008年,第31页。

④ 汤因比:《历史研究》,刘北成、郭小凌译,上海:上海人民出版社,2009年,第61页。

文明不是独立的、相互隔绝的。各文明之间的互动与交流贯穿了整个文明发展史。而各文明之间的关系也是盘根错节、渊源极深的。汤因比将文明划分为发展充分的文明和失落的文明两大类。而发展充分的文明又可继续划分为独立的文明及卫星文明。独立的文明包括由某个前文明社会自发演变而来的文明。汤因比称这种文明为 "与其他文明没有关系的文明" 和 "不从属于其他文明的文明" [1]。如：中国文明。但即使是这种 "与其他文明没有关系的文明" 事实上也难以完全超然、独立于其他文明。大乘佛教是一种在接受地兴盛起来的宗教。佛教崛起于中国，其灵感的源头却在印度。独立的文明也包括通过一个或多个老一代文明的解体，其某些要素转化为新结构之后产生出来的文明。汤因比称之为 "从属关系" 的社会文化的衍生进程。东正教文明、西方基督教文明和伊斯兰文明就是与希腊和叙利亚文明存在 "亲缘" 的文明。[2] 卫星文明则指 "一个前文明社会由于受到业已存在的某些文明的影响和刺激，可以转化为文明" [3]。如：朝鲜文明、日本文明、越南文明受中国文明的启发，但它们沿着自己的路线发展了从中国文明借来的东西。这三种文明便是中国文明的卫星文明。同样，俄罗斯文明从起源讲是东罗马帝国和保加利亚东正教文明的 "卫星文明"，而后它又成了西方文明的 "卫星文明"。此外，值得我们注意的是，大多数高级宗教都是在文明混合的地区兴起的。根据汤因比的考察，高级宗教的诞生地都集中在两块较小的地区，一个是乌浒河—药杀河流域，另一个是叙利亚（广义上的叙利亚，包括北阿拉伯草原、地中海以及安纳托利亚和亚美尼亚高原的南坡）。乌浒河—药杀河流域是传布于东亚世界的大乘佛教的诞生地，也是祆教的诞生地。叙利亚位于两个最早的文明故乡，伊拉克的苏美尔—阿卡德文明和尼罗河下游的埃及文明之间。在埃及、亚述和巴比伦衰落之时，叙利亚文明脱颖而出。它从阿卡德、埃及、爱琴和赫梯文明那里继承了丰富的文化遗产。叙利亚文明在政治上取得独立的时间很短暂。在希腊人摧毁了阿黑门尼德帝国后，除撒马利亚人和犹太人外，叙利亚的各个社群都丧失了群体认同感。但是，由叙利亚文明和希腊文明的碎片混合而成的 "文化杂居区" 最后却被证明是极其多产的。东正教文明、基督教文明、西方文明和伊斯兰文明正是在这片土壤上萌芽的。

因此，翻译作为连接不同文化的桥梁应当具有宽广的、跨文化的视野。翻译

---

① 汤因比：《历史研究》，刘北成、郭小凌译，上海：上海人民出版社，2009年，第57页。
② 汤因比：《历史研究》，刘北成、郭小凌译，上海：上海人民出版社，2009年，第57页。
③ 汤因比：《历史研究》，刘北成、郭小凌译，上海：上海人民出版社，2009年，第57页。

不应是消弭差异的武器，也不应是向他者兜售我们的价值观或者说服对方接受我们的信仰的权力工具。翻译的目的应当是使不同文化背景下的人学到自己未知的东西，倾听不同的声音，分享人类文明的共同财富，促进不同文化之间的相互学习与对话，从而促进人类文明的共同繁荣。季羡林曾指出：为什么中国文化竟延续不断一直存在到今天呢？我想，这是翻译在起作用。我曾在一篇文章中说过，若拿河流来作比较，中华文化这一条长河，有水满的时候，也有水少的时候，但却从未枯竭。原因就是有新水注入，注入的次数大大小小是颇多的，最大的有两次，一次是从印度来的水，一次是从西方来的水。而这两次的大注入依靠的都是翻译。中华文化之所以能长葆青春，万应灵药就是翻译。翻译之为用大矣哉。①

当今世界，人类都面临着一些共同的危机。1949 年，雅斯贝斯在《历史的起源与目标》一书中提出了"轴心时代"的概念。在公元前 8 世纪到前 2 世纪之间，是人类文明的"轴心时代"。这段时间是人类文明精神的重大突破时期。各个文明都出现了伟大的精神导师——古希腊有苏格拉底、柏拉图、亚里士多德，以色列有犹太教的先知们，印度有释迦牟尼，中国有孔子、老子。他们的思想塑造了不同的文化传统。更重要的是，这个时代的思想都发生了"终极关怀的觉醒"，人们开始用理智的方法和道德的方式来面对这个世界，同时宗教也由此产生。如今，尤尔·卡森斯（Ewert Cousins）提出，一种新的"全球意识"正在产生。新的全球意识强调生态、正义、和平，照顾到穷人、妇女、被压迫的少数族群。② 越来越多的学者意识到，不同文化都有其自身的局限性，用一种文化去取代、宰制其他的文化是不合时宜的。不同文化之间必须通过对话以深化、壮大自己，由"独白时代"走向史威德勒所提倡的"全球对话时代"。费孝通在他 1990 年的《文明对话的最高理想》中谈到，任何一个文明都是各美其美，而我们要把各美其美发展到美人之美，再到美美共美。费孝通的设想虽然带有一定的理想主义色彩，但却为我们指明了前进的方向。

而从各美其美到美人之美再到美美共美，在文化普遍主义与民族沙文主义之间存在一个巨大的空间，这便是翻译应该存在的场所。

对差异的宽容应该是翻译的先决条件。当源语、译语交流双方具有平等、相互尊重的意识时，一种富于成效的对话才真正开始。通过翻译，我们可以清楚地看到并欣赏他者的价值。我们甚至会庆幸彼此之间有差异，因为这些差异有助于

---

① 季羡林、许钧：《翻译之为用大矣哉》，载《译林》1998 年第 4 期，第 210 页。
② 刘述先：《全球伦理与宗教对话》，石家庄：河北人民出版社，2006 年，第 69 页。

我们拓展自己的视野。世界意识和文化使命感应是译者的重要素养。杜维明在联合国组织的世界精神领袖高峰会议上曾提出 "公共知识分子" （public intellectual） 的概念。"公共知识分子" 是指那些 "对于政治有强烈的关切、对于社会有参与感、对于文化有研究和发展意愿的知识人"①。杜维明认为，公共知识分子应共同努力以解决人类文明、现代世界文明所碰到的重大议题。笔者认为译者也应是胸怀世界的公共知识分子。北宋大儒张横渠有言："为天地立心，为生民立命，为往圣继绝学，为万世开太平。"这四句话表达了儒者襟怀的宽广。而这也应是沟通中西、传承文明的译者所应肩负的神圣使命。

二、林语堂跨文化的翻译思想翻译实践对典籍英译的启示意义

《孔子的智慧》和《老子的智慧》是中国典籍英译的成功案例。《孔子的智慧》先后在美国（1938）、英国（1938）、日本（1939）、德国（1957）、西班牙（1958）和葡萄牙（1958）出版，并分别于 1943 年、1966 年在美国再版。《老子的智慧》先后在美国（1948）、德国（1955）、西班牙（1961）出版，并于 1956 年和 1978 年在美国再版。以《孔子的智慧》为例，根据联机计算机图书馆中心（OCLC）的数据统计，全球共有 1 664 家图书馆收藏此书，其中美国图书馆达 1 548 家。笔者对英国牛津大学、美国芝加哥大学和亚利桑那州立大学进行调查，此书在三所大学图书馆的借阅量分别为：17 次（2008 – 2015），9 次（1996 – 2015），8 次（1998 – 2015）（之前的数据因图书馆系统更新而无法考证）。尽管借阅次数不多，但综合考虑版本年代久远（均为 1938 年版）、图书馆阅览室藏有副本、互联网书店及电子书籍的冲击等因素，这样的借阅量已属难得。就专业读者的接受而言，根据期刊数据库 JSTOR （Journal Storage） 的统计，1938 年初版以来共有三篇关于此书的书评分别刊载于《太平洋事务》（*Pacific Affairs*）、《东西方哲学》（*Philosophy East and West*）和《修辞评论》（*Rhetoric Review*）。这三篇书评均高度评价了此书，对林语堂在此书中对孔子思想的编译和重构尤为肯定。笔者以 "the wisdom of Confucius" 和 "Lin Yutang" 为关键词在谷歌（Google）图书中搜索，共搜到 1 910 本相关书籍。其中，两本为原著，一本出现在《中国哲学百科全书》（*Encyclopedia of Chinese Philosophy*）关于林语堂的介绍中，其余 1 907 本均为将此书列入参考书目的书籍。就普通读者的接受而言，英

---

① 杜维明：《儒家传统与文明对话》，石家庄：河北人民出版社，2006 年，第 1 页。

语世界最具影响力的购书网站如亚马逊（Amazon）、易贝（Ebay）、爱笔图书
（AbeBooks）目前仍在销售此书。综合亚马逊和世界最大的在线读书俱乐部好读
网（Goodreads）78位读者的评价，87%的读者给了三星以上（即满意）的评
价。读者对此书的肯定均集中在林语堂编译此书及阐释孔子思想的方式以及对于
普通读者而言非常重要的可读性。① 少数读者的批评主要在于西方读者的阅读习
惯与儒家思想语录体文体特征之间的矛盾，这些读者期望读到连贯的语篇，而这
一矛盾只有读者对中国文化的积累达到一定程度时才能得以解决。

因此，林语堂编译这两本书的视角和策略，可对当今文化多元化及全球伦理
背景下弘扬和传播中国文化以及异质文化间的对话与交流提供一些可资借鉴和参
考的启示。

中国典籍英译的历史可以回溯到明末传教士的翻译活动。就翻译的广度和深
度而言，真正意义上的高潮出现在近三十年，特别是"大中华文库""中国图书
对外推广计划""经典中国国际出版工程"等系统译介项目的实施。然而，与输
出的热情形成强烈反差的是，多数译著除了馆藏之外，并未能在接受语境中赢得
多少真正热情的读者。② 甚至，如谢天振指出的，这些我们精心选材、集名家之
力译出的"精品"成了中国驻外使馆的"烫手山芋"，即使免费赠书对方图书馆
也不愿接受，原因在于无人借阅，徒耗人力、物力而已。③ 如何才能实现中国典
籍的有效英译呢？除了考虑加强与国外出版社的联系以保持交流渠道的畅通等外
部因素，典籍英译的核心问题"译什么""怎么译""何时译"等值得重点关注。

（1）就"译什么"而言，当前典籍英译工作在选材上的突出问题在于"文
化自觉"④ 的缺失。大多数译者仅以本土文化为出发点，忽视了接受方的需求。

---

① http://www.goodreads.com/book/show/1910155.The_ Wisdom_ of_ Confucius，http://www.amazon.com/gp/product/B000CBDUYU？keywords ＝ the％ 20wisdom％ 20of％ 20confucius％ 20lin％ 20yutang&qid ＝ 1445072715&ref_ ＝ sr_ 1_ 4&sr ＝ 8 － 4

② 刘亚猛、朱纯深：《国际译评与中国文学在域外的"活跃存在"》，载《中国翻译》2005 年第1期，第6页。

③ 王志勤、谢天振：《中国文化走出去：问题与反思》，载《学术月刊》2013 年第2期，第23页。

④ "文化自觉"是费孝通在《费孝通论文化与文化自觉》一书中所提出的概念。"文化自觉"是指对自我文化的一种理性、客观的自我意识。这种自我意识建立在对世界多元文化的了解之上。这种自我意识要求对自我文化的优缺点进行明确的定位以促进自我文化的可持续性发展。罗选民、杨文地在《文化自觉与典籍英译》一文中将典籍外译中的"文化自觉"定义为："在全球化的语境中，认真理解和把握中西文化价值理念，努力发现彼此不同的思维方式及其存在的分歧，在不损害中国文化精神的前提下，以最合适的方式来解读和翻译最合适的典籍材料，从而达到消解分歧，促进中外文化的交流，极大地满足西方受众阅读中国典籍的需要。"

如果我们只是单方面一厢情愿地将自己认为优秀的作品强塞于人，往往只会造成事倍功半以及人力物力的大量浪费。

以《大中华文库》为例，1994 年，我国历史上首次系统全面地进行中华文化经典外译的大型文化工程《大中华文库》的翻译工作正式启动。《大中华文库》的入选作品，主要为我国文学、历史、哲学、政治、经济、军事、科技等最具代表性的经典古籍，计划规模 110 种。

然而，这 110 种是我方所认为的最优秀的民族文化，在西方读者的眼中，它们是否又具有相同的价值呢？根据谢天振的统计，《大中华文库》一百多部仅有两部被一家英国出版社购买了版权。①

其实，在对外来文化进行解读时，各个国家都是以自己为出发点，以自己的需求为视角，带有很强的实用主义色彩。拜伦在英国只是一个二三流的诗人。然而，在 "五四" 时期 "经世致用" 精神的召唤下，拜伦诗中的革命性、战斗性吸引了大批中国学者。《哀希腊》是拜伦长诗《唐璜》第三章中的一个片段。这首诗却获得了众多名家的青睐，马君武、梁启超、苏曼殊、胡适、柳无忌、胡怀琛等相继将此诗翻译为中文，使《哀希腊》在中国得以成为经典。

同样，在对西方现代资本主义和工业化的失望中，伯顿·沃森（Burton Watson）和加里·斯奈德（Gary Snyder）试图从东方文化、从禅宗佛学中寻找医治西方社会的良方。他们找到了唐代诗僧寒山。因此，在中国名不见经传的寒山经由二人的翻译对美国五六十年代 "垮掉的一代" 产生了深远的影响。

正如钱林森在《外国作家与中国文化：交往与相互启迪》一文中所说，英美读者对中国文学的兴趣是随着时代和自身的需求而变化的。他们在不同时代语境中的兴趣、文化理想及追求决定了他们对中国文学的选择。②

即使对于专业的研究者来说也会有这样的疑问：英美读者在阅读和学习中国文学作品中能获得怎样的启示？③ 钱林森指出，中国作品受到外国作家青睐的原因及内趋力在于自身的需要，"18 世纪启蒙作家热心儒学的接纳，是为了建构自己的思想学说，寻求鞭笞旧欧洲的巨杖。孟德斯鸠关注中国思想，着眼点立于他自己的政治构想；伏尔泰崇尚儒家学说，是要和天主教教义相对抗；莱布尼兹吸

---

① 王志勤、谢天振：《中国文化走出去：问题与反思》，载《学术月刊》2013 年第 2 期，第 26 页。
② 钱林森：《外国作家与中国文化：交往与相互启迪》，载《中华读书报》2002 年 10 月 23 号。
③ James Robert Hightower："Chinese Literature in the Context of World Literature"，*Comparative Literature*，Vol. 5，No. 2（Spring，1953），pp. 117 – 124.

收中国文化，是为了实现其'宏图大略'：在西方建立一个充满道德之善的和谐的世界秩序。这种政治实用的企图是显而易见的，其目的都是为了推动本民族的发展。"①

此外，大多数译者将中国经典视为一种历史，在翻译中所做的是静态的复述，鲜有译者具有"文化自觉"，在不同的时代语境中，针对不同的读者对这些经典进行动态的重构。这种创造性的二次开发在特定的历史条件下，对于促进人类文明的传承与发展、建构其在异域读者心中的形象、延续其"后续生命"是极为重要的。当然这种二次开发对译者的要求很高，不仅需要译者有扎实的双语、双文化背景，而且需要深厚的文史哲积淀。但这却是一种有益的尝试。

林语堂正是因为了解当时西方读者需要什么，因此，在根据时代命题对儒道思想进行提炼、梳理及现代诠释后，《孔子的智慧》及《老子的智慧》才能被西方读者广泛接受。

（2）"文化的流动，……大都是引进方为了生存及其条件的改善择其所需的拿来。"② 我们应该聆听译语文化的诉求。但是，这种聆听并不是一味地迎合某一特定的文化。那些具有世界意义的命题、那些能够展现某一时代人类的生存与困惑的译作必定会跨越国界，唤起所有人的"共鸣"，因为所有人都能从中获得解除痛苦、排解困惑的良方。林语堂在《孔子的智慧》一书的导言中指出，"儒家思想是有其中心性，或者说是普适性的。那些思想已趋于成熟，并留学国外、接受过西方教育的中国人对儒家的态度及观点都心悦诚服。儒家思想的中心性以及其人道思想的吸引力本身就具有一种神奇的力量。"③ 林语堂在编译《孔子的智慧》时，他的出发点和立足点并不囿于中国文化这一边。他是在中西文化融合这根平衡木的中间，着眼整个世界，看到儒家思想对于整个人类的指导意义。这种文化之间的交流是建立在文化间相互学习、相互对话，面对时代命题共同前进的良性的基础之上的。因此，接受方也乐于敞开大门，欣然接受。然而，反观当前国内的典籍译介工作，大多数典籍翻译仍是一种单边行为。在2000年10月召开的中国共产党第十五届五中全会上通过了《中共中央关于制定国民经济和社会发展第十个五年计划的建议》。这一提案提出了国民经济"走出去"的战略。

---

① 钱林森：《外国作家与中国文化：交往与相互启迪》，载《中华读书报》2002年10月23号。
② 赵芸：《著名翻译家谈"中国文化走出去"》，载《上海采风》2010年第3期，第20页。
③ Lin Yutang：*The Wisdom of Confucius*，Beijing：Foreign Language Teaching and Research Press，2009，p.2.

2007 年 10 月，中国共产党第十七次全国代表大会召开。胡锦涛做了主题报告。在报告的第七部分 "推动社会主义文化大发展大繁荣" 中，胡锦涛提出我们要 "加强对外文化交流，吸收各国优秀文明成果，增强中华文化国际影响力"。这也标志着中国文化 "走出去" 战略的形成。而这一战略所形成的背景也表明，在这一战略指导下的中国典籍英译工作具有对外宣传的性质，其出发点是来自中国本土的需求。

季羡林先生在《从〈大中华文库〉谈起》一文中提出："我想继鲁迅先生之后发明一个新词儿：'送去主义'。看来是非送去不行了。他们既然不来'拿去'，我们就要'送去'。"① 杨牧之在《国家"软实力"与世界文化的交流——〈大中华文库〉编辑出版启示》一文中指出，《大中华文库》的出版，"是世界各民族文化交流的需要，是让世界了解中国的需要，也是国家发展'软实力'的需要"②。赫曼斯提出，在如何对待外来文化的态度上，不同的文化会持不同的态度："1）和睦态度（transdiscursive attitude）。本土文化能友好地对待外来文化，与外来文化和睦相处；2）补足的态度（defective attitude）。本土文化将外来文化视作对自身不足的有益补充；3）防范态度（defensive attitude）。外来文化会对本土文化构成威胁，因而本土文化会努力阻止外来文本的进入；4）帝国主义态度（imperialist attitude）。将外来文化进行归化处理。"③ 如果将中国典籍外译工作与软实力发展等国家策略等紧密相连，其效果可能是适得其反的。这种做法很可能遭到接受方的抵触，甚至在某些国家被贴上"中国威胁论"的标签。在这种情况下，我们"送去"的结果是对方拒绝接受。

中国政府弘扬中国文化的另一重大工程——孔子学院的遭遇对我们有着警示作用。中国计划在 2010 年在全球设立 100 所孔子学院。《纽约时报》刊文指出，孔子学院"充分说明这个国家（中国）的软实力野心"，中国此举旨在"征服世界"。文章声称，孔子学院的出现让人顿生重回 20 世纪五六十年代之感。④ 2009 年 9 月，美国全国大学入学咨询协会的年度会议在马里兰州巴尔的摩召开，会议

---

① 季羡林：《从〈大中华文库〉谈起》，载《群言》1995 年第 8 期，第 34 页。

② 杨牧之：《国家"软实力"与世界文化的交流——〈大中华文库〉编辑出版启示》，载《中国编辑》2007 年第 2 期，第 22 页。

③ Theo Hermans：*Translation in Systems: Descriptive and System-Oriented Approaches Explained*，St. Jerome Publishing，1999，p.89.

④ 张涛：《孔子在美国》，北京：北京大学出版社，2011 年，第 437 页。

的主题就是"中国人来了"。会议尤其提及，中国已经在美国设立 61 所孔子学院。[①] 孔子学院的建立触动了美国舆论的紧张神经。

2012 年 5 月 17 日，美国国务院发布公告，目前在美国持有 J - 1 签证的孔子学院中国教师将不得不于 2012 年 6 月 30 日离境。"17 号公告"一出，全球哗然。虽然 5 月 25 日，事情峰回路转，美方取消一切限制，但这次事件却让我们看到了单边输出可能带来的反效果。

典籍外译中对"政治化"的弱化是非常必要的。我们应该加强中外双方的合作，多关注对方的需求，北京师范大学与美国《今日世界文学》杂志编辑部合作推动中国现当代文学的对外译介项目就给我们提供了另外一种思路。

（3）一个文本只有到达其读者后，才能实现其意义。因此，在典籍翻译中，我们应该有清晰的读者意识。国内在探讨典籍翻译的具体策略时，"异化"的声音不绝于耳。但正如后殖民译论家罗宾逊对韦努蒂和尼兰贾纳的"异化"主张所提出的质疑一样：符合两者主张的"异化"的翻译实践会对文化间的交流造成障碍，然而要对一个文化造成广泛的影响，交流确是不可或缺的。[②] 翻译中所刻意凸显的文化差异正好契合吉卜林的那句名言："东是东，西是西，东西永古不相期。"（East is East and West is West，and never the two shall meet.）在具体的操作层面，林语堂既强调异质，又通过增补背景信息及以西喻中以保证交流畅通的做法值得我们借鉴。此外，在翻译之前，我们应该对译本有一个定位。译本的目标读者究竟是学者型读者还是对中国文化知之甚少的普通读者，这两种不同的读者对译文的期待视野是不同的。而译者在面对不同的读者类型时所采用的策略也应该是不同的。中国文化想要获得更多的读者，就必须走进普通读者。一个译本如果想在普通读者中获得良好的反响，最重要的一点就在于如何吸引读者。除选材上的考虑之外，读者的阅读习惯值得关注。比如在当下中国，能够静下心来咀嚼文学经典的读者已经越来越少了，阅读成了一种文化消费行为。大多数读者注重的是文学"谴情娱乐"的功能。正如朱振武在《中国文学翻译：从经世致用到文化消费》一文中所指出的，一些主题严肃的作品，如意识流小说和后现代

---

① 张涛：《孔子在美国》，北京：北京大学出版社，2011 年，第 437 页。

② D. Robinson：*Translation and Empire: Postcolonial Theories Explained*，Beijing：Foreign Language Teaching and Research Press，2007，p. 93.

文学，如史蒂芬·金、福克纳、詹姆士·乔伊斯的作品，在中国受到冷遇。[①] 同样，艰深的大部头可能会让普通的西方读者望而却步。因此，在典籍外译中，某些情况下我们需要对原文做"通俗化"的处理，如编译、节译。林语堂在《孔子的智慧》中，对儒家思想进行了提炼和整理，并删节了一些内容。以下是亚马逊网读者对林语堂通俗化处理的评价：

　　·Merits of the book include its readability, with a long, discursive essay and some translations provided by the celebrated scholar Lin Yutang. （这本书的优点在于它的可读性、著名学者林语堂所作的长长的评论以及所提供的一些翻译。）

　　·Selection of the writings has been most judicious. For example, the book contains "On the Great Learning," and "On Education." To obtain all these well-chosen sample writings of Confucius in individual editions rather than an anthology such as this would require an entire shelf of books. （这本书的选材是最值得称道的。例如，这本书包含《大学》《论教育》。在分散的材料而非文集中获得这些精心挑选的内容需要阅读一整书架的书。）

　　·I could not help noticing prior reviews that deal harshly with the book. Some of the criticism will not be meaningful to the nonscholarly reader, who, for example, would not be offended that the "original numbering" of the Analects has been abandoned. [②] （我不禁注意到前面对这本书的苛评。有些批评对于非学者型的读者来说是毫无意义的。非学者型的读者不会在意《论语》有多少句子被弃之不用。）

当然如果要对典籍做通俗化的处理，对译者的要求很高，不仅需要译者有扎实的双语、双文化背景，还要有深厚的文史哲积淀，但这却是一种有益的尝试。如外研社 2008 年 4 月出版的黄新渠翻译的《红楼梦》简写本。李赋宁在该书的序言中写道："虽然《红楼梦》已有不少英译本，但黄先生的这部新译本自有他

---

　　① 朱振武：《中国翻译文学：从经世致用到文化消费》，http://culture. people. com. cn/GB/87423/11197425. html。

　　② http://www. amazon. com/The－Wisdom－Confucius－Modern－Library/dp/0679601236/ref＝sr_ 1_ 1?ie＝UTF8&qid＝1388289133&sr＝8－1&keywords＝the＋wisdom＋of＋confucius

的特色。首先它是一个英文简写本，适合于现代文明社会中生活节奏快速的广大读者阅读……"①

第六节　本章小结

本章以林语堂的编译作品《孔子的智慧》和《老子的智慧》为例，分析了林语堂的"中西文化溶合观"在其翻译实践中的具体体现，并探讨了林语堂的跨文化翻译观在当下经济全球化的社会语境中，当文化多元与和平发展成为全球母题时，对促进中西文化间的对话交流及人类文化共同繁荣的重要启示。本章首先分析了林语堂编译这两部作品的社会历史语境。两次世界大战和高度的工业化造成了人性的严重"异化"。西方社会普遍存在着价值观的崩塌以及对西方文化的质疑与反思。而国内的学者从全盘否定中国文化走向了对中西文化客观、辩证的对比与分析，一些学者开始关注对传统文化现代价值的挖掘。接着，本章探讨了在时代命题的感召下，林语堂在《孔子的智慧》《老子的智慧》中，对中国传统文化的萃取、重构及现代化阐释。林语堂站在人类大同的高度，看到了儒家思想、老子学说和蕴涵于这两种学说中的人文主义思想。林语堂通过对儒家典籍及《道德经》的选择及重新编排，搭建起了具有现代意义的"人学"大厦。林语堂的人学思想包括两个维度：社会的人和个体的人。社会的人体现在对儒家思想的整理中。林语堂通过对《中庸》《大学》《论语》《礼记》《孟子》的重新编排及筛选，建构起了其人学的一个方面。儒家的"人"是社会关系网络的中心节点，探讨人与人、人与社会的关系。林语堂所重构的孔子人学包含个体的内在修养、维系理想社会所应遵循的个人行为规范、教育之于"立人"的重要性三个方面。而林语堂在《老子的智慧》中所提取的则是"人学"的另一个侧面，即人的个体性。老子试图通过回归自然的方法来避免和矫正自然人性的异化，通过"无为"来恢复自然的崇高价值，从而建立起合乎自然的社会秩序，并且解放自然的人性。接着，本章阐述了林语堂对儒家思想的现代化阐释，林语堂对儒家传统"取其精华，弃其糟粕"，将儒家传统的基本价值与核心观念在新的社会历史语

---

① 　http://blog.sina.com.cn/s/blog_ 6165e4e00100qg92.html

境中进行调整与转化，试图挖掘儒家思想新的价值。林语堂对儒家思想的现代性阐释体现在两个方面：一是对孔子政治哲学的现代化重构，即强调 "王道" 的思想，摒除 "霸道"；二是对 "礼" 的合理成分的提取。林语堂认为，儒家的 "礼" 的现代意义在于 "礼" 可以看作是维护社会秩序、维护人际关系的内在准则和道德基础。接下来，本章探讨了林语堂跨文化翻译实践的具体策略。林语堂的 "中西文化溶合观" 决定了他 "和而不同" 的翻译策略。这一策略具体体现在以下三个方面：（1）对异质的强调；（2）强烈的读者意识；（3）以西喻中。此外，本章还通过分析林语堂对哲学关键词 "仁" 和 "礼" 的翻译来进一步阐明 "和而不同" 的翻译策略。最后，本章探讨了林语堂跨文化翻译思想与翻译实践的现实意义。在总结林语堂旨在融会中西、促进人类文化共同繁荣的翻译思想和翻译实践后，本章提出了翻译的核心意义以及译者应具备的文化素养。翻译的核心意义并不是权力斗争，而是使不同文化背景下的人们跨越语言的藩篱相互理解，促进人类文化的共同繁荣。而作为沟通中西的译者也应具有世界意识和文化使命感。此外，在基于《孔子的智慧》《老子的智慧》两部编译作品在西方世界的成功接受上，本章总结了林语堂的跨文化翻译实践对中国典籍英译工作的启示意义。

第三章

中国文化大使：林语堂英文著作中中国文化的传播策略研究

1974 年 10 月 10 日，林语堂在八十寿诞上收到了许多贺词。其中最深得他心的是曾虚白赠送的一桢立轴——"谢谢你把渊深的中国文化通俗化了介绍给世界"。

林语堂一生致力于"两脚踏中西文化"的中西文化融合的实践活动。在林语堂出国前，这两只脚所使用的力量大致是均衡的，而当 1936 年林语堂接住赛珍珠（Pearl S. Buck）抛出的橄榄枝后，他开始向"对外国人讲中国文化"这只脚倾斜。而他的文学创作作品、杂文或小说则是他"对外国人讲中国文化"的重要载体。

早在 1928 年，林语堂就在上海发行的英文报《中国评论报》（*The China Critic*）上发表英文文章。20 世纪 30 年代，林语堂成为《中国评论报》"小评论"专栏作者，作品包括《婚嫁与女子职业》《半部韩非治天下》《中国究有臭虫否》《说政治病》《冬至清晨杀人记》《谈言论自由》等。在这一专栏中，林语堂经常就当前社会政治中的一些问题做出独到的、一针见血的批评。一位中国作家能将英文运用自如，世事洞明，力透纸背，而且在一个批评当权者需担风险，甚至付出生命代价的年代，林语堂的胆量受到了西方读者的关注。

赛珍珠在中国居住多年，对中国有所了解。她以中国农村为背景的小说《大地》于 1932 年获普利策奖，并于 1938 年获诺贝尔文学奖。但作为一名外国作家，她始终觉得介绍中国有隔靴搔痒之感。因此，她想找一位中国作家，既能用英语写作，又"不致跟本国人民隔膜太远有若异国人然，而同时又须立于客观的地位，其客观的程度是以领悟全部人民的旨趣"①。因此，1933 年，赛珍珠登门拜访林语堂，动员林语堂写一些介绍中国的书到美国出版。赛珍珠谈道："某些在中国住过几年的西方人，回国以后就以'中国通'自居，著书立说。但是，

---

① Lin Yutang：*My Country and My People*，Beijing：Foreign Language Teaching and Research Press，2009，p. XVII.

这些著作充其量不过是海外猎奇，或者是对小脚、辫子之类的丑恶大展览。"①
林语堂说："我倒很想写一本书，说一说我对中国的观感。"于是，两人一拍即
合，《吾国与吾民》应运而生。1935 年，《吾国与吾民》由赛珍珠夫妇的约翰·
黛公司出版。《吾国与吾民》一炮打响，好评如潮，在 1935 年 4 个月间印了 7
版，在当年美国畅销书上名列首位。赛珍珠夫妇认准了林语堂的才华和潜力，并
深信林语堂的笔力与西方读者的接受是对路的。因此，1936 年，他们正式邀请
林语堂到美国专事写作。

在《吾国与吾民》后，林语堂的又一力作《生活的艺术》被美国"每月读
书会"推荐为 1937 年 12 月的特别推荐之书。《生活的艺术》在美国取得了惊人
的成功，连续 52 周蝉联美国畅销书排行榜榜首，并成为 1938 年全美年度最畅销
书。此外，《生活的艺术》还被翻译成十多种其他语言，在不同的国家出版。

继《吾国与吾民》《生活的艺术》成功后，林语堂又创作了《京华烟云》
《风声鹤唳》《唐人街》《朱门》《奇岛》《红牡丹》《赖柏英》《苏东坡传》《武
则天传》《啼笑皆非》《讽颂集》《中国的生活》《不羁》等多部作品。在这些作
品中，林语堂或有意识地展现中国文化，或对中西文化的融合交流进行思考和
探索。

在 20 世纪中西方文化交流史上，文学是不同文化间相互交流的重要手段。
在《文化类同与文化利用——世界文化总体对话中的中国形象》一书中，史景
迁（Jonathan D. Spence）对 20 世纪西方文学作品中的中国叙事进行了梳理。这
些文学作品包括卡夫卡的《万里长城建造时》（*The Great Wall of China: Stories and
Reflections*）、马尔罗的《人的命运》（*La Condition Humaine*）、布莱西特的《四川
好人》（*Der Gute Mensch Von Sezun*）、博尔赫斯的《交叉小径的花园》（*El Jardin
de Senderos que se Bifurcan*）、卡尔维诺的《看不见的城市》（*Le Città Invisibili*）以
及艾兹拉·庞德的诗作等。史景迁在该书结尾总结说：我所谈到的大多数作家都
是在他们感到自己所处的文化前途未卜的时候开始研究中国的。对于那些深怀不
安感和焦虑感的西方人来说，中国在某种程度上成了他们的一条出路或退路。②
这些作家将中国、中国文化视为"他者"。

在涉及中国叙事的文学作品中，作者的身份和文化立场与他们在作品中传达

---

① 林语堂：《八十自叙》，北京：宝文堂书店，1990 年，第 121 页。
② 史景迁：《文化类同与文化利用——世界文化总体对话中的中国形象》，廖世奇、彭小樵译，北
京：北京大学出版社，1997 年，第 186 页。

中国文化的方式和策略有重要的联系。外国作家对中国的描述最大的问题在于无
论作家本人对中国文化如何仰慕，他始终是中国文化的"他者"，即使是对中国
文化有广博了解的研究学者也是如此。此外，他也很难完全摆脱自己文化的潜在
影响，对中国文化做出客观的判断。赛珍珠在自传《我的中国世界——美国著名
女作家赛珍珠自传》（*My Several Worlds*）里将自己的生活环境比作一个双重世
界。其中之一是自己的根源所在，即白人的世界；另一部分则是自己成长生活的
世界，即华人世界。在赛珍珠看来，这两个世界是相互隔绝的，"两者之间隔着
一堵墙"①。

在林语堂看来，自己是既具有东方精神也具有西方精神的人。但是，他和赛
珍珠的不同在于，在他的精神世界里，这两个世界是互通的，可以穿梭自如。林
语堂在《吾国与吾民》的译者序中认为自己是向西方介绍中国文化最合适的人
选。在林语堂看来，身居海外的汉学家和图书馆学家并不适合，因为他们只是通
过儒家经典来反映中国社会。而鉴于中国文化的深度和广度，那些通过厨子和老
妈子，通过阅读《字林西报》来了解中国的假中国通也无法胜任。首先，他们
难以逾越语言的鸿沟。其次，要介绍像中国文化这样与西方文化迥异的文化，除
需要博爱的情怀外，还需要站在一个中立的立场，摆脱深植于自己血液中的西方
文化思维定式以及在成长过程中逐渐形成的对中国文化的刻板印象。② 而这些来
自西方的中国通们却很难摆脱对中国的先见。林语堂认为，要站在一个超越自身
文化的高度，才能真正理解一种异族文化。此外，普通的中国人也并不是中国最
好的介绍者，对于身处中国文化之中的普通中国人来说，以一种冷静公正的态度
对自己的文化有清醒的批判和认识是一件很难的事。

林语堂认为，在认识中国文化时，应持"既能欣赏，又能批判，既用理智，
又用情感"的态度。林语堂指出，他与那些中国通不同的是，他拥有一颗炽热的
中国心。"他知道在他的血管里澎湃的是既有自豪也有耻辱的中国血。"③ "他苦
心钻研了西方美好与璀璨的东西，但他还是回到东方来了。在接近 40 岁时，他

① 赛珍珠：《我的中国世界——美国著名女作家赛珍珠自传》，尚营林、张志强等译，长沙：湖南文
艺出版社，1991 年，第 9 页。
② Lin Yutang：*My Country and My People*，Beijing：Foreign Language Teaching and Research Press，
2009，p.7.
③ Lin Yutang：*My Country and My People*，Beijing：Foreign Language Teaching and Research Press，
2009，p.13.

的东方血液将他战胜了。"①他是中国人，他不仅用理智，也用情感去思维。

在这篇序言里，林语堂已经表现出文化人类学的观察方法和研究态度。林语堂指出，要真正观察中国，要"考察普通人的而不是非普通人的道德价值，考察在表面英俊优雅的仪态之下真正的礼貌与谦恭程度，考察妇女奇装异服遮盖下的真正妇女特征与母亲气质，观察男孩子的调皮与女孩子浪漫的白日梦"②。

在《吾国与吾民》和《生活的艺术》中，林语堂实现了他人类大同的文化理想，力图客观、公正地看待中国文化。但正如斯图亚特·霍尔所指出的，文化身份并不是固定的、已经完成的，"而应该把身份视作一种'生产'，它永不完结，永远处于过程之中，而且总是在内部而非在外部构成的再现"③。

因此，当中华民族处于生死存亡之际，林语堂骨子里所流淌的中国血将他从文化的中间地带拉回到民族文化的阵营中。不过，林语堂的民族文化本位并不是为了权力斗争，而是以"中国文化大使"自居，希望通过传播中国文化来获得国际认同与支持。这一时期的英文小说如《京华烟云》《风声鹤唳》便体现了林语堂的这一转变。在这些作品中，林语堂将中国文化灌注于一个个鲜活人物的日常生活，将中国文化通俗化了介绍给世界。林语堂对中国文化的介绍，不仅在于中国叙事本身，值得关注的是，在这些作品中，林语堂通过翻译植入了中国文化元素。

第一节　移民作家英文著作中的翻译元素

在《当今世界的翻译研究：今天与明天》（"Translation Studies in the World：Today and Tomorrow"）一文中，根茨勒对翻译研究的未来进行了展望。根茨勒指

---

① Lin Yutang：*My Country and My People*，Beijing：Foreign Language Teaching and Research Press，2009，p.14.

② Lin Yutang：*My Country and My People*，Beijing：Foreign Language Teaching and Research Press，2009，p.15.

③ 斯图亚特·霍尔：《文化身份与族裔散居》，刘象愚、罗钢编《文化研究读本》，北京：中国社会科学出版社，2000年，第208页。

出，"非翻译"（non-translation）中隐藏的翻译现象亦应纳入翻译研究者的视野。① 根茨勒以美国第一、二代移民的英语写作为例，他指出在这些移民作家的作品中蕴藏着翻译元素，如主人公与父母或祖父母的对话。这些对话虽然是用英文表达的，但实际上可以明显看出是在表述另一种语言，实质上是对移民母语的翻译。

除根茨勒以外，许多其他学者也开始关注写作与翻译的联系。提莫志克在《后殖民写作与文学翻译》（"Post-colonial Writing and Literary Translation"）一文中，对"后殖民写作"与"文学翻译"进行了比较分析。提莫志克着重挖掘两者之间存在的相似之处。提莫志克认为，两者具有以下相似点：

（1）从词源来看，"翻译"这个词意味着一种运输（carry across）活动。从这个意义上来说，后殖民写作可以被视为翻译的一种形式。在后殖民写作中，文学遗产从一个被人膜拜的地点转移到另一个地点。在这一新的地点，这些遗产将会被保存、生根并迸发新的生命。但译者的翻译对象是固定的、具体的文本；而后殖民作家写作的基础则是由自身文化、传统为基础的"元文本"（metatext）。

（2）"文学翻译"与"后殖民写作"均会受到文化干预所带来的束缚。

（3）译者对原文的折射（refraction）与少数族裔作家在表达母国文化时所做的选择具有相似性，因为没有一种文化能在文学文本中被完整体现出来。

（4）许多译本所出现的问题也是后殖民写作的突出特点，如翻译特定词汇时译者所面临的困扰。译者必须翻译源语文化独有的、译入语读者所不熟悉的一些文化因素，如物质文化、社会结构、自然世界。这些因素通常编码在特殊的词汇中，在译入语文化中没有对应的词汇。在这种情况下，译者有如下几种选择：省略或选择译入语文化中的相关词、直接输入源语词汇（或加脚注进行解释）、释义、选择译入语中的某个生僻词并拓展该词的语义范围。此类特点也同样存在于后殖民写作文本的词汇中。

（5）无论是在后殖民文学文本还是在文学翻译中，与历史事件及历史人物相关的信息往往会被明晰化。

（6）无论是译者还是后殖民作家都会陷入这样一种两难的境地：一方面要生产出富有大量异质材料的文本，这些异质材料对于接受语读者来说都是难以理解的；另一方面，在文本中会有大量的阐释及明晰化的信息。无论哪一种选择都

---

① Gentzler Edwin："Translation Studies in the World：Today and Tomorrow"，杨自俭编《英汉语比较与翻译》6，上海：上海外语教育出版社，2006 年，第 33 页。

会损害文本作为文学作品被接受的情况。

（7）这两种跨文化的写作模式都包含预规范（preliminary norms），即以源语文化为中心还是以接受语文化为中心的总原则。操作规范指导着文本在文化转换的过程中所做的许多细小的选择。

一些移民作家的观点也与提莫志克不谋而合。美籍印度裔作家裘帕·拉希莉（Jhumpa Lahiri）是第一位获得普利策奖的印度裔作家。她生于伦敦，长在美国，18 岁成为美国公民。正如她自己所说，她并不是严格意义上的双语作家，尽管她希望自己是。她的小说描写的是居住在美国的印度人以及仍留在印度的印度人的故事。许多评论谴责她作品中所反映的印度是错误的、不真实的。她说："我是第一个承认我对印度的了解是有限的人，我对印度的表述完全是翻译而已。"① 她甚至说："几乎我小说中所有的人物都是译者。"② 在这篇文章的结语部分，拉希莉宣称："无论我是以一个美国人还是印度人的身份写作，无论我写的是关于美国人或是印度人的事，有一件事是始终如一的：我在做翻译。"③ 在这里，拉希莉将"翻译"等同于"阐释"。她所谓的翻译其实是对她所理解的印度的一种阐释。

美国著名华裔作家汤亭亭在一次采访中也提到，她在创作《女勇士》和《中国佬》时，感到自己所做的是在为读者翻译中国文化，她所翻译的不仅仅有日常生活中人们的谈话，同时还包括一些深层的文化元素，如中国的神话和历史故事。④

这些移民作家所谓的翻译类似于西方人种志中的"文化翻译"这一概念。作为人类学的一个分支，人种志着力于对不同人种不同文化的描述。人种志学者认为他们的任务是为西方人提供有关"前所未知的"民族的一套知识。人种志学者爱德华·埃文斯－普里查德（Edward Evans-Pritchard）在1951年的一份报告

① Jhumpa Lahiri： "My Intimate Alien"，*Outlook*（New Delhi），special annual issue on "Stree"［Woman］，2000，p.118.

② Jhumpa Lahiri： "My Intimate Alien"，*Outlook*（New Delhi），special annual issue on "Stree"［Woman］，2000，p.120.

③ Jhumpa Lahiri： "My Intimate Alien"，*Outlook*（New Delhi），special annual issue on "Stree"［Woman］，2000，p.120.

④ P. Skenazy，T. Martin， "Conversations with Maxine Hong Kingston"，P. Skenazy *Kinston at the University*，Jackson：University Press of Mississippi，1998，p.145.

里将这种任务描述为"文化翻译"①，即将一种文化当作一个文本。

萨尔曼·拉什迪把自己及其他一些后殖民离散作家称作"被翻译的人"②。拉什迪对"翻译"一词进行了溯源。"翻译"最初是指"运输"（carry or bear across）。拉什迪认为自己从印度被运送到了英国，因此，他是一个被翻译的人。

霍米·巴巴在《文化的定位》（*The Location of Culture*）的最后一篇《新意是如何进入世界的：后现代空间、后殖民时代和文化翻译的尝试》（"How Newness Enters the World：Postmodern Space，Postcolonial Times and the Trials of Cultural Translation"）中引入了"文化翻译"这一定义。巴巴并未给出"文化翻译"这一概念的具体含义。在巴巴看来，"文化翻译"的一个典型的例子便是拉什迪的《撒旦的诗篇》（*Satanic Verses*）。巴巴指出："翻译是文化交流在行为层面上的本质。"③并且他将移民在文化上的不同化与本雅明的"不可译性"等同起来。

巴巴在这一部分中所提到的"文化翻译"并不是指不同语言之间、不同文化之间涉及具体文字转换的翻译活动。巴巴所谓的"文化翻译"实际上是指移民的过程及状态。

正如特拉维蒂（Harish Trevedi）在《翻译文化还是文化翻译》（"Translating Culture vs. Culture Translation"）一文中所强调的，如果这就是所谓的"文化翻译"的话，我们应该担心"翻译"这个词的定义，"我们疑惑为什么'文化翻译'这一搭配会用到'翻译'一词。'文化翻译'虽然是一个新的表达，但是诸如'移民'、'流放'、'离散'已存在，并足以表达其意义。"④特拉维蒂号召那些从事过文学翻译或阅读过翻译作品的人联合起来捍卫"翻译"这个词。特拉维蒂甚至强调，如果双语、双文化的这一根基崩塌，我们会很快进入一个完全被翻译的、单语的、单一文化的、统一的世界。而且翻译本身也会变得无法翻译或去翻译化。

然而，笔者想要指出的是，虽然移民作家的文学作品整个文本并不是翻译，但是，在这些移民作家的文学作品文本中却蕴藏着翻译元素。这些翻译元素包括

---

① 转引自赫尔曼：《翻译的再现》，谢天振编《翻译理论建构与文化透视》，上海：上海外语教育出版社，2000 年，第 17 页。

② Salman Rushdie：*Imaginary Homelands: Essays and Criticism 1981－91*，London：Granta Books，1991，p.16.

③ Homi K. Bhabha：*The Location of Culture*，London and New York：Routledge，1994，p.228.

④ Harish Trivedi："Translating Culture vs. Cultural Translation"，Paul St. Pierre，Prafulla C. Kar，eds.，*In Translation—Reflections，Refractions，Transformations*，Philadelphia：John Benjamins Publishing Co.，2007，p.285.

母语文化所特有的文化专有词，母语文化所特有的成语、俗语、方言，原本载体为母语的人物对话以及母语文化中的文化典籍及文学作品。其原因如下。

首先我们来看贝尔的翻译过程认知图式：

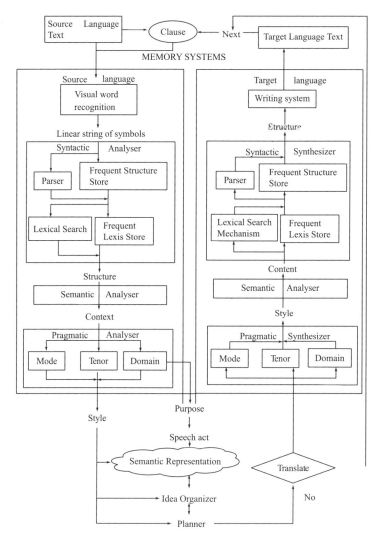

（1）就翻译的对象而言，译者所翻译的是具体的文本。以贝尔的翻译过程图式为例。贝尔将翻译的过程分为"分析"与"合成"两个部分。这两个阶段各自包括三个不同的层面：句法、语义及语用。在贝尔的翻译图式中，译者从源语文本出发，通过词汇识别系统，将源语转化成线性的符号串，再对符号串进行句法、语义、语用分析。分析的结果成为"语义表现"（semantic representation）。

"语义表现"包含句法、语义和语用三个层面的详细信息。此外，分析的结果也会进入"计划器"（planner），"计划器"将决定翻译前的阅读活动是否继续，更为重要的是决定是否翻译。如果"计划器"决定不翻译，那么分析的结果将留在译者的头脑中，成为基拉利（Kiraly）提出的翻译认知图式中存储于译者长期记忆中的"文化图式"（cultural schema）。"文化图式"是指以文化背景知识为基础的图式，它通过一种知识的组织模式将有关文化的知识储存在大脑中。对于移民作家来说，与普通译者不同的是，他们在翻译母语特有的文化元素时，起点并不是具体的、物化的源语文本，而是存在于自己头脑中的"文化图式"。在合成阶段，移民作家与普通译者是一致的，他们从"分析"阶段的结果出发，通过语用、语义及句法的合成完成翻译过程。因此，当具有双语背景的读者在读到移民作家文学作品中有关母语文化元素的表达时，他们在头脑中会自然回译到母语原文。林语堂《风声鹤唳》的汉译者梁绿平在《文学作品英汉复译中一些非语言范畴的难点——林语堂〈风声鹤唳〉译后体会》一文中便将翻译这种用外文写成、描述中国事务的作品与常见的中译外、外译中相区别，将其称为"复译"，即"回译"。梁绿平在文中以大量的例子阐明自己在回译成汉语时所遇到的困难，如诗词歌赋、辈分称谓、风俗习惯、专有名词。

（2）文学翻译与移民作家对母语文化元素的表达这两种跨文化的写作模式都会遵守两种规范——预规范和操作规范。在预规范层面上，他们要决定是以源语文化为中心还是以接受语文化为中心。在操作规范上，两者均面临如下选择：省略或选择译入语文化中的相关词、直接输入源语词汇（或加脚注进行解释）、释义、选择译入语中的某个生僻词并拓展该词的语义范围。

第二节　《京华烟云》中的翻译元素分析

1937 年 7 月 7 日，日本在北平郊区卢沟桥挑起事端，发动全面侵华战争。身在美国的林语堂十分关注国内的抗战局势。林语堂在给陶亢德的一封信中写道："三月来美国华侨所捐已达三百万余元，洗衣铺饭馆多按月认捐多少，有洗衣工人将所储三千小币（值五分者）全数缴交中国银行，精神真可佩服。所望维何？

视角与阐释
林语堂翻译研究

岂非中国国土得以保存？国若不存，何以家为？此华侨所痛切认识者。"① "国若不存，何以家为？"正是在这种意识的驱使下，林语堂拿起手中的笔为抗战奔走呼号，争取国际援助。1937 年 8 月 29 日，林语堂在《时代周刊》上发表了题为"日本征服不了中国"的文章。在这篇文章中，林语堂对中日战争的局势进行了剖析，并向全世界控诉了日本侵略中国的恶行。林语堂在文中指出，在这场战争中，最后的胜利一定属于中国。他在《新民国》（*The New Republic*）、《大西洋》（*The Atlantic*）、《美国人》（*The American*）、《国家》（*The Nation*）、《亚洲》（*Asia*）等杂志写文章，谈"中国对西方的挑战""中国枪口直对日本""西方对亚洲需有政治策略"等问题。《纽约时报》请林语堂捉笔阐释中日战争的背景。中国驻美大使王正廷邀请林语堂去华盛顿，向美国人陈述中国的立场。然而，当时的美国政府对中日战争采取了隔岸观火、袖手旁观的态度。林语堂对此十分不满，并萌生去意。此时正值《吾国与吾民》第十三版再版之际，林语堂重写了最后一章。最后一章原本是针砭中国社会当时的积习并呼吁改革。林语堂将这一章删掉，重新创作了长达 80 页的第十章，取名为"新中国的诞生"。在这一章中，林语堂解释了近百年来，中国一方面固然吸收西方的文化和科学，一方面却被西方及强邻欺凌，不得已被迫产生一个新的中国。林语堂写道，卢沟桥的战火促使中国终于统一，决心抵抗敌人。他预料，美国虽然同情中国，每每唱"国际友谊"的高调，但美国以及其他太平洋国家会保持疏远的态度，以免陷入纠纷。

1938 年春，林语堂举家离开纽约，迁入法国南部靠近意大利边境的小镇蒙顿。但蒙顿地处偏僻，消息闭塞，全家人都觉得无趣，特别是无法得到关于中日战争的任何消息，因此，一个月后，全家搬到巴黎。

林语堂在给陶亢德的信中说道："弟每晨夕坐卧之际，凝思此时此刻，我军我民众非在台庄临沂与敌人厮杀，便是在五台山左右拦截粮草，死者几何，伤者又几何，所拼者老命，所牺牲者血肉，又非平常喊抗日抗日所可比。思令书生愧死，每思此枝笔到底有何用处？若谓海外宣传，分工合作，人尽其才，亦仅足解嘲而已。书生所谈决不能影响大战前途于万一，将来胜败，全仗老百姓前阵作战后方组织之精神耳。……美国杂志，近已一律变为高等报章。论文以叙事为主，谁有特别材料，谁登出去。若今天也者，理论空谈，绝难获选。况公开宣传即失宣传，此国人多未知之道理也。……"② 林语堂在信中向老友感叹自己在美国报

① 《宇宙风》第 57 期（1938 年 1 月 11 日）。
② 《宇宙风》第 74 期（1938 年 9 月 1 日）。

124

刊上陆续发表的一些政论实际收效并不理想，而且难以发表，深感自己对抗战出力甚微。因此，林语堂开始思考怎样做才能更加有效。

1938 年，林语堂应邀为兰登书屋的"现代丛书"（Modern Library）编译《孔子的智慧》，向英语国家的读者介绍孔子学说。在《孔子的智慧》取得巨大的成功并获得良好的读者反响后，林语堂本打算继续通过翻译弘扬中国文化。他原计划将《红楼梦》译成英文。但正如林语堂在《八十自叙》中所提到的，在经过反复思量以后，林语堂改变了这一计划，因为《红楼梦》毕竟离当时的社会生活太远。林语堂决定模仿《红楼梦》的表现手法，创作一部反映当时中国社会的小说。① 林语堂在《给郁达夫的信》中提到了在当时的社会语境中选择"小说"这一艺术形式的原因。当时西方社会中的政论宣传，数量虽多，但影响力却不大。在权衡各种文学形式后，林语堂认为，只有"小说"才能深入人心，取得最好的宣传效果。②

这部小说便是林语堂写作的第一部英文小说——《京华烟云》（*Moment in Peking*）。林语堂于 1938 年 8 月 8 日动笔，历时整整一年，1939 年 8 月 8 日脱稿。小说以北京城中姚、曾、牛三大家族中三代人的生活为线索，真实地再现了 20 世纪初期到抗战初期中国社会的时代面貌与生活画面。

林语堂在《我怎样写〈瞬息京华〉》一文中写道："写此书时，书局老板劝我，必以纯中国小说艺术为目标，以'非中国小说不阅'为戒，所以这部是有意的仿效中国最佳小说体裁而写成的。"③ 林语堂通过研究，把中国小说艺术归纳为几点，即"（一）重人物，不重结构，人物杂，布景宽。（二）注重日常生活，家常琐细，尤看重佣仆丫头喽啰。（三）文章波澜。（四）分宾主。"④《京华烟云》人物众多，结构宏大，线索交错。《京华烟云》试图像《红楼梦》一样，借宏大的结构和众多的人物来表现 20 世纪初从晚清到民国的社会生活画卷。

然而，从现代小说的写作技巧来看，《京华烟云》并不是一部成功的长篇叙事作品。小说中人物形象大多扁平，性格鲜明、形象丰满、内心复杂的人物很

---

① 林语堂：《八十自叙》，北京：宝文堂书店，1990 年，第 135 页。

② 林语堂：《给郁达夫的信》，《林语堂名著全集》第 18 卷，长春：东北师范大学出版社，1994 年，第 295 页。

③ 林语堂：《我怎样写〈瞬息京华〉》，陈子善编《林语堂书话》，杭州：浙江人民出版社，1998 年，第 346 页。

④ 林语堂：《我怎样写〈瞬息京华〉》，陈子善编《林语堂书话》，杭州：浙江人民出版社，1998 年，第 346 - 347 页。

少；从叙事层面来看，小说叙事角度单一，不善于通过变换叙事角度来深刻展现人物心理；从故事结构来看，整篇小说缺乏一条贯穿全书的情节线索。但《京华烟云》又无疑是成功的。《京华烟云》惊人的销量、在欧美读者中的良好口碑以及诺贝尔文学奖的青睐无不证明着这部小说的过人之处。其过人之处就在于林语堂有着清醒的读者意识，他知道对于对中国文化缺乏"前理解"的普通西方民众来说，要真正理解普通中国人的生活是非常困难的。他以文化叙事和中国文化元素的系统展示为对中国文化缺乏"前理解"的异国读者创造了一个理解异国文化的现实情景。主编《林语堂名著全集》的梅中泉在《总序》中对《京华烟云》做了如下评价："这部洋洋七十万言的巨著以北京城中三大家族的兴衰史和三代人的悲欢离合为线索，反映了从义和团到抗日战争的中国社会的深刻变化。有名有姓的人物达九十多个：高层之清朝皇室的太后皇帝、民国政府的总统总理、北洋军阀的狗肉将军、北京文化界的一代宗师，中层之高官、巨贾、老爷、少爷、太太、小姐、底层之芸芸众生，无不包揽。他们的性格特点、行为方式、制约行为方式的价值观念，以及他们活动的自然环境和人文环境，都在不同程度上得到描绘和揭示。于是，拳民造反、八国联军、辛亥革命、"五四"运动、军阀混战、北伐烽火、全民抗日等重大事件均囊括其间。这些重大事件是展现在历史舞台的活剧，固然煞是好看，更耐看的还是活剧之后的背景，即中华民族的文化，包括政治、经济、哲学、宗教、文学、艺术、民俗等。此书内容是如此之丰富，简直堪称近现代中国的百科全书。"①

为抗日争取国际援助以及弘扬中国文化的明确写作目的、争取西方民众这一明确的目标读者使《京华烟云》这部小说充满了与众不同的特质。目的决定策略。在《京华烟云》中，林语堂将自己作为中国文化的代言人，因此，此书的一大特点便是林语堂的文化叙事。

叙事学中的"叙事"指具备两个必不可少要素——故事和故事叙述者——的叙事文学作品。②叙事时间是作家最常运用的一种重要的叙事话语与叙事策略。作家常通过叙事时间与故事时间的不同，来突出作品的重要部分。叙事时间中故事时间与叙事时间长短的比较称为"时距"，"它的意义在于可以帮助我们确认作品的节奏，每个事件占据的文本篇幅说明作者希望唤起注意的程度……"③ 时

① 梅中泉：《总序》，《林语堂名著全集》第1卷，长春：东北师范大学出版社，1994年，第3页。
② 罗钢：《叙事学导论》，昆明：云南人民出版社，1994年，第158页。
③ 罗钢：《叙事学导论》，昆明：云南人民出版社，1994年，第146页。

距的长度变化，表现了叙事节奏的快慢。在叙事中，"时距"为零的一种情况是"停顿"，即故事时间暂时停止，情节静止不动，叙事篇幅相对较长，叙事节奏缓慢。《京华烟云》有很多的停顿。这些停顿是通过对中国文化的阐释和说明来体现的。

在第一部分里，木兰在逃难途中与家人失散，遇到了举家回乡避难的京官曾文伯。曾文伯将木兰接到泰安祖屋暂居。聪慧的木兰受到曾家人的喜爱。曾家特地接大儿子平亚的未婚妻曼妮陪伴木兰。在曼妮出场时，林语堂这样形容她："曼妮是一个小镇里长大的简单的女孩。她的父亲是受了儒家正统教育的夫子。曼妮在父亲那里接受了一套完整的传统旧式妇女的教育。"① 接着，林语堂笔锋一转，直接插入了一大段阐释性的文字来说明接受旧式教育的中国妇女："传统教育并不指从书本中学到的东西，这只是教育中很小的部分。传统教育是指对举止言谈、行为规范的传授，这一教育体现在对女性四个方面的训练中，即'妇德，妇言，妇容，妇工'。这四个方面体现了长期以来根深蒂固的女子教育的传统。在这一传统中，少女时期是一很重要的准备阶段，古代的女孩子都期望能接受这些教育，那些能读书写字的女子尤为如此。这是一种理想，明确牢固，历史上那些著名的妻子及母亲的故事能充分阐释这一理想；同时，这也是行为举止的明确规范。……'妇德'在于勤俭、恭顺及与亲人和睦相处；'妇容'体现在穿着整齐；'妇言'指妇女说话要柔声细语，不能论人是非造谣生事，不能在丈夫面前指责他的兄弟姐妹；'妇工'指的是好的厨艺、针线、刺绣。如生在书香门第，需能读书写字，会点诗文，但也不能将心思全花在吟诗作赋上。如果懂点历史，略会作画则更好。"② 哈金在《移民作家》一书中这样评价："正因为林语堂将自己视作中国的文化代言人，因此，（《京华烟云》的写作）存在两个不足。首先，作者过于热切地向西方读者呈现中国文化，小说中穿插了大量的关于中国妇女的教育、中医中药、婚姻中的五行相合等的段落。这些段落读起来就像一篇篇小文章，与故事情节发展不相协调，打乱了叙事的节奏，使文章读起来粗糙，仿佛是草稿。"③

这些大量停滞于情节发展之外的"小文章"在《京华烟云》中还有很多。

---

① Lin Yutang：*Moment in Peking*，Beijing：Foreign Language Teaching and Research Press，2009，p. 63.

② Lin Yutang：*Moment in Peking*，Beijing：Foreign Language Teaching and Research Press，2009，pp. 63 -64.

③ Ha Jin：*The Writer as Migrant*，Chicago & London：The University of Chicago Press，2008，p. 17.

如第一部分"道家的女儿"中对婚、丧、嫁、娶风俗的细节描述，对中医病理学、道教文化、民间节日文化的阐释。第二部分"庭园的悲剧"中对中国园林建筑艺术以及吃螃蟹赏菊花过中秋节日文化的展现。第三部分"秋之歌"中对儒道之区别、杭州美食——醉蟹与叫花鸡做法的说明。

这些叙事上的频频停顿、对中国文化背景的补充，超出了小说刻画人物或事件叙述的需要，有一种民俗整理的倾向，从而具有"文化人类学"特点。这些阐释和说明性的文字也类似于提莫志克的"文化翻译"。陈平原认为林语堂在《京华烟云》中过于热情地介绍了中国的风土人情、中国人的生活习惯与人生态度，却相对忽略了小说和人物的艺术生命。他对《京华烟云》做了一个评价："与其作为小说读，还不如作为形象化通俗化的文化史著作读有趣。"①

此外，在《京华烟云》中，林语堂将中国文化元素大量地植入故事中。这些文化元素涵盖广泛，既有表层文化，也有深层文化。林语堂通过翻译将这些中国文化符号进行系统的展示，使英美读者强烈地感受到另一种文化的在场。

《京华烟云》中林语堂通过翻译展示的中国文化元素可以分为以下几类：

（1）人名称谓。

《京华烟云》人物众多，关系庞杂。许多人名称谓深植于中国文化背景中，为中国文化所独有，承载着大量的文化信息。下文括号内的中文为笔者所加。

1. *Tachieh*（eldiest sistesr）（大姐）
   Erh Hsiaochieh（number two daughter）（二小姐）
   Taitai（太太）

2. The servants of the house, however, had to call her "*Yima*"（姨妈）or "*Chien Yima*," Chien being her family name. She was a maid from Mrs. Tseng's maiden home, who had accompanied her at the wedding and jointed the Tseng home. Since Mrs. Tseng had given birth to two boys and since she was often ill. And Cassia was always obedient, the promotion of the maid into concubine was perfectly natural.

3. "... by and by, *Saotse*（嫂子）, you can go in to see him first,..."

---

① 陈平原：《在东西方文化的碰撞中》，杭州：浙江文艺出版社，1987年，第58页。

此外，在这本小说中，许多人物名称也有特定的文化含义，是塑造人物形象的重要部分。有些人名寓意深刻。如果了解这些人名背后的文化寓意，读者能更好地把握人物形象。如木兰与莫愁两姐妹，她们的名字分别暗示了她们不同的性格及命运。因此，将姓名的来由及寓意进行翻译是很有必要的。例如：

4. *Mulan* (magnolia) （木兰）was the name of a Chinese Joan of Arc, celebrated in a well-known poem, who took her father's place as a general in an army campaign for twelve years without being recognized and then returned to put on rouge and powder and to dress as a woman again. Mochow （莫愁）meaning "don't worry", was the name of a lucky girl in a rich family, after whom a lake outside the Nanking city wall is still named today.

（2）文化专有词。

"文化专有词目，主要指那些为一定民族文化专有或蕴含特殊文化信息的词语。这类词语反映了两种语言符号和两种文化的不对等，表现为源语词目与译语词之间义值错位、部分对等或无等值物的对应关系。"①

《京华烟云》中的文化专有词可以分为如下几类：

为源语文化所独有，在译语中很难找到等值的词，甚至出现词汇空缺。例如：

5. Now, the grandmother had brought from Shantung some countrystyle *tsuntse* （粽子）. These were solid triangles made of glutinous rice stuffed with ham and pork or black sugar and bean flour, and wrapped in bamboo leaves and steamed.

6. But Mulan began to love the lyrics of the Sung period, known as *tse* （词）, which had lines of irregular length and were entirely of musical origin, being texts written for set tunes and limited by the rigorous requirements of musical tones as determined by the tune.

---

① 李开荣：《文化认知与汉英文化专有词目等值释义》，载《南京大学学报》2002 年第 6 期，第 150 页。

7. The principles of making a home are all contained in the two words *jen* (forbearance) （忍） and *jang* (yielding) （让）.

8. The very nomenclature of official titles had changed. Where were all the old associations? The literary degrees of *chuangyuan* （状元）, *pangyen* （榜眼）, *tanhua* （探花）, *bhanlin* （翰林）, *chinshih* （进士） were, of course, long gone. A cabinet minister was no longer called *langchung* （郎中）, a vice minister no longer *shihlang* （侍郎）, a governer no loner a *tsungtu* （总督）, and the magistrates no long *taotai* （道台） and *fuyin* （府尹）.

一些词语暗含某一文化特定的风土人情、社会习俗、生活方式等词外之义。这些词在源语文化中约定俗成，但译语读者却无法从字面上理解。

9. It was a simple children's agreement. They did not burn incense, nor worship Heaven in the courtyard, nor exchange the respective "eight characters" （八字） of their birthday and hour.

10. It is true that in 1900 Mulan was perhaps the only girl who had heard of these inscribed bones （甲骨） dating back to the eighteenth century, B.C. These things, containing the earliest examples of Chinese writing and now well-known because of their importance, were then just beginning to appear from an eroded river bank in Honan, at the site of the old Shang capital, and only a few collectors took an interest in them.

11. Curricula were changed and at the civil service examinations the conventional "eight-movement" essay （八股文） was to be replaced by essays on current politics.

12. The phrase "cotton gown" （布衣） suggested the life of the recluse.

（3）对话。

《京华烟云》中有大量的人物对话。在小说中，林语堂通过翻译力图表现地道的汉语，展现汉语的语言风格。这些对话虽然是以英语为载体，但其实是通过英语展现汉语思维及汉语中特有的表达。如：

13. "I will bring you good luck, and Old Father Heaven will bless you and you will live a hundred years,"...

"我会给你带来好运气。天皇老子会保佑你的，你会长命百岁的！"……

14. Mulan, all confused, could not say either "yes" or "no" but performed the usual ceremonial bowing and muttered in a trembling voice "Tseng *Laoyeh*, Ten-thousand fortunes! I greet you!"

木兰觉得很难为情，不知道说是，还是说不是，就照普通规矩，以颤抖的声音说："曾老爷，万福！我给您请安！"

15. When Liang's wife came to serve Yinging, she said to her, "I see you are an intelligent person, and understand this favor I am conferring upon you..."

老梁的妻子去伺候莺莺时，莺莺对她说："我看你是个聪明人，我这样提拔你，你一定明白。……

在这几个例子中，虽然文字都符合语法规则，但确是对汉语表达、汉语思维方式的直译。具有双语背景的读者在看到英文原文的同时，会很快地回译到汉语的表达。而在下面这几个例子中，林语堂将汉语通过音译的方式直接植入，并通过补充阐释使英语读者理解其汉语意思。

16. "*Liaoputeh*（了不起）!" said Mr. Fu, in enthusiastic praise, "You see our Scechen produces men. Born of the Spirit of the Omei Mountains, I should say!"

17. "But *meifatse*（没法子）. Who has the luck like you, young

mistress?" *Meifatse* was a common fatalistic phrase meaning，"there is no choice," or "one can do nothing about it."

18．"*Chiuyang*（久仰），" said Miss Donahue in Chinese with a foreign accent. She almost got her tones right.

19．"*Wangkuonu*（亡国奴）!" cried Taiyun，calling him literally a "sell country slave."

此外，林语堂通过翻译介绍的文化元素还包括汉字、成语俗语、方言、哲学诗词等。

（4）汉字。

20．He had told her that the poet Su Tungpo's son was called by the simple word *Kuo*（过），which might mean "crossing" his father's courtyard as Confucius's son did，or it might more probably mean just "A mistake." The poet Yuan Tsetsai's son was simply called *Achih*（阿迟），meaning "Late" because he was born when the poet was already in his old age.

21．"Call him *Hsiaofu*（孝夫），but with 'hsiao' in the falling tone and not in the rising tone，" suggested Mulan.

"That means 'Filial Fu'? It is a name that has been used."

"That，or the 'small' and 'flesh' *Hsiao*（肖夫），meaning 'like father like son,'" said Mulan.

（5）成语俗语。

22．"...it does not do to eat others' food without giving return. So we can pierce three hawks with one arrow（一箭三雕）..."

23．"What wind blew you here（什么风把你吹来了）so early in the day?" she asked delighted to find them there.

24. His first impulse was to take the next boat back and <u>settle accounts</u>（算账）with his mother，but on second thought he was afraid of what he had done.

25. "She would not cause more trouble at home. <u>You can change the face of a mountain，but you cannot change a person's nature</u>（江山易改，本性难移），" he replied.

26. I want only to know what made her <u>seek the short way</u>（寻短见）？

27. His method of stamping out communists was that of "<u>killing a chichen as a warning to the monkeys</u>（杀鸡骇猴），" arresting the leaders as a warning to the others.

（6）方言。

28. ...but Tijen had associated so much with Silverscreen that he contracted from her the Ningpo idiom "<u>ala</u>（阿拉）" for "I"，reinforced in time of argument by pointing to the tip of his nose.

29. Redjade *tsui*'d （啐） her，which was to make a motion of the mouth，similar to the English "pfui！"

30. What distinguishes the Peking accent from other dialects is not its vowels and consonants，but its calm tempo and its composed tone，good-humored and contemplative，the talkers ready to appreciate the full flavor of talk in forgetfulness of time. This leisurely view is in the very metaphors of its speech. To go shopping at a bazaar is but to <u>kuang</u>（逛）or "play" the bazaar，and to walk in the moonlight is to "play" the moonlight. The dropping of a bomb from an airplane is but the "<u>iron bird laying an egg</u>（铁鸟下蛋），" and to be hit by the bomb is but to "<u>win first price in the aviation lottery</u>（中了航空奖券）." Even to have blood streaking down from a wound

in one's temple is but to "hang a festoon of red silk（挂彩）!" Death itself is but to display "a crooked queen（翘辫子）," like a dead beggar on a roadside.

（7）哲学诗词。

《京华烟云》所展现的是以儒、释、道为支柱的中国传统文化，特别是道家的生活哲学。因此，在作品中林语堂通过翻译介绍了大量的儒家、道家思想。《京华烟云》上、中、下三卷的标题之下分别用了庄子的《大宗师》《齐物论》《知北游》中的三句话作为题旨。

31. To Tao, the zenith is not high, nor the nadir low; no point in time is long ago, nor by lapse of ages has it grown old.

在太极之先而不为高，在六极之下而不为深，先天地而不为久，长于上古而不为老。（《庄子·大宗师》）

32. Those who dream of the banquet wake to lamentation and sorrow. Those who dream of lamentation and sorrow wake to join the hunt... This is a paradox. Tomorrow a sage may arise to explain it; but that tomorrow will not be until ten thousand generations have gone by. Yet you may meet him any day just around the corner.

梦饮酒者，旦而哭泣；梦哭泣者，旦而田猎；……是其言也，其名为吊诡。万世之后，而一遇大圣，知其解者，是旦暮遇之也。（《庄子·齐物论》）

33. Therefore all things are one. What we love is the mystery of life. What we hate is corruption in death. But the corruptible in its turn becomes mysterious life, and this mysterious life once more becomes corruptible.

故万物一也。是其所美者为神奇，其所恶者为臭腐。臭腐复化为神奇，神奇复化为臭腐。（《庄子·知北游》）

此外，在《京华烟云》中，林语堂还介绍了大量中国文学作品，如李清照的《声声慢》。

总的说来，林语堂在翻译中国文化元素时采用的是一种阐释型的翻译法，即在翻译时采用大量的阐释性文字进行说明。林语堂的做法类似于阿皮亚的"深度翻译"。所谓深度翻译，是指在翻译中通过添加各种注释、评注和长篇序言等方法，将翻译文本置于丰富的文化和语言环境中使源语文化的特征得以保留。[①] 但不同的是，在"深度翻译"中，阐释性的文字是以文外的注释、评注、序言等方式为载体的，而林语堂的阐释型的翻译则将阐释性的文字直接嵌入文中。这些文字与作品本身构成了一个有机的整体。不过，就目的而言，林语堂的阐释型的翻译与阿皮亚的"深度翻译"颇为接近。这两种深度翻译的方法均旨在帮助目的语读者更好地理解源语文化，并由此产生对他族文化的敬意。林语堂的这种阐释型的翻译法在操作层面上具体表现为"音译 + 解释""直译 + 解释""意译 + 解释""音译 + 意译 + 解释"。

（1）"意译 + 解释"：先意译出词的字面含义，再通过增加注释使信息表达完整。

34. It is true that in 1900 Mulan was perhaps the only girl who had heard of these inscribed bones（甲骨）dating back to the eighteenth century, B. C. These things, containing the earliest examples of Chinese writing and now well-known because of their importance, were then just beginning to appear from an eroded river bank in Honan, at the site of the old Shang capital, and only a few collectors took an interest in them.

35. The spirit that possessed them and entered their bodies was the Monkey Spirit, Sun Wukung（孙悟空）, celebrated in the religious epic *Hsiyuchi.*

36. The Boxers, known as Yihotuan（义和团）, or " Union for Peace and Justice," were also a secret society. There were a branch of the White Lotus Society, which in the eighteenth century was plotting the overthrow of the Manchus.

---

① Kwame Anthony Appiah："Thick Translation", *The Translation Studies Reader*, Lawrence Venuti ed., New York and London：Routledge, 2000, p.427.

37. But Mulan began to love the lyrics of the Sung period，known as tse
（词），which had lines of irregular length and were entirely of musical origin，
being texts written for set tunes and limited by the rigorous requirements of
musical tones as determined by the tune.

（2）"直译＋解释"。

38. The "money tree"（摇钱树）was a tree whose branches consisted
strings of cash，and whose fruits were round pieces of gold，hanging down
like strings of elm-seeds.

39. The phrase "cotton gown" （布衣）suggested the life of the
recluse.

40. ...for vigilant guard should be kept lest Mannia in her despair should
seek a "short-sighted"（寻短见）way out，by which she meant suicide.

（3）"音译＋解释"，这种方法常见于文化缺省项的翻译。

41. Now，the grandmother had brought from Shantung some
countrystyle *tsuntse*（粽子）. These were solid triangles made of glutinous
rice stuffed with ham and pork or black sugar and bean flour，and wrapped in
bamboo leaves and steamed.

（4）"音译＋意译＋阐释"。

42. Now every woman knew the *Kuanyin*（观音），or Goddess of
Mercy，by her longer title "The Great Spirit of Great Kindness and Great
Mercy，Saving the Afflicted and the Distressed."

43. There was also a jade *juyi*（玉如意），a purely ornamental but
important formal wedding gift，usually placed on the table for display as a

symbol of good luck, although the original purpose of the queer-shaped *juyi* was obscure, it being too cumbersome even to serve as a baton for giving directions.

44. In time, the mother began soon to look upon Tijen as a yuanchia（冤家），"a predetermined enemy," as quarrelsome or fickle lovers fondly say, or as a son sent by fate to exact repayment of a debt that she had owned somebody in a previous incarnation, or, in plain terms, a son destined to squander the family fortune.

第三节　身份与阐释：
《京华烟云》与华裔美国作家作品中的
中国文化元素翻译策略比较

哈金在《移民作家》一书中指出："在一个作家职业生涯的开端，他常常为亚里士多德的问题所困扰，那就是——他应该为了谁，以谁的身份，为了谁的利益而写作？他对这些问题的回答会塑造他的文学观并决定着他写作的主题和写作风格。在这三个问题中，'以谁的身份而写作'是最麻烦的一个问题，因为这个问题包含了作者对自我身份及传统的认识。而身份及传统，虽然并非选择的结果，却是可以改变的。"①

身份"identity"源自晚期拉丁语"*identitās*"和古法语"*identité*"。它由表示"同一"（same）的词根"*idem*"构成。从这一词的本义来看，身份包含两层含义。身份既是一个群体的同一，也强调了群体之间的差异。身份的差异会对处于不同群体中的人的言说方式造成影响。

林语堂并不是唯一在英文写作中运用中国文化的人。许多华裔作家的中国故事里也包含大量的中国文化元素。他们在面对亚里士多德这一问题时所做的选择会对他们创作文本中中国文化元素的翻译产生不同的影响。

---

① Ha Jin: *The Writer as Migrant*, Chicago & London: The University of Chicago Press, 2008, p.3.

赵健秀（Frank Chin）在标志亚裔/华裔美国文学成为成熟的美国文学新品种的三部书籍之一的《哎呀！亚裔美国作家文选》（*Aiiieeeee! An Anthology of Asian-American Writers*，1974）里将亚裔美国文学定义为"出生和成长在美国的亚裔作家，他们对自身所属民族的所在国的了解都是从新闻媒体和书本中获知的，这样的作家用英文写的作品"①。后来，他和其他编写《大哎呀！华裔和日裔美国文选》（*The Big Aiiieeeee! Chinese-American and Japanese-American Literature*）的编者扩大了亚裔美国文学的疆界。他们指出，凡出生在美国之外，但有美国文化感性认识而对亚洲人生活无实际记忆的亚裔作家的作品也可算是亚裔美国文学。根据这两个定义，华裔美国作家是指那些生长背景在美国，对中国无实际感受和记忆，用英文写作的作家。

华裔美国作家不同于用中文写作、反映在中国生活经历的"海外华人作家"，如聂华苓、白先勇、严歌苓等人，也不同于生长在中国，而后移民美国用英文书写中国经历的"移民作家"，如哈金、裘小龙、闵安琪等。林语堂则更加特殊。林语堂移居美国三十多年，却一直拒绝加入美国国籍。在创作《京华烟云》时，林语堂将自己视为中国文化的代言人。他明确表示此书旨在向西人宣传中国文化，从而为中国的抗日战争取国际援助。因此，在写此书时，林语堂是以民族文化身份为本位的。

在《文化身份与族裔散居》一文中，美国文化研究学者斯图亚特·霍尔将文化身份的存在方式分为两种。第一种文化身份是一种共有的身份。处于同一个民族、同一种文化中的人们共享这样一种身份。这一身份具有历史延续性，反映某一文化、某一民族共有的历史经验和文化背景。"这种经验和符码给作为'一个民族'的我们提供在实际历史变幻莫测的分化和沉浮之下的一个稳定、不变和连续的指涉和意义框架。"② 第二种文化身份体现了身份的嬗变，体现了个人在新的生存环境中，在不同文化及权力的影响下身份的改变。③

霍尔以加勒比黑人为例阐明了移民的文化身份问题。霍尔认为，有两个向量同时作用于加勒比黑人身份的形成，一个向量具有相似性和连续性，另一个则是

---

① Jeffrey Paul Chan, et al.,eds.: *The Big Aiiieeeee! Chinese-American and Japanese-American Literature*，New York：Meridan，1991，p.2.

② 斯图亚特·霍尔：《文化身份与族裔散居》，刘象愚、罗钢编《文化研究读本》，北京：中国社会科学出版社，2000年，第209页。

③ 斯图亚特·霍尔：《文化身份与族裔散居》，刘象愚、罗钢编《文化研究读本》，北京：中国社会科学出版社，2000年，第211页。

差异和断裂的。相似性和连续性的向量即与母国文化的联系、与过去的联系。这也是本尼迪克特·安德森（Benedict Anderson）所称的"一种想象的共同体"。非洲是加勒比黑人想象的重要组成部分，但却不能在直接意义上回归这一家园。而差异和断裂的向量则指移民在移入国所受到的影响和经历的变化，是与现在的关系。因此，霍尔认为移民的身份是融合了过去与现在的一种混杂的新的身份。"移民社群经验不是由本性或纯洁度所定义的，而是由对必要的多样性和异质性的认可所定义的；由通过差异、利用差异而非不顾差异而存活的身份观念，并由杂交性来定义的。移民社群的身份是通过改造和差异不断生产和再生产以更新自身的身份。"①

因此，处于第三空间，深受两种文化影响的美国华裔作家的文化身份并非是在母国文化与移入国文化身份之间择一取之，而是杂合的，是基于两种身份之上的一种新的身份。汤亭亭曾经这样描述自己对身份的探索："我不想抹去自己所有的中国特性而成为美国人，也不想坚持做中国人而永不加入周围奇妙的美国世界。所以对我而言必须有一种方法让我拥有全部，万事皆可，而不是毁掉自身的一部分或是否认部分现实……我现在明白了可以有一种混合物，下一步就是——音乐中怎么称呼来着？对，是'融合（fusion）'。"② 美国华裔学者王灵智（Ling-chi Wang）也指出："华裔美国人的身份既不是从美国也不是从中国转换而来，而是植根于华裔美国经验的一种新的身份。"③

在本节中我们将对林语堂《京华烟云》的文化元素与华裔美国作家作品中的文化元素进行比较，探讨不同文化身份对翻译的影响。我们将以华裔美国文学的三位代表作家黄玉雪、汤亭亭、谭恩美为例。

19 世纪末第一批华人移民抵达美国。他们中的大多数人作为"契约劳工"为加州金矿开采以及横跨美国东西海岸的太平洋铁路修建做出了巨大的贡献。然而，在这两大工程接近尾声，不再需要大量廉价劳动力时，1878 年美国法律以"不是白人"为由拒绝华人加入美国国籍。1882 年，美国政府颁布《排华法案》，规定 10 年内不允许华人劳工入境，同时不允许任何在美华人加入美国国籍。此

---

① 斯图亚特·霍尔：《文化身份与族裔散居》，刘象愚、罗钢编《文化研究读本》，北京：中国社会科学出版社，2000 年，第 222 页。

② P. Skenazy, T. Martin："Conversations with Maxine Hong Kingston"，*Kinston at the University*，Jackson：University Press of Mississippi，1998，p.156.

③ L. Wang："The Structure of Dual Domination：Toward a Paradigm for the Study of the Chinese Diaspora in the United Stated"，*Amerasia Journal*，1995（2），p.41.

后，美国政府两次延长《排华法案》期限，使该法案长达 61 年之久。直到第二次世界大战期间中美两国成为盟国之后，该法案才被废除。而在当时，在文学、文化和艺术领域也开始在上层建筑上呼应这一法案，为其合理性进行辩护。美国主流文学及文化产品将华人的形象"刻板化"，塑造成与美国主流社会格格不入的他者。当时，对美国的华人形象产生重大影响的有两类作品：一是传教士对中国社会、文化的研究；其次便是白人作家在文学作品中对中国人和美国华人的描写。前者以明恩溥（Arthur H. Smith）的《中国人的气质》（*Chinese Characteristics*）为代表。明恩溥是美国公理会的传教士，曾在中国生活近 50 年，被认为是 19 世纪美国乃至西方一个重要的代表性中国学家。而他的这部作品也是美国 19 世纪末 20 世纪初有关中国的著作中阅读面最广、影响力最大的。该书总结了中国人的民族性特征，将其归纳为注重"面子"、没有时间观念、不重精确、智力混沌、麻木不仁、缺乏公共精神、守旧、缺乏同情心、互相猜疑、不够诚信等 26 点。书中对中国人的民族性从根本上是否定的，所以才会盖棺定论，认为中国人"缺乏的是人格和良心"。在全书结尾处，明恩溥开出了革新中国的"药方"："中国需要的是正义，为了获得正义，必须了解上帝，对人要有新的概念，要了解人与上帝的关系。中国的每一个个人、每一个家庭以及社会，都需要一种新的生活。"① 明恩溥甚至将中国的需要归结为一种，并错误地指出只有基督教文明才能满足中国人的这一需求。这里，基督教文明成为中国最终的救赎者。此外，在文学领域中，最早描写华人移民的美国作家布勒特·哈特（Bret Harte）在作品中创造了"阿新"（Ah Sin），这个人物被看作是当时所有在美华工的形象代表：讲一口"洋泾浜"英语，表面木讷，内心邪恶且诡计多端。杰克·伦敦在几部作品中刻画了中国人的丑陋形象——懦弱、麻木、凶残等。在《空前的入侵》（*The Unparalleled Invasion*）这部小说中，他甚至提出：中国众多的人口对世界其他国家而言是一个潜在的威胁，中国的强大会导致战争，中国移民则会是中国侵略他国的别动队。在美国文学中，傅满洲（Fu Manchu）和陈查理（Charlie Chen）是两个最著名的华人形象。傅满洲是爱尔兰作家萨克斯·罗默（Sax Rohmer）在《傅满洲的踪迹》（*The Trail of Fu Manchu*）一书中塑造的一个被称为"满洲第一恶人"的人物。傅满洲聪明绝顶，但却身体羸弱，缺乏完善的道德人格。对权力的渴望是他的动力，为了权力他不惜一切代价，包括毁灭白

---

① 明恩溥：《中国人的素质》，秦悦译，上海：学林出版社，1999 年，第 293 页。

人种族。他就是一个现形的撒旦。这是美国将华人妖魔化的典型。陈查理是戴尔·毕格斯（Derr Biggers）塑造的美国最早的"模范少数族裔"的代表。陈查理是一个身材矮胖、笑容可掬、充满智慧的华人侦探。他的办案地点是肮脏、神秘的唐人街。唐人街里充斥着各色帮会争斗，街道机关丛生。在油腻的中餐馆里，中国厨师在菜板上猛剁老鼠、蜘蛛、蝎子和大蛇。这极大地满足了西方读者的猎奇心理。唐人街的刻板化形象因此也随着这一系列故事被搬上荧幕而根深蒂固。

20世纪60年代以黑人为首的民权运动唤醒了华裔精神。种族歧视以及被边缘化、被消声、被扭曲的历史成为华裔的集体记忆，于是，他们纷纷以手中的笔为武器，向刻板印象开战。

要推翻刻板印象，就要夺回中国文化的表述权。这些成长在星条旗下，对中国的认知主要来自家人、亲友以及中文学校的华裔不得不担当起文化译者的责任。他们通过在自己的中国故事中植入中文、中国文化元素以及对中国神话典故的创造性运用，试图达到解构刻板印象的目的。林语堂与华裔美国作家均有展示中国文化的意图，因此，在他们通过翻译展示中国文化元素时在某些方面具有相似性。正如前一节所述，林语堂在《京华烟云》中采用了文化叙事的策略并在翻译中大量采用阐释型的翻译法。华裔作家在翻译中国文化元素时也多采用此种深度翻译法。

45. Another festival which was traditional with the Chinese and therefore with the Wong family was the Moon Festival. As long as Jade Snow could remember, their family had unfailingly and appropriately observed the holiday, which was said to have originated in ancient China. According to the Chinese lunar calendar, on the fifteenth day of the eighth month the moon would rise rounder, larger, and more brightly golden than at any other month of the year. Then, specially baked cakes filled with a thick, sweet filling were eaten by the Chinese in recognition of the beautiful, full harvest moon. (*Fifth Chinese Daughter*)

在黄玉雪的《华女阿五》中，当讲到中秋节时，黄玉雪详细介绍了中秋节的日期、庆祝中秋节的原因、中秋节吃月饼的来由，以及月饼的做法。

46. Each person is made of five elements, she told me. Too much fire and you had a bad temper. That was like my father, whom my mother always criticized for his cigarette habit and who always shouted back that she should keep her thoughts to herself. I think he now feels guilty that he didn't let my mother speak her mind. Too little wood and you bent too quickly to listen to other people's ideas, unable to stand on your own. This was like my Auntie An-mei. Too much water and you flowed in too many directions, like myself, for having started half a degree in biology, then half a degree in art, and then finishing neither when I went off to work for a small ad agency as a secretary, later becoming a copywriter. (*The Joy Luck Club*)

在《喜福会》中，谭恩美在解释"五行"时，详细地介绍了"五行"与性格的密切关系。火太多脾气容易暴躁，缺乏木意志会不坚定，水太多会缺乏毅力。

赵毅衡在《对岸的诱惑》一书中提出 20 世纪中西文化的交流存在双单向道的问题——"表面有来有往，实际上是两个单向：中国人去西方当学生，西方人到中国当老师。"① 正因为中国读者对于西方文化的这一期待视野，赵毅衡在书中总结了中外文学交流中存在的一种特殊现象。20 世纪中国通过翻译引入的西方文学文化著作数量巨大，影响深远。相反，西方人描写中国的作品，即使是在西方世界有着广泛影响力的作品，也很难引起中国人的兴趣。② 同样，中国人和华裔作家用英文书写的中国题材的作品也遭遇相同的命运。林语堂的《京华烟云》闻名欧美，却受到国人的冷遇。汤亭亭的《女勇士》在美国已成为英语系的必读书，在中国却始终反响平平。原因何在？也许除中国读者对英文作品的不同期待视野外，林语堂和华裔作家在翻译中国文化元素时所采用的深度翻译的策略也是一个重要的因素。除了不厌其烦地介绍故事背景，解释事件的来龙去脉，那些对中国读者一目了然的文化词语、风俗典故却要花上几个句子甚至一个段落细细解释。这样一来故事冗长拖沓，读者自然也就兴味索然。

然而，华裔作家在自己的作品中事无巨细地展现中国文化的目的并非像林语堂一样是为了弘扬中国文化，他们这样做是为了为华人赢得平等的社会地位，以

① 赵毅衡：《对岸的诱惑》，上海：上海人民出版社，2007 年，第 341 页。
② 赵毅衡：《对岸的诱惑》，上海：上海人民出版社，2007 年，第 342 页。

便能融入主流社会。华裔作家对中国的认知是二手所得，他们对故国文化存留有集体无意识的记忆。然而，他们成长过程中美国强大的意识形态国家机器潜移默化的作用使他们对美国主流文化产生强烈的认同感。在一次访谈中汤亭亭提到她在 1988 年访华时，有诗人看过她的《孙行者》的译稿后认为她是唯一一位延续了《红楼梦》写作传统的华人作家，有些学者还将她的作品与当时的寻根文学联系在一起。汤亭亭听后不免感到诧异："他们对我说我是中国经典的一部分，可我却是在此用英文创作的！"① 汤亭亭甚至强调，她的作品应被视作美国文学而不是中国文学。她的文学创作是美国文学的一个分支，是"另一个传统"，她所做的是"为美国文学添砖加瓦"②。

立足点的不同造成了林语堂与华裔作家的不同文化身份，同时也在他们各自作品中国文化元素的翻译中有着不同的反映。

林语堂与美国华裔作家在翻译中国文化元素时有如下不同：

（1）林语堂在翻译中国文化元素时力图全面地展现中国文化的全貌，并做到真实地传达，以便于英美读者的理解和接受。而华裔美国作家在选择和翻译中国文化元素时，并没有向外国人介绍中国文化的使命感。他们将中国文化元素作为一种工具，一种帮助实现言说华裔、获取身份认同的工具。

赵毅衡在《后仓颉时代的中国文学》一文中将一个人的民族性分为两种：一是基因层次，家传所得；二是体验层次，经历所得。赵毅衡认为任何移民作家都拥有这两个层次的民族性，但往往以其中之一为主。他继而指出，华裔作家与客居作家，即移民作家的区别在于他们成长的语言环境不同。虽然两者都用相同的语言写作，但由于成长的语言环境不同，因此这一语言所留下的文化痕迹、所产生的影响是不相同的。"在中文中长大的中国作家，比起在异国语中长大的中国作家，生活经验的中国民族品格，肯定浓厚一些。他们的中国性，是体验而非家传。"③

在赵毅衡看来，对于像林语堂这样的移民作家来说，他们与中国文化之间有一条"依父脐带"，他们对中国文化的传承是直承式的，中国根深蒂固地长定在

① Chin M.："Writing the Other：a Conversation with Maxine Hong Kingston"，P. Skenazy，T. Martin，eds.，*Conversationsa with Maxine Hong Kingston*，Jackson：University Press of Mississippi，1998，p.93.

② P. Rabinowitz："Eccentric Memories：a Conversation with Maxine Hong Kingson"，P. Skenazy，T. Martin，eds.，*Conversations with Maxine Hong Kingston*，Jackson：University Press of Mississippi，1998，pp.71 - 72.

③ 赵毅衡：《后仓颉时代的中国文学》，载《花城》2001 年第 5 期，第 203 - 204 页。

他们的体验世界里。而华裔作家与中国文化之间则有一条"依母脐带",在这些作家心里都装有一个母亲,这个母亲讲述着关于中国的故事。因此,赵毅衡指出,对于华裔作家来说,他们头脑中的中国往往停留在经验的层次,停留在母亲所口述的民间故事或民俗遗风中。他以汤亭亭为例。汤亭亭的《女勇士》(*Women Warrior*)一书副标题为"在鬼神中长大的童年回忆"("Memoir of a Childhood among Ghosts");《孙行者》(*Tripmaster Monkey: His Fake Book*)一书也以孙悟空的故事开场;谭恩美的《喜福会》(*The Joy Luck Club*)中常见的情景就是聚在一起打麻将的唐人街妇女。①

体验或是家传的民族性在翻译中体现为选择中国文化元素时的不同层次。程裕祯在《中国文化要略》一书中将文化结构分为四个层次:一是"物态文化层",包括人们的衣、食、住、行;二是"制度文化层",即规范人们行为及关系的准则制度;三是"行为文化层",包括一个社会中经历史积淀下的风俗习惯;四是"心态文化层",即某一社会、某一文化的文学作品。这些文学作品体现了这一社会的意识形态、思维方式、审美情趣和价值观念。在程裕祯看来,"心态文化层"是"文化的核心部分,也是文化的精华部分"。②

在《京华烟云》中,林语堂植入并翻译的中国文化是有系统性的,涵盖了文化的各个层次。但其中最为引人注目的便是体现中国文化核心部分和精华部分的"心态文化层"。林语堂以道家思想构筑整个故事的基调。在"道家的女儿""庭园的悲剧""秋之歌"三卷每一卷标题之后,林语堂分别用了庄子的《大宗师》《齐物论》《知北游》中的三句话作为引文。在小说中,在符合故事发展的前提下,林语堂插入并翻译了一些诗词,如李清照的《声声慢》《红楼梦》中的一些诗句。此外,在人物的对话中插入许多中文的成语及习语。

相较而言,华裔作家如黄玉雪、谭恩美及汤亭亭的中国故事中的中国文化元素则流于浅表。"往往是草根性的民间情趣、民俗遗风、民情故事。"③ 如黄玉雪在《华女阿五》(*The Fifth Chinese Daughter*)中植入并翻译的中国文化基本局限于"物质文化层"和"行为文化层"。黄玉雪用"直译+解释"的方式详尽地阐释了中国的食品、节日及习俗,如咸鸭蛋、云吞、月饼、五仁、大年三十、中秋节、舞狮。吴冰指出,黄玉雪的《华女阿五》中"相当大的篇幅读起来不像

① 赵毅衡:《后仓颉时代的中国文学》,载《花城》2001年第5期,第204页。
② 程裕祯:《中国文化要略》,北京:外语教学与研究出版社,1998年,第3页。
③ 赵毅衡:《后仓颉时代的中国文学》,载《花城》2001年第5期,第204页。

‘自传’，倒像中国食谱、中国风情介绍、旧金山唐人街导游。明眼人一看就知道书中反映的大多是低层次文化，是为了满足追求‘异国情调’、对中国和华人一无所知且兴趣仅限于中国‘饮食文化’的美国读者"①。谭恩美在《喜福会》中所翻译的中国文化已经触及"心态文化层"，如道教、阴阳、五行、佛教思想等，但总的说来，涉及这一文化层的文化元素在量上所占的比重还较小。

在汤亭亭的作品里所植入的"心态文化层"的中国文化元素，如中国古代传说、文学典故、历史人物的密度远远超过了其他华裔作家的作品，令人叹为观止。汤亭亭的三部小说中明确涉及和引用的中国典籍主要包括《易经》《道德经》《三字经》《百家姓》《离骚》《太平广记》《说岳全传》《镜花缘》《聊斋》《水浒》《三国》《西游记》等。介绍的中国古代传说或人物有花木兰、蔡文姬、关公、八仙、孟姜女、后羿、女娲、牛郎织女、杜甫、李白、袁枚等。然而，汤亭亭不是林语堂，她的杂合身份使她在翻译这些文化元素时并不是以介绍中国文化为出发点的。她对这些文化元素的态度是"拿来主义"的。"拿来"的目的是为了运用这些中国文化资源以达到她隐喻和阐释现实生活的目的。因此，我们在汤亭亭的小说中看到的是她对中国文化元素的改写和拼贴。她在一次访谈中说道，她知道花木兰和岳飞完全没有关联，是两个完全不同的故事，但她却觉得必须将这两个故事糅合在一起。因为，她希望通过花木兰展现女人的力量，而将岳飞融入花木兰则可以增加女子的力量。② 汤亭亭这样做的目的在于用中国文化重塑族裔形象。

此外，《中国佬》的开篇《论发现》（"On Discovery"）取材自我国清朝作家李汝珍的《镜花缘》。这个故事本讲述的是林之洋误入女儿国的故事。汤亭亭在引用和翻译这个故事时，有目的性地对这个故事进行了改编。原本为主人公的林之洋换成了与他一同出海的妹夫唐敖。单德兴指出，"唐敖"的"唐"字即暗指华人。华侨被称作"唐人"，华人居住的地方被称为"唐人街"。③ 此外，唐敖的目的地由"小蓬莱"变为了"金山"。在原作中，林之洋被女儿国的人穿耳、裹脚。然而，汤亭亭却让唐敖由内到外彻底地女性化：白菊花茶激起了他体内的阴

---

① 吴冰：《从异国情调、真实反映到批判、创造——试论中国文化在不同历史时期的华裔美国文学中的反映》，程爱民编《美国华裔文学研究》，北京：北京大学出版社，2003 年，第 76 页。

② 张子清：《东西神话的移植和变形——美国当代著名华裔小说家汤亭亭谈创作》，汤亭亭《女勇士》，南京：译林出版社，2000 年，第 193 - 194 页。

③ 单德兴：《"开疆"与"辟土"——美国华裔文学与文化：作家访谈录与研究论文集》，天津：南开大学出版社，2006 年，第 28 页。

气，鸡翅使他的头发富有光泽，醋汤使他的子宫也渐渐发育起来。在故事的结尾，汤亭亭又加上这样一段："女儿国里没有苛捐杂税，也没有战争。有些学者声称女儿国是在武则天当政时（694－705年）被发现的；也有学者说时间应在这之前，即公元441年，不过是在北美发现的。"通过对《镜花缘》的变译，汤亭亭将故事与现实联系起来。她说："在《中国佬》里，我没写一个男人来到女儿国，她们给他缠脚、穿耳。我写的是中国男人来到美国，在此他们不得不做女人做的工作，从事洗衣业和餐馆服务业。"① 汤亭亭通过对这个故事的变译隐喻了华人男性被女性化的悲惨遭遇。

（2）林语堂的《京华烟云》及华裔美国作家作品中反映的均是有关中国的或中国人的故事。因此，在这些作品中均存在将汉语对话英译的问题。然而，在翻译这些汉语对话时他们的出发点及策略并不相同。

海德格尔提出，语言是存在的家园。在《京华烟云》及美国华裔作家的作品中，有着大量的原本为汉语的人物对话。这些对话虽然经作者翻译后以英语的面目出现，然而却并不符合英文的表达习惯或语法结构。这些"陌生化"的语言使西方读者强烈地感受到另一种文化的在场，同时也成为西方读者了解源语文化及语言的重要途径之一。然而，由于文化身份不同，林语堂与美国华裔作家在语言层面上的翻译策略并不相同。

如第二节所述，林语堂在翻译汉语时，遵循这样的原则：即在营造"陌生化"效果的同时，尽量避免语言的异化。林语堂用英语为载体表现汉语，在传达汉语的句式特点及思维方式时，却努力做到遵守英语的语法规则。在英语无法表达而不得不采用音译时，也通过阐释说明使读者能够理解其意。

美国少数族裔作家格洛丽亚·安扎杜尔（Gloria Anzaldua）指出："族裔身份与语言是一枚硬币的两面——我就是我的语言。"② 因此，语言成为美国华裔作家建构自己族裔身份的一种工具。雷庭招（Louis Chu）在《吃一碗茶》（*Eat a Bowl of Tea*）中通过对汉语语言表达的直译而表达唐人街语言的特殊风格，获得了大多数华裔作家的肯定。

因此，与林语堂不同的是，美国华裔作家想要展现的并不是纯正的汉语，而是深受汉语影响的、融合了两种语言特点而形成的唐人街的杂合语言。汤亭亭在

---

① Yan Gao：*The Art of Parody：Maxine Hong Kinston's Use of Chinese Sources*，New York：Peter Lang，1996，p.35.

② Anzaldua G.：*Borderlands/la Frontera: the New Mestiza*，San Francisco：Aunt Lute，1999，p.59.

一次访谈中曾这样评价作品中的语言风格："这是我说话的方式，也是我听到的我周围的人说话的方式。我试图接受现实中语言的影响……我周围的人既说汉语又说英语……（他们的）英语带有汉语的口音，还有他们创造的新词汇，虽然是英语，却深受汉语的影响。我试图在自己的写作中获得那种力量和乐感。所以有时为了捕捉住那种节奏，我先用汉语说一遍，然后再在打字机上用英语打出来。所以我想我的风格与一种美国华裔的声音有关。"①

例如：

1. "My oi yun has a car. We're going to meet at a dim sum parlor, and he'll drive me home. Am I sah chun or am I not? Sah chun, ma?"（*Tripmaster Monkey: His Fake Book*）

在这句话中，汤亭亭将汉语中粤语方言的词汇直接嵌入英语句子，不加任何解释和说明。"oi yun"意为"爱人"，"Sah chun"则指"洒脱"。"Am I sah chun or am I not? Sah chun, ma?"这句话也并不符合英语的语法规则。

2. "What a shame! No one to greet you! Second wife, the others, gone to Peking to visit her relatives. Your daughter, so pretty, your same look. She's so shy, eh? First Wife, her daughters... gone on a pilgrimage to another Buddhist temple... Last week, a cousin's uncle, just a little crazy, came to visit, turned out not to be a cousin, not an uncle, who knows who he was..."（*The Joy Luck Club*）

《喜福会》的这段话最大的特点便是语言的支离破碎。大多数句子没有完整的主谓结构，不符合英文的语法规则。一些句子甚至是根据汉语思维直译出来的，保留了汉语的结构。如"Your daughter, so pretty, your same look."（"这是您的女儿吧，这么标致，太像您了"）这句话用标准的英文表达应为："Your daughter is so pretty. She looks the same as you!"原句中不仅保留了汉语的结构，也保留了汉语简洁、明快的特点。这种深受汉语影响的中式英语，就是汤亭亭口中的"华裔的声音"，是一种基于英语，糅合汉语词汇和语法特点的新的语言。

① Bonetti K. "An Interview with Maxine Hong Kingston", P. Skenazy, T. Martin, eds., *Conversations with Maxine Hong Kingston*, Jackson：University Press of Mississippi, 1998, p.38.

第四节　本章小结

本章以林语堂的英文长篇小说《京华烟云》为例，分析了林语堂在中华民族生死存亡之时，以"中国文化大使"自居的文化身份在其翻译中的具体影响。本章首先对移民作家作品中的翻译成分进行界定。本章指出，移民作家的文学作品中包含翻译元素。这些翻译元素包括母语文化所特有的文化专有词，母语文化所特有的成语、俗语、方言，原本载体为母语的人物对话以及母语文化中的文化典籍及文学作品。此外，本章从翻译过程及翻译中所遵循的规范两个方面，从理论上论证了移民作家文学作品中的这些元素的表达实质就是翻译。接着，本章对《京华烟云》中的翻译元素进行了归类和整理。《京华烟云》中的翻译元素可以分为以下几类：人名称谓、文化专有词、对话、汉字、成语俗语、方言、哲学诗词。此外，本章总结了林语堂在翻译时所采用的翻译方法。最后，本章将林语堂在《京华烟云》中的翻译策略与华裔美国作家黄玉雪、汤亭亭、谭恩美等在其作品中对中国文化元素的翻译策略进行比较，从而分析林语堂的文化身份对其翻译的影响和制约。通过研究发现，林语堂"中国文化大使"的文化身份影响并反映在《京华烟云》对中国文化元素的翻译策略中。由于文化身份的不同，林语堂在《京华烟云》中的翻译策略与汤亭亭等华裔美国作家作品中的翻译策略有如下不同：（1）林语堂以"中国文化大使"自居，《京华烟云》的写作目的是为了传播中国文化。因此，林语堂在翻译中国文化元素时力图全面展现中国文化的全貌，并做到真实地传达，以便于英美读者的理解和接受。而华裔美国作家的文化身份则是以寄居国文化为本位的。因此，他们在选择和翻译中国文化元素时，并没有向外国人介绍中国文化的使命感。他们将中国文化元素作为一种工具，一种帮助实现言说华裔、获取身份认同的工具。因此，他们作品中所介绍的中国文化元素往往流于浅表，这些文化元素往往是为了迎合西方读者对异域文化的猎奇心理。此外，在华裔作家的作品中，存在大量对中国文化的改写和挪用。（2）林语堂的《京华烟云》及华裔美国作家的作品均以中国或中国人为母题。在这些作品中存在大量原文为汉语的对话。在将这些汉语对话翻译为英文时，林语堂与华裔美国作家的出发点和策略有所不同。林语堂在翻译时，虽然尽可能体现汉语的句式特点和思维方式，但却尽量避免语言的异化，努力做到遵守英语的语法规则。在英语无法表达而不得不采用音译时，也通过阐释说明使读者能够理解其意。而华裔美国作家想要展现的却不是汉语，而是一种言说其身份的、糅合了汉英两种语言的唐人街语言。

第四章

人生的艺术观：林语堂的译写动因探源

　　"谈翻译的人首先要觉悟的事件，就是翻译是一种艺术。"[1] 林语堂在《论翻译》一文中开宗明义。紧接着，林语堂提出翻译应遵循的三标准是，忠实、通顺和美。这三标准中最与众不同的便是美。在林语堂看来，"忠实"是指译者对原著者的责任，"通顺"是译者对读者的责任，而"美"则是译者对艺术的责任。在详论美的标准时，林语堂指出："理想的翻译家应当将其工作当作一种艺术。以爱艺术之心爱它，以对艺术谨慎不苟之心对它，使翻译成为美术之一种（translation as a fine art）。"[2]

　　列维将翻译比作一个决策制定的过程，他指出，"一些主观的因素（如译者的审美标准）会影响译者的决策制定"[3]。

　　因此，作为作家，林语堂自身的审美标准、他对翻译作品艺术性的强调制约着他在翻译中的策略选择。林语堂将文学翻译比作创作，强调译者在文学翻译中的主体性。在《论翻译》一文中，林语堂强调，翻译文学作品的人，应把翻译活动本身当作艺术来看待。[4] 因此，在翻译中，当原文不符合其审美标准时，林语堂选择了译写这一具有美化倾向的翻译策略。林语堂的译写并不是在语言层面上对遣词造句的润色，而是通过改写原文，使原文符合自己的审美标准，书写自己的文学主张，使译文成为自己心目中称得上艺术的东西。

　　本章将以林语堂在《英译重编传奇小说》中的译写实践为例，分析林语堂对作品艺术性的强调在他的翻译实践中的具体体现。林语堂对艺术性的强调与西方浪漫主义文学"为艺术而艺术"的观点并不相同。林语堂所谓的艺术性是一种"人生的艺术观"。在《做文与做人》一文中，林语堂指出，"世人常说有两种艺术，一为为艺术而艺术，一为为人生而艺术；我却以为只有这两种，一为艺

---

① 林语堂：《论翻译》，罗新璋主编《翻译论集》，北京：商务印书馆，1984 年，第 417 页。

② 林语堂：《论翻译》，罗新璋主编《翻译论集》，北京：商务印书馆，1984 年，第 430 页。

③ Mark Shuttleworth：*Dictionary of Translation Studies*，Shanghai：Shanghai Foreign Language Education Press，2006，p.37.

④ 林语堂：《论翻译》，罗新璋主编《翻译论集》，北京：商务印书馆，1984 年，第 432 页。

术而艺术，一为饭碗而艺术。不管你存意为人生不为人生，艺术总跳不出人生的。文学凡是真的，都是反映人生，以人生为题材。要紧是成艺术不成艺术，成文学不成文学。要紧不是阿Q时代过去未过去，而是阿Q写得活灵活现不，写得活灵活现，就是反映人生。"① 在林语堂看来，一部文学作品应用艺术的方法来表现人生，使读者既能得到艺术的享受又能得到人生的体悟。在《论翻译》一文中，林语堂将艺术分为两类："一发源于作者之经验思想，一则艺术之美在文字自身（即此经验思想具体表示之方法，事实上两种自难完全分开），前者如沙士比业之戏曲，后者如 Swinburne 之抒情诗；前者如占人之《孔雀东南飞》，后者则如南唐后主之词。"② 在林语堂看来，艺术有两个层次，主题思想和具体的表现手法。因此，林语堂在《英译重编传奇小说》中以作品"艺术性"为旨归的改写策略也具体体现在这两个层面。

第一节　林语堂译写传奇小说之缘由

唐传奇，指唐代文人用文言文创作的小说作品。传奇的产生使中国第一次有了接近现代概念的小说创作。"小说"一词最早见于《庄子》，但它的含义与今天完全不同，只是指一些街谈巷议和道听途说。中国小说在魏晋南北朝时期开始萌芽，这一时期的小说是以"怪力乱神"为主题的志怪小说。这一时期的小说篇幅短小，文笔简约，情节和人物描述都很简单，"粗陈梗概"，其创作目的在于"申鬼神之不虚，明果报之实有"。不过，它为真正小说的出现奠定了基础。到了唐代，终于出现了有意识的小说创作，一种以志怪小说为基础，吸取史传、辞赋等文学样式的全新的小说出现了，这就是"传奇"。

鲁迅说，"唐人'始有意为小说'"，认为"传奇者流，源盖出于志怪，然施之藻绘，扩其波澜，故所成就乃特异。其间虽亦或托讽喻以纾牢愁，谈祸福以寓惩劝，而大归则究在文采与意想，与昔之传鬼神明因果而外无他意者，甚异其趣

---

① 林语堂：《做文与做人》，《林语堂名著全集》第 17 卷，长春：东北师范大学出版社，1994 年，第 256 页。

② 林语堂：《论翻译》，罗新璋主编《翻译论集》，北京：商务印书馆，1984 年，第 430–431 页。

矣"①。

在艺术形式上，唐传奇篇幅增加，"叙述宛转，文辞华艳，与六朝之粗陈梗概者较，演进之迹甚明"②；部分作品还塑造了鲜明动人的人物形象。唐代传奇的语言，一般运用散体，但多四字句，句法较整齐，沿袭了六朝志怪小说的传统。因受骈文盛行的影响，风格上也有与骈文接近的一面。某些传奇作品甚至以骈体为主，作品语言颇为华艳。但多数作品虽夹杂骈句，基本上仍是散体。

此外，传奇这一小说形式的两个重要特征就在"传"与"奇"二字。所谓"传"，是指传奇吸收了史传的特点，基本上采取的是一种传记文学的叙述方式。在古代中国，传记文学有着悠久的传统。《史记》中的"记""传"即为典范。传记体最主要的特点是首尾完整，脉络清晰，这是由作品的纪实性质所决定的，它给人一种真实可信的感觉。而"奇"，是指在传奇小说中，传记体形式叙述的已不完全是现实中所发生的真实事件，而是一些由作者虚构的奇异的甚至荒诞的人与事。其人物怪诞，故事奇谲，情节离奇，令人耳目一新，叹为观止。虚幻之事以纪实之体而出之，无稽之谈以典雅之文行之。正是这样一种虚与实的结合，庄与谐的融汇，构成了传奇独特的艺术魅力。

唐代传奇的出现，标志着中国古代短篇小说趋于成熟。然而，在深受西方文学影响的林语堂看来，唐传奇就艺术表现而言，存在许多不足。

首先，唐传奇是文言文写成的。林语堂认为，文言文所注重的简洁精炼的风格并不适合文学表达。在《吾国与吾民》中，林语堂不惜拿自己所喜爱的陶渊明做反面例证。林语堂列举了陶渊明的《五柳先生传》。后人一致认为陶渊明的《五柳先生传》是他自己的写照。这篇传记仅有 125 个字，常被中国古代文人视为文学典范。"先生不知何许人也，亦不详其姓字。宅边有五柳树，因以为号焉。闲静少言，不慕荣利。好读书，不求甚解。每有会意，便欣然忘食。性嗜酒，家贫不能常得。亲旧知其如此，或置酒而招之。造饮辄尽，期在必醉。既醉而退，曾不吝情去留。环诸萧然，不蔽风日。短褐穿结，箪瓢屡空，晏如也。常著文章自娱，颇示己志。忘怀得失，以此自终。"③ 林语堂认为这是一篇雅洁的文章，但却不是一篇好的文章，因为，"它的语言是死的"，"它的表白如此含糊，事实

---

① 鲁迅：《中国小说史略》，北京：北京大学出版社，2009 年，第 46 – 47 页。

② 鲁迅：《中国小说史略》，北京：北京大学出版社，2009 年，第 46 页。

③ Lin Yutang: *My Country and My People*, Beijing: Foreign Language Teaching and Research Press, 2009, p.239.

如此浅薄，叙述如此乏味"。① 在寥寥 125 字内，很难做细致生动的刻画，仅是铺陈事实而已。

其次，林语堂认为中国的传统小说缺乏主体性。"中国小说结构松懈，颇似劳伦斯（D. H. Lawrence）的作品，而其冗长颇似俄罗斯小说中之托尔斯泰（Tolstoy）和杜斯妥也夫斯基（Dostoivsky）的作品。中国小说和俄罗斯小说的相像是很明显的。大家都具备极端写实主义的技术，大家都沉溺于详尽，大家都仅仅满足于讲故事，而缺乏欧美小说的主观的特性。这两个国家的小说都有不错的心理描写，但却没有空间留给作家去展现自己内心的思想活动，只能为讲故事而讲故事。"② 林语堂认为中国小说应模仿西方小说中的"主体性"，即是在作品中渗透进作家的思考。此外，林语堂认为一篇好的小说需要细节的体现和生动的描述。"中国的文学作品多用含蓄的手法掩盖作者的真情。当侯朝宗描绘他的情人李香君时，我们都期待读到一篇至少五千言的传记，谁知他的《李香君传》竟只有区区三百五十字，仿佛他在为隔壁老太褒扬懿德。"③ 林语堂盛誉《红楼梦》为世界最伟大的作品之一。他认为《红楼梦》的成功在于："它的人物描写，它所展现的深邃、丰富的人性，它完美的体裁及情节设计，都使它当之无愧地享此殊荣。它的人物是鲜活的，真实亲切得有如邻家密友。仅凭他说话的腔调，我们就能断定他是谁。"④

第二节　翻译中改写的不同形式及林语堂以"艺术性"为旨归的改写动因

《英译重编传奇小说》（*Famous Chinese Short Stories*）于 1952 年先后由纽约

---

① Lin Yutang: *My Country and My People*, Beijing: Foreign Language Teaching and Research Press, 2009, p.239.

② Lin Yutang: *My Country and My People*, Beijing: Foreign Language Teaching and Research Press, 2009, pp.283 – 284.

③ Lin Yutang: *My Country and My People*, Beijing: Foreign Language Teaching and Research Press, 2009, p.238.

④ Lin Yutang: *My Country and My People*, Beijing: Foreign Language Teaching and Research Press, 2009, pp.278 – 279.

约翰·黛公司和伦敦威廉·海涅曼公司出版，此后，分别在挪威（1953 年）、德国（1954 年）、葡萄牙（1959 年）、法国（1960 年）及西班牙（1961 年）先后出版。在这部作品中，林语堂挑选了唐朝以来的小说作品 20 篇，其中 10 篇来自《太平广记》，另外 10 篇来自《聊斋志异》《京本通俗小说》等。这些故事经历代说书人的演绎，在中国拥有广泛的受众。林语堂所挑选的故事情节曲折，引人入胜。但是与林语堂在翻译《浮生六记》《古文小品译英》《冥廖子游》时"紧贴原文"的翻译策略相比，林语堂在《英译重编传奇小说》中的翻译自由度极大。正如林语堂在该书序言中所说："我很抱歉，我在将这些故事译为英文的时候，并没有仅仅满足于译者这一角色。因为，在某些情况下我认为翻译是不可行的。相异的语言，不同的习俗，必须进行解释说明读者才能理解。更为重要的是，就现代小说的节奏和写作技巧而言，必须对原文进行改写。这些因素决定了我在翻译这本书时采用的是改写的方法。""在改写中，若对故事有所增删，其目的是为了增加故事效果。"①

改写这一形式在翻译实践中并不陌生，勒菲弗尔是将"改写"这一概念明确引入翻译研究的第一人。在其著作《翻译、改写以及对文学名声的制控》的序言中，勒菲弗尔指出："翻译当然是对原作的一种改写。所有改写，无论其目的，都反映了特定的意识形态及诗学观念，从而控制某一文学在特定社会起到某种既定的作用。"② 勒菲弗尔的"改写"论将翻译置于一定的社会文化语境中，为翻译研究提供了新的视角。勒菲弗尔的观点打破了千百年来人们对翻译的思维定式并引起了翻译研究者们对"改写"现象的关注。

其实改写远非仅存在一种情况。在研究翻译中的"改变"（shift）时，凡·登·布洛克（van den Broeck）和勒菲弗尔将"改变"分为两种："必须的""改变"（obligatory shift）及非强制性的"改变"（optional shift）。这两种分类同样适用于翻译中"改写"的研究。笔者认为，根据"改写"的目的，翻译也可分为"必须的""改写"及非强制性的"改写"。前者指由于源语与译语两种语言体系的不同而对原文所做的改写，目的是确保译文的可通约性。后者指译者出于风格、意识形态和文化的考虑而对原文所做的改写。非强制性的"改写"又可细

---

① Lin Yutang：*Famous Chinese Short Stories*，Beijing：Foreign Language Teaching and Research Press，2009，p. XVIII.

② André Lefevere：*Translation*，*Rewriting and the Manipulation of Literary Fame*，Shanghai：Shanghai Foreign Language Education Press，2007，p. VII.

分为如下几类：（1）权力的制约。这类改写即勒菲弗尔及操控学派所提出的为了"在译入语文化中产出可接受性的译文"①而对原文进行的改写。综合勒菲弗尔、图里、赫曼斯、切斯特曼等人的观点，译入语的意识形态、诗学观念、社会惯例、赞助人等因素相互作用，促成"改写"。（2）政治理想的诉求。这类改写的初衷是通过操纵译语从而实现译者的政治抱负，如女性主义翻译。波伏娃在其著作《第二性》中强调了"性别的社会建构"（social construction of gender）与"性与性别之区别"（distinguishing between sex and gender）。②这一观点促成了当代女性主义关于性别的社会建构理论的产生。女人不是天生的，而是后天塑造而成的。这就将女权主义学者的注意力从争取政治平等及批判性别歧视和男性霸权转移到探讨性别差异是如何建构起来的问题上。西苏在《美杜莎的笑声》一文中号召妇女参与写作，通过书写妇女从而建构女性的地位。在翻译中，不少女性主义翻译家也通过其实践在翻译中书写女性，彰显女性意志。如：戈达尔德提出的"妇占"（womanhandling）；弗洛图总结的女性主义三种主要翻译策略：增补（supplementing）、加写前言与注脚（prefacing）、劫持（hijacking）。（3）文化身份的寻求。坎波斯兄弟所提出的巴西食人主义翻译是后殖民语境下的一种改写模式。食人主义翻译提倡消化原文，从原文中汲取营养及能量，然后结合巴西本国的文学传统和词汇对原文进行创造性翻译（transcreation），通过在译文中书写译语文学传统，使译语文化得到滋养。正如维埃拉所指出的："在使巴西文化挣脱精神殖民的公开努力中，《食人宣言》改变了欧洲中心主义史学的流向。"③食人主义翻译主张巴西只有"吃掉"欧洲，才能在文化上找到自我，实现文化认同。

以上三种非强制性的改写形式都得到了翻译研究者的广泛关注。然而还有一类改写尚未引起研究者的足够重视。这类改写的主体通常是作家译者。正因为作家译者具有特殊的双重身份，因此其自身的期待视野、对文学的理解及诗学观念在翻译过程中会起到不可忽视的作用。当自身的诗学观念与原文不一致时，这类译者有可能会改写原文，让译文书写自己的文学主张。对于什么是文学这一问题可谓仁者见仁，各异其趣。综合而言，对文学的理解有两点。一是文学意识形态论。这一派以马克思文学观为代表，把文学与社会、阶级斗争联系在一起。中国

---

① Edwin Gentzler：*Contemporary Translation Theories*，Shanghai：Shanghai Foreign Language Education Press，2004，p.125.

② 西蒙娜·德·波伏娃：《第二性》，陶铁柱译，北京：中国书籍出版社，1998年，第309页。

③ Vieira E.："Liberating Calibans"，Susan Bassnett，ed.，*Post-Colonial Translation: Theory and Practice*，London and New York：Routledge，1999，p.98.

传统的"文以载道""廊庙文学"阐明了文学需经世致用这一观点。《文心雕龙》
开宗明义提出"原道""征圣""宗经"的要求，要人效法圣人的经典，向圣人
学习。陆机则提出"济文武于将坠，宣风声于不泯"，使文学从属于立言范围的
不朽盛事，提高到治国安邦的地位。韩愈提出"文以载道"。别林斯基提出文学
应反映时代精神。把文学与阶级意识、阶级斗争联系在一起，是 20 世纪初马克
思主义文学观的基本倾向。卢卡契认为文学是"现实的反映"①。重视现实强调
功用只解决了文学创作的源泉问题、创作的出发点问题，而同样重要的是那种让
文学之为文学的核心问题。因此，对文学的第二类理解是一种源自康德审美情趣
非功利性的纯文学观，即"为艺术而艺术"。这种纯文学观 19 世纪开始流行。如
普希金及王尔德的"为艺术而艺术"；什克洛夫斯基在《艺术即手法》中提出，
文学的特性就是"陌生化"；雅柯布森认为，文学科学的对象不是文学，而是
"文学性"，即使一部作品成为文学作品的东西。

　　当作家译者对文学的理解属于第一种情况时，译者在翻译中的改写就接近于
我们上文中提到的非强制性改写的第一种形式。当这类译者的文学主张趋于第二
种情况时，译者改写的对象便是具体的文学成分，即构成"文学性"的东西。
此类例子在中西翻译史上比比皆是。

　　乔叟改写了薄伽丘的作品《菲洛斯特拉托》。原作本为长诗，乔叟将其改写
为小说，改名为《特罗伊勒斯和克丽西达》。萨利出色地用素体诗翻译了维吉尔
的《伊尼亚特》。蒲柏在翻译《伊尼亚特》第 6 卷和《奥德赛》第 5 卷时大量加
入了自己创作的文字。英国 19 世纪的翻译家菲茨杰拉德在翻译《鲁拜集》时，
删掉了一些自己认为粗俗的部分，并将诗句进行重新排列组合，甚至将某些诗译
写。此外，还将其他几位波斯诗人的诗作也放进这一诗集中。普希金在翻译帕尔
尼的诗歌时，"对原作进行压缩、更动、改写，把帕尔尼平庸的诗歌变成赞美生
气勃勃的青春的动人颂歌"②。美国意象派诗人庞德、洛威尔在英译汉语诗歌时，
在意境和韵律的处理上，并没有完全遵循原诗，而是在把握了原诗的诗味和表现
力后，对原作进行艺术再创造。他们的翻译赋予了原作新的生命，使原作焕发出
新的光彩。洛威尔翻译的杨玉环的《赠张云容舞》诗曾被吕叔湘先生赞扬为
"比原诗好"③。在中国，苏曼殊的《惨世界》将雨果的《悲惨世界》改译为章

---

① 卢卡契：《审美特性》第 1 卷，徐恒醇译，北京：中国社会科学出版社，1986 年，第 1 页。
② 谭载喜：《西方翻译简史》，北京：商务印书馆，2000 年，第 178 页。
③ 转引自许渊冲：《翻译的艺术》，北京：中国对外翻译出版公司，1984 年，第 117 - 118 页。

回白话小说。前六回和最后一回大体根据原著改写，而中间七回则完全为苏曼殊自己所创作。卞之琳在英译汉诗中随意、洒脱甚至放纵，在许多地方对作品进行增删、改写、解释。蔡骏在翻译谭恩美的作品《沉没之鱼》（*Saving Fish from Drowning*）时根据基础翻译稿进行细致的译写，在语言上进行调整、润色以最大限度地减少"翻译腔"。此外，蔡骏还对书中部分情节做了删减，并增加了一些内容，如杜撰兰那王国简史。蔡骏还重新编排了章节，拟订中文版各章节的名称。

以林语堂《英译重编传奇小说》为例，笔者做了一个统计，在翻译该书收录的20篇传奇小说中，林语堂对原文的改写集中于人物描写、对话、主题思想、视角，增加人物心理描写。而根据小说写作理论，这些要素正是成就一篇优秀小说的基本技巧。此外，在该书的译者序中，林语堂也处处彰显了贯穿其改写行为的文学主张。林语堂提到："翻译中的增删目的是为了增加故事的效果。对蒲松龄及李复言改动最小是因为蒲松龄在刻画人物和细节描写上做得很出色。"[①]

第三节　林语堂《英译重编传奇小说》
改写实践解析

在《英译重编传奇小说》中，林语堂并不是通过翻译传奇小说向西方读者展示古老东方的神秘与奇诡，满足西方读者的猎奇心理。这一点可以从林语堂具体的翻译策略得到佐证。如：林语堂在译写《虬髯客传》时删掉了虬髯客食人心脏这一段，在译写《促织》时去掉了巫婆占卜的一段。相反，无论是在翻译的取材还是在具体的翻译过程中，林语堂皆是从作家的身份出发。他的取材和翻译皆体现了他对文学应该是什么、文学应该怎么样的思考。《英译重编传奇小说》取材自《太平广记》《京本通俗小说》《清平山堂话本》《聊斋志异》。林语堂在《英译重编传奇小说》的序言中提到："传奇小说具有奇特的力量去激起人

---

① Lin Yutang：*Famous Chinese Short Stories*，Beijing：Foreign Language Teaching and Research Press，2009，p. XVIII.

们的想象力。"① 此外，他指出没有从著名的明代短篇小说集《今古奇观》中挑选作品是因为，"这些作品主题大都老套，叙述也乏善可陈。当然，其中不乏有许多精彩的情节，但很少作品能揭示人性，具有深刻的意义。唐宋时期的小说虽然篇幅较短，但却能让读者体会到生命与人性的奇妙"②。

正如前一节所述，林语堂认为中国的传统小说缺乏主体性。因此，在《英译重编传奇小说》中林语堂有意识地在译写这一创造性的活动中将自己对人生、世界、文学的理解融入作品，用自己的人生体悟使这部作品焕发出新的光彩，赋予作品新的意义和维度。林语堂将自己的人生观、世界观、文学观融入作品的这一过程，体现了译者的主体精神，也与林语堂表现主义的文学观一脉相承，即文学作品应是创作者个性的表达、心灵的写照。在《英译重编传奇小说》的序言中，林语堂指出："我挑选这些故事的原因在于我认为这些故事具有普适的吸引力，这些故事更符合现代短篇小说的写作主旨。"③ 根据他的理解，"短篇小说的主旨在于，当读者读完一篇小说后能更透彻地洞悉人性，或是对人生有更加深入的理解，或是唤起人类的恻隐之心、爱心及同情心，从而获得阅读的愉悦之感"④。因此，在这部作品中，林语堂的主体渗透就在于对人性的挖掘和探索上。通过"人性"，林语堂将传统与现代、东方与西方连接起来，从而找到了传奇小说恒久弥新的普适价值。林语堂以人性为标尺，对传奇小说进行改写，从而升华了这些小说的美学意蕴，使其思想更加深刻。

林语堂翻译《中国传奇》时正值"后二战"（Post-World War Ⅱ）时期。战争的巨大破坏力使西方社会普遍陷入了信仰危机中，传统的思想价值体系受到质疑。在对传统的解构中，传统的文学母题及表现形式也经历着变革。自西方文艺复兴以来所高扬的人性旗帜轰然倒下，而对人性的质疑成了这一时期文学作品中压倒性的主题。正如存在主义所讲的，世界是荒谬的，人生则是巨大的痛苦。存在主义文学、荒诞派戏剧、新小说及黑色幽默是这一时期文学形式的代表。这些

---

① Lin Yutang： *Famous Chinese Short Stories*，Beijing：Foreign Language Teaching and Research Press，2009，p. XIV.

② Lin Yutang： *Famous Chinese Short Stories*，Beijing：Foreign Language Teaching and Research Press，2009，pp. XV－XVI.

③ Lin Yutang： *Famous Chinese Short Stories*，Beijing：Foreign Language Teaching and Research Press，2009，p. XIII.

④ Lin Yutang： *Famous Chinese Short Stories*，Beijing：Foreign Language Teaching and Research Press，2009，p. XIII.

流派的小说大多以人的异化为主题，描写世界的荒谬和现实的肮脏，表现人在这荒诞世界中的孤独、失望和不幸。主角多为性格怪僻的反英雄。林语堂在《英译重编传奇小说》中也对人性进行了反思。他的反思是具有现代意识、符合时代精神的。林语堂眼中的人已不仅仅局限于古代人或现代人，中国人或西方人。正如施萍所说："身处中西文化交会之林的林语堂，已经跳出了狭隘的伦理批判的圈子，他是站在人类文化的立场来审视人类自身。他对人本身的兴趣，如人到底是什么、人能够成为什么，远远大于对故事情节的兴趣。"① 林语堂在传奇小说中所反思的是具有普遍意义的人性，他所塑造的是自然、合乎常理、情感丰富的人，是符合他理想的人。

在《补江总白猿传》中，白猿这一形象在原作中是以"奇"而吸引人，延续了志怪小说的特点。"……且盥洗，著帽，加白抬，被素罗衣，不知寒暑。遍身白毛，长数寸。所居常读木简，字若符篆，了不可识。已，则置石蹬下。晴昼或舞双剑，环身电飞，光圆若月。其饮食无常，喜啖果栗。尤嗜犬，咀而饮其血。日始逾午即倏然而逝，半昼往返数千里，及晚必归，此其常也。所须无不立得。……"在原作中，白猿是一个不折不扣的异类，茹毛饮血，令人生畏。然而在译作中，林语堂将白猿改写为一位原始部落首领。在他统治的部落，人们过着自给自足、世外桃源般的生活。男女结婚建立在两心相悦的基础上，而不受世俗礼教的约束。在原作中，欧阳将军与白猿并无交集，只是在被掳妇人的帮助下成功地杀死了白猿。在译作中，林语堂增加了一大段欧阳与白猿相见、交谈，甚至比试的场景。在这些场景中，白猿被赋予了人性，被刻画为一个机智勇敢、豪爽率真的人。欧阳将军这一形象在与白猿的对比中显得呆板、黯淡。通过白猿这一形象的重新塑造，林语堂也表达了他心目中理想的人性：回归自然、本真率性。在故事的结尾部分，将军夫人面临两个选择，是随欧阳将军而去还是留下。林语堂安排将军夫人选择留在白猿身边，这一安排也体现了理想人性的胜利。

如果说《补江总白猿传》反映了林语堂心中的理想人性，那《碾玉观音》则体现了林语堂对个人价值的思索。《碾玉观音》原本是一个颇为平淡的故事。在原作中，绣娘秀秀和玉匠崔宁在郡王府失火之夜私奔。后郡王府中的郭排军在几年后遇见了他们，并将他们的行踪报告给了郡王。郡王派人将二人押送回府，并处死了秀秀。秀秀的亡魂回到了夫婿家，最终惩罚了告密的郭排军，并将崔宁

---

① 施萍：《林语堂：文化转型的人格符号》，北京：北京大学出版社，2005 年，第 190 页。

也带上了黄泉路。在原作中，秀秀是敢爱敢恨的具有真性情的女子。而崔宁这一人物形象却要扁平得多，甚至可以说薄情寡义。在被押回郡王府后，崔宁将一切责任推到了秀秀身上，自己却继续过安宁的小日子。在译写的文本中，林语堂突出了玉匠这一角色。在译写的故事中，秀秀变成了郡王的女儿。她与玉匠张白青梅竹马，两小无猜。因地位悬殊，一对恋人不得不选择私奔。张白是一位技艺超群、颇具灵性的玉雕师。在逃亡途中，他一直在做痛苦的选择：是做一个平庸的工匠，还是追寻自己内心对艺术的追求？选择前者，意味着牺牲自我来换取一份平静世俗的生活；选择后者，却要以牺牲家人甚至生命为代价。在挣扎中，艺术家对美的执着让张白选择了后者。他精美的玉雕作品不断暴露他的行踪。最终，妻子被抓回了郡王府。张白将对妻子的爱凝结在了观音这尊雕像中，最终张白塑造了一件绝世无双的艺术品。张白失去了世俗的一切，然而他自己却在观音这座雕像中得到了永生。林语堂改写后的故事比原作要丰满深刻许多。通过对张白这一形象浓墨重彩的塑造，林语堂寄托了他对个人生命价值的思考——个体的实现是生命存在的意义。这一点是与中国传统的价值相违背的。在中国的传统小说中，个人价值的实现是通过是否扮演好群体赋予他的角色所实现的。此外，通过张白这一人物，林语堂也表达了他的艺术观，即艺术家的个性、"性灵"才是艺术的生命所在。

唐传奇《莺莺传》讲述的是写张生与崔莺莺恋爱后来又将她遗弃的故事。崔莺莺是一个在封建家庭的严格闺训中长大的少女。她感情丰富，但在封建礼教的束缚下，她将自己的情感隐藏得很深，甚至有时还会言不由衷。莺莺托红娘捎信约张生相会，可当张生前来赴约时，她却痛斥张生的不端行为。而几日后，在相思的驱使下，莺莺主动夜奔张生住所。莺莺前后的截然变化真实地体现了她内心的挣扎和矛盾：是选择遵从礼教还是大胆追求自己的爱情？崔莺莺最终选择了背叛礼教。然而，在她的内心深处仍然无法摆脱世俗的伦理道德对她的束缚，她有强烈的负罪感。因此，在遭到张生始乱终弃后，她也只能暗自垂泪，逆来顺受，显示了她性格中软弱的一面。《莺莺传》在唐传奇中在刻画人物方面颇为成功，因此林语堂在翻译时在情节、人物描写方面并没有做大的改动。然而，林语堂的改写在于对莺莺这一女性形象的重构。林语堂去掉了莺莺性格中软弱的成分，以他心目中理想的女性形象重塑莺莺。特别是当莺莺得知元稹①变心后，莺

---

① 《莺莺传》原为元稹所作，林语堂在这一传奇故事的英译序言中指出，此故事中的男主人公张生实际就是元稹本人。因此，他在翻译时将张生改为元稹。

莺并没有像原作中的暗自垂泪，自怨自艾。相反，莺莺刚烈坚强。她在歇斯底里地狂笑了几声后，便"像女王般的骄傲与沉默"，并果断地决定嫁给自己的另一位表兄。几年后，当元稹探访莺莺时，莺莺并不是像原作中那样拒而不见，而是当面痛斥了元稹并将他赶出家门。莺莺在遭到抛弃后所表现出的强烈的愤怒及对元稹的斥责，是有悖于中国传统伦理的。然而，改写后的莺莺性格鲜明，人物形象极具张力，这是原作所不能比拟的，也能更好地激起现代读者的强烈共鸣。

《促织》这一故事通过描写成名一家的不幸遭遇，深刻揭示了为政者的贪婪、凶残及自私，批判了封建官僚制度的腐朽、横征暴敛的罪恶，表现了老百姓为生计奔波的辛酸和艰难，寄托了作者蒲松龄对受尽欺凌和迫害的底层民众的深切同情。然而，林语堂在译文中，除了保留讽喻时事这一立意外，还提炼出另一主题——浓浓的父子之情。译文在故事的开头部分添加了一大段父子相处的细节，特别是父子一起抓蟋蟀的场景传达了父子之间的真挚情感。儿子在身化促织后，不断鼓励自己要为保护父亲而战，最终赢得了所有的比赛。在故事的结尾，林语堂还特意点题："尽孝有很多种方式。天地会保佑那些有孝心的人。"通过这些改变，林语堂将故事的主题从反映现实、针砭时弊拉到了描写人性的轨道上。

此外，在微观层面（如形式、写作技法）上，林语堂也做了大量的改写。中国古代小说特别是传奇小说具有浓厚的传记文学色彩，非常注重故事的情节，善于营造跌宕起伏的曲折，保持起承转合的完整性。然而，过于注重情节却可能造成叙述平淡，使人物形象淹没于复杂的情节叙述中。林语堂在改写时并不是通过做加法让故事情节变得曲折离奇，而是在原作品的基础上，通过采用补充人物描写、增加对话及心理描写、转换叙述视角等现代小说技法使具有浓郁传记特色的传奇小说更加生动饱满，故事更具张力，符合现代读者的审美需求。

在林语堂看来，人物描写是决定小说成败的重要因素。在《吾国与吾民》中，林语堂将《红楼梦》评为世界最伟大的作品之一。林语堂的评价是："它的人物描写，它所展现的深邃、丰富的人性，它完美的体裁及情节设计，都使它当之无愧地享此殊荣。它的人物是鲜活的，真实亲切得有如邻家密友。仅凭他说话的腔调，我们就能断定他是谁。"① 此外，在《京华烟云》的创作经验谈中，林

---

① Lin Yutang: *My Country and My People*, Beijing: Foreign Language Teaching and Research Press, 2009, pp. 278 – 279.

语堂谈到了人物塑造在小说创作中的地位："我认为长篇小说之写作，非世事人情，经阅颇深，不可轻易尝试。而理想中批评长篇小说：尤以人物之生动为第一要义，结构犹在其次。人物生动活现，小说就算成功。人物不生动、故事结构虽好，终算失效。这是与戏剧重情节显然不同的地方。因此，素来虽未着笔于小说一门，却久蓄志愿，在四十以上之时，来试写一部长篇小说。而且不写则已，要写必写一部人物繁杂，场面宽旷，篇幅浩大的长篇。所以这回着手撰著《瞬息京华》，也非竟出偶然。"①

因此，在《英译重编传奇小说》中，林语堂对原作改写的重点也在于对人物的雕琢。根据现代小说的技巧，一个成功的文学作品中的人物形象应是三维的而不是平面的。而要让一个人物鲜活起来，除了外貌二维的刻画，还需要挖掘人物的内心世界、心理活动、言语、动作。

以《虬髯客传》为例。在这个描写"风尘三侠"—— 李靖、红拂、虬髯客相识相知的故事中，为了更好地刻画李靖这个人物，林语堂通过添加外貌描写、心理活动、对话等方式使李靖这个人物更加鲜明。例如，在原作中，对李靖的外貌并没有交代。因此，林语堂刻意补充："李靖，年约三十。""他身材高大健硕。"寥寥数字使一个英俊威武的将军形象跃然纸上。

根据现代小说理论，外貌的勾勒仅仅只是完成了冰山露在水面上那微小的一部分。而使人物深邃、立体、丰满最重要的在于水下的那个庞大部分。这个部分便是人物的内心世界。它通过人物的心理活动、言语、行动得以体现。

在原作中，红拂夜奔这一段是这样描述的：

> ……公归逆旅。其夜五更初，忽闻叩门而声低者，公起问焉。乃紫衣戴帽人，杖揭一囊。公问谁？曰："妾，杨家之红拂妓也。"公遽延入。脱衣去帽，乃十八九佳丽人也。素面华衣而拜。公惊答拜。曰："妾侍杨司空久，阅天下之人多矣，无如公者。丝萝非独生，愿托乔木，故来奔耳。"公曰："杨司空权重京师，如何？"曰："彼尸居余气，不足畏也。诸妓知其无成，去者众矣。彼亦不甚逐也。计之详矣。幸无疑焉。"问其姓，曰："张。"问其伯仲之次。曰："最长。"观其肌肤、仪状、言词、气性，真天人也。公不自意获之，愈喜愈惧，瞬息万虑不

---

① 林语堂：《我怎样写〈瞬息京华〉》，陈子善编《林语堂书话》，杭州：浙江人民出版社，1998年，第344页。

安。而窥户者无停履。数日，亦闻追讨之声，意亦非峻。乃雄服乘马，排闼而去。……

读了这一段，读者尤其是没有任何背景知识的读者会认为李靖之所以接纳红拂是被她的美貌所打动。因此，林语堂在中间加了一段李靖的心理活动："李靖打量着眼前这个女孩。与其说他是被她的美貌打动，不如说他是被她的计划以及她的远见胆识所打动。他非常清楚，一旦战火蔓延到都城，杨素很可能会四处逃亡或被俘虏。像她这样身份地位的女孩会受到士兵的凌辱或是被卖作奴隶。"① 这一段李靖的心理描写让我们看到了李靖的冷静与睿智。

此外，在灵右旅社中，当虬髯公放肆地盯着红拂梳头时，红拂示意李靖不要动怒，反而与虬髯公结拜为兄妹。这让读者有些费解。在这里，林语堂又增加了一段李靖的心理活动："李靖留意着这人的举止、穿着。他觉得这个人和他一样不是寻常人。他一直想会会这样的人，不拘小节，胸怀大志，不安于过世俗的小日子，意志坚定，爱憎分明，善于抓住时机。"② 这段心理描写让故事的发展更加合情合理，也烘托出了李靖心思的缜密。

人物之间的对话描写也是现代小说中塑造人物的重要方式。在红拂与虬髯客结拜之后，原作中有一段李靖与虬髯客的对话：

> 客曰："观李郎之行，贫士也。何以致斯异人？"曰："靖虽贫，亦有心者焉。他人见问，故不言，兄之问，则不隐耳。"具言其由。曰："然则将何之？"曰："将避地太原。"曰："然。吾故非君所致也。"曰："有酒乎？"曰："主人西，则酒肆也。"公取酒一斗。既巡，客曰："吾有少下酒物，李郎能同之乎？"曰："不敢。"于是开草囊，取一人头并心肝。却头囊中，以匕首切心肝，共食之。曰："此人天下负心者，衔之十年，今始获之。吾憾释矣。"又曰："观李郎仪形器宇，真丈夫也。亦闻太原有异人乎？"曰："尝识一人，愚谓之真人也。其余，将帅而已。"曰："何姓？"曰："靖之同姓。"曰："年几？"曰："仅二十。"曰："今何为？"曰："州将之子。"曰："似矣。亦须见之。李郎能致吾

① Lin Yutang：*Famous Chinese Short Stories*，Beijing：Foreign Language Teaching and Research Press，2009，p.8.
② Lin Yutang：*Famous Chinese Short Stories*，Beijing：Foreign Language Teaching and Research Press，2009，p.12.

一见乎？"曰："靖之友刘文静者，与之狎。因文静见之可也。然兄何
为？"曰："望气者言太原有奇气，使吾访之。李郎明发，何日到太
原？"靖计之日。曰："期达之明日，日方曙，候我于汾阳桥。"……

译文如下：

"你们俩是很有意思的一对"，他对红拂说，"虽然贫穷，却很浪
漫，对不对？你怎么碰巧选了他？我大概能猜出你的一切。你还没有结
婚，你是逃跑出来的，对吧？不，不，你不要害怕，我的二妹。"

李靖面不改色，但他心中暗自疑惑这个人怎么会知道这些。难道他
能读懂人的心思？或是红拂长长的指甲告诉了他她曾经住在富贵人家。

"你说对了，"李靖笑答。他和这位虬髯公四目相对。李靖试图从
他的眼神中揣摩点什么。李靖说："正如你所说，她选择了我。不要小
看女人。她知道大厦将倾。"

"是吗？"虬髯公眼睛一亮。

"是的。"

虬髯公赞许地打量着红拂。"你们从哪儿来？"他问道。

"从京城，"李靖回答。

"有酒吗？"

"隔壁有酒肆。"

虬髯公起身离去。

"你为什么要告诉他？"红拂问。

"别担心。江湖中人比达官显贵讲义气得多。我敢说我们是同道
中人。"

"我不喜欢你不在时他吃羊肉的方式。他没有经过我的同意就把剩
下的羊肉全喂了他的毛驴，好像肉是他的。"

"这就是我喜欢他的地方。如果他虚情假意，我反而会担心。我认
为像他这样的好汉是不会斤斤计较一点羊肉的。他明显很喜欢你。"

"我看得出来。"

虬髯公买酒归来。他神采飞扬，侃侃而谈。他的声音低沉却铿锵有
力。他认为现在那些起义的将军都不足为虑，成不了气候。李靖听着，
心中确信虬髯公正在谋划干一番大事业。

"你认为杨素如何？"李靖问道。

虬髯公将刀往桌上一插，大笑起来。锋利的刀刃寒光闪闪，穿透木桌。"为什么提他呢？"

"我想问问你的看法，"李靖讲了他与杨素的见面以及红拂弃杨素而投奔他的事。

"你们现在打算去哪儿？"

第四节　林语堂译写实践的现实意义

在《英译重编传奇小说》的翻译中，林语堂就像《碾玉观音》中的张白，不得不面临痛苦的选择：是做一个平庸的工匠，还是追寻自己内心对艺术对美的追求？在挣扎中，艺术家对美的执着让张白选择了后者。而对艺术的追求也使身为作家的林语堂选择了对原文的改写。

也许按照传统的"忠实""对等"的标准来看，林语堂所做的已经无法称之为翻译，而是一种对原文的"拟作"。但我们需要做的并不是价值评判，或探讨这种改写实践究竟还有几分翻译的成分。在林语堂的英译文学作品中不乏《浮生六记》《古文小品译英》等忠实的译作。我们应该思考的是，在编译《英译重编传奇小说》时，林语堂为什么选择了译写的策略？这样做目的何在？这一策略在特定的历史文化语境中会起到怎样的作用？

2012年10月12日，在莫言获得诺贝尔文学奖后，德国汉学家顾彬在与"德国之声"记者的电话连线中指出，他认为莫言得奖的关键在于莫言找到了美国翻译家葛浩文。也就是说，没有葛浩文具有"美化"倾向的翻译，莫言不可能获奖。顾彬的观点无疑太过极端，他完全忽视了莫言作品本身的艺术魅力。葛浩文翻译了不少中国作家的作品，但也不是经他翻译的每位作家都能有如此的成就。但不可否认的是，葛浩文的翻译为莫言的作品在西方世界的接受起到了巨大的推动作用。

与林语堂一样，葛浩文在翻译莫言作品时并不是"逐字、逐句、逐段"地翻译，而是对原作进行了许多改写。在翻译《天堂蒜薹之歌》时，葛浩文甚至把原作的结尾改成了相反的结局。在翻译莫言早期作品"红高粱家族"《酒国》

时，在"译本里加上了一些……原著中没有的东西，譬如性描写"①，而在翻译《生死疲劳》时则删除了一些比较露骨的性描写。

在《被誉为"西方首席汉语文学翻译家"——葛浩文，帮莫言得奖的功臣》一文中，葛浩文指出，他把翻译当成重新创作的过程。戴乃迭认为葛浩文让中国文学披上了当代英美文学的色彩。

葛浩文译写原文的出发点在于读者的接受，他说："作者是为中国人写作，而我是为外国人翻译。"在《作者与译者：一种不安、互惠互利，且偶尔脆弱的关系》一文中，葛浩文强调，"这个问题的另一面就是译者为谁而翻译的问题。我们的工作目的是尽量取悦于一位并不了解目标语国家语言的作家，尽力去忠实他的原作吗？答案当然是否定的。作者写作不是为自己，也不是为他的译者，而是为了他的读者。我们也是在为读者翻译。"②

林语堂的美化翻译与葛浩文具有一定的相似性。正如林语堂在该书序言中所说："我很抱歉，我在将这些故事译为英文的时候，并没有仅仅满足于译者这一角色。因为，在某些情况下我认为翻译是不可行的。相异的语言、不同的习俗，必须进行解释说明读者才能理解。"③ 然而，林语堂译写的动机并不仅仅出于对读者的考虑，对于林语堂来说，让中国传奇小说穿越时空，在新的历史语境下，在新的土壤中仍然光彩夺目、魅力不减，才是他的终极目标。

当然，林语堂在将传奇小说进行现代化时是以现代的文学理念，即西方的审美标准为标尺的。经过林语堂译写的传奇小说糅合了中国传奇小说的情节，西方现代小说的表现技法，以及林语堂对人性对社会的思考。这种做法在特定的历史语境中是有积极意义的。

在一部文学作品从一种语言到另一种语言的文本旅行中，跨越的不仅是语言，还有语言所赖以生存的土壤，即语言背后的文化语境。面对着不同的文化、不同的读者，在源语文化中被视为经典的文学作品也许在陌生的文化语境中会出现水土不服的情况。因此，在不同的历史阶段应采取不同的翻译策略。正如许方、许钧所说："翻译活动，具有某种阶段性和历史性。在不同的历史阶段，采

---

① 莫言：《我在美国出版的三本书》，载《小说界》2000 年第 5 期，第 170 - 173 页。

② 葛浩文：《作者与译者：一种不安、互惠互利，且偶尔脆弱的关系》，载《中国社会科学报》2013 年 11 月 4 日。

③ Lin Yutang: *Famous Chinese Short Stories*, Beijing: Foreign Language Teaching and Research Press, 2009, p. XVIII.

取怎样的翻译策略，要视目的而定。"① 谢天振也指出，"一个民族接受外来文化、文学需要一个接受过程，这是一个规律问题。"② 歌德将翻译分为三类：（1）传递知识的翻译（informative translation）；（2）按照译语文化规范的改编性翻译（adaptation/parodiatisch），这种译法近似创作；（3）逐行对照翻译（interlinear translation），即追求译作与原作的一致性。③ 这三种翻译模式向我们展示了一个文学文本在进入一个陌生的社会文化语境中所要经历的循序渐进的三个阶段：在译语读者对源语文化知之甚少时，前两种翻译模式对使源语文化顺利进入译语社会、对源语文化的传播具有积极的意义。随着文学和文化交流的深入，这两种改写的翻译模式会逐渐减少。

一百多年前林纾的"豪杰译"与现在国内译者普遍所采取的策略就有很大的差别。再回到林语堂编译《英译重编传奇小说》的社会历史语境，在西方人对华人的认识还停留在明恩溥《中国人的素质》中所罗列的民族劣根性时，林语堂的做法无疑具有积极的社会意义。林语堂在翻译《英译重编传奇小说》时在具体操作层面上所做的相似于巴西坎波斯兄弟的"食人翻译"，在吸收和消化了原文的精华后，再以一种新的形式翻译出来，对译语文化进行滋养。然而不同的是，林语堂的目的并不在于权力斗争，林语堂以现代的文学理念以及自己的审美标准为标尺对原文进行改写，目的在于使中国传统的传奇小说跨越时间的亘阻、中西方文化心理与叙述模式的差异，在新的历史语境中焕发出新的光彩，从而成功地吸引更多的读者以延长作品的生命。林语堂对原作的译写至少让西方读者对中国文学作品先做到好之、乐之，让他们发现中国文学中也有这样主题深刻、技法娴熟的作品。在好之、乐之后，西方读者才有进一步阅读更多中国文学作品的兴趣。以莫言作品的外译为例，其作品的德语译者在翻译时依照的并不是莫言的中文原作，而是经过改写的葛浩文的英文译本，西方读者对这种经过改写的译文的接受情况由此可见一斑。

我们再看翻译过程的另一极，即原作作者对这种做法的看法。不少作家对译写这种美化翻译的做法也持肯定态度。莫言 2000 年 3 月在科罗拉多大学博尔德校区的演讲中高度评价葛浩文的翻译。他说："如果没有他杰出的工作，我的小

---

① 许方、许钧：《翻译与创作——许钧教授谈莫言获奖及其作品的翻译》，载《小说评论》2013 年第 2 期，第 9 页。

② 谢天振：《莫言作品"外译"成功的启示》，载《文汇读书周报》，2012 年 12 月 14 日。

③ 谭载喜：《西方翻译简史》，北京：商务印书馆，2000 年，第 132 页。

说也可能由别人翻成英文在美国出版，但绝对没有今天这样完美的译本。许多既精通英语又精通汉语的朋友对我说，葛浩文教授的翻译与我的原著是一种旗鼓相当的搭配，但我更愿意相信，他的译本为我的原著增添了光彩。"[1] 马尔克斯认为格雷戈里·拉博萨（Gregory Rabassa）英译的《百年孤独》比他的原著还要好。蔡骏在谈到译写谭恩美的《沉没之鱼》时指出："将来我的其他小说在欧美出版时，如果有斯蒂芬·金这样的作家来为我'译写'，我将感到荣幸之至。"[2]

本雅明在《译者的任务》一文中指出："生命的一切有目的的呈现，包括那些目的在内，所要实现的最终目标不在于生命本身，而在于表达生命的本质、再现生命的意义。"[3] 而一部文学作品的生命意义并不是在作品完成之时就已固定的。一部伟大的文学作品会在数世纪的历程中经历要旨和意义上的全面转变。要了解这一特质需从语言的生命和作品的生命着手。

译作体现了语言之间的亲缘关系。源语及译语之间的亲缘关系体现在语言的整体意图中。任何单一的语言是无法实现这个意图的，只有将所有语言中的意图互补为一个整体才行。这个总体就是"纯语言"。本雅明将"纯语言"比作由碎片构成的花瓶，而原作与译作均为该花瓶砸碎时掉下来的、需要重新组合的碎片。在"纯语言"这个总体集合里，每种语言的意指方式相辅相成，相互补充，臻于完美。翻译则是通往这种难以企及的最高境界的途径。在本雅明看来，翻译能将许多语言融合成一种真正的语言。在真正的语言里，即"纯语言"里，各种语言通过各自的意指方式相互补充、相互交融。

因此，译作之于原文并不是一种从属关系。译作将原作带入了生命的另一新的阶段，"翻译因此要达到的最终目的就是表达不同语言之间最重要的互补关系"[4]。"翻译绝不是两种僵死的语言之间毫无生气的等同。在所有的文学形式中，它担负着特殊的使命，即在其自身诞生的阵痛中密切关注着原作的语言走向成熟。"[5] 原作须依靠译作来完成自己的生命过程。译作不仅延长了作品的生命，

---

[1]　莫言：《我在美国出版的三本书》，载《小说界》2000 年第 5 期，第 170 页。

[2]　蔡骏：《译写：一种翻译的新尝试》，载《译林》2007 年第 2 期，第 206 页。

[3]　本雅明：《译者的任务》，谢天振编《当代国外翻译理论》，天津：南开大学出版社，2008 年，第 323 页。

[4]　本雅明：《译者的任务》，谢天振编《当代国外翻译理论》，天津：南开大学出版社，2008 年，第 323 页。

[5]　本雅明：《译者的任务》，谢天振编《当代国外翻译理论》，天津：南开大学出版社，2008 年，第 324 页。

而且赋予了作品后世生命（afterlife）。

正如葛浩文在《作者与译者：一种不安、互惠互利，且偶尔脆弱的关系》一文所说："翻译是对原文的补充而非替代。大多数作者都乐意信任他们的译者，因为他们知道，翻译，用欧阳桢的话说，'赋予过去的作品以新的生命，并使它成为当下的一部分'，翻译可以延长一部文学作品的生命，并可以揭示原来文本中所隐藏的东西。"[1]

因此，林语堂对传奇小说具有美化倾向的译写是对原作的有益补充，象征着原作生命的另一阶段。林语堂的译写不仅延长了原作的生命，并且使原作在穿越千年后迸发出新的活力。

其次，如果我们站在一个更高的高度，不再将文学作品视作某一文化、某一民族独有的财富，而将其看作整个人类共同的遗产，我们会对林语堂的这种做法持更加宽容的态度。歌德在 1827 年 1 月 31 日同爱克曼的谈话中提出了"世界文学"这一概念。歌德表示，没有任何一种民族文学能够体现文学的真谛，对于民族文学，我们应该用客观的眼光加以审视，从各民族文学中汲取养分。因此，他指出，"民族文学的意义现在已经不大了，世界文学的时代已经开始，每个人都应促进其发展进程。"[2] 歌德的"世界文学"观点可以给我们如下启示：没有一种民族文学是完美的，没有一种民族文学可以成为所有文学的典范，每一种民族文学都是世界文学的有机组成部分。各民族文学之间相互影响、相互借鉴学习，共同促进人类文明的繁荣。

因此，林语堂以现代的小说技法，以时代精神命题来对中国传奇小说进行创造性改写，这也是他对世界文学发展、世界文明进步的一个贡献。

第五节　本章小结

本章以林语堂在《英译重编传奇小说》中具有美化倾向的译写实践为例，分析了林语堂强调作品艺术性的文学观在其翻译中的体现。在林语堂看来，作品

---

[1]　葛浩文：《作者与译者：一种不安、互惠互利，且偶尔脆弱的关系》，载《中国社会科学报》2013年 11 月 4 日。

[2]　歌德：《歌德论世界文学》，查明建译，载《中国比较文学》2010 年第 2 期，第 5 页。

的艺术性指的是一种"人生的艺术观"，即作家应用艺术的方法，表现其对人生的思考和社会关怀，使读者在阅读作品时既能得到艺术的享受又能领悟人生的真义。本章首先分析了林语堂对传奇小说进行译写的动因。林语堂译写传奇小说的出发点在于传奇小说在艺术表现上存在着缺乏主体性以及太过简练等一些不足。接着，本章对翻译中改写实践的不同形式及目的进行了梳理，并强调了林语堂改写的目的。当前，在翻译研究中进入研究者视野的改写形式主要有三种：一是为了在译入语文化中产出可接受性的译文，如操控学派的改写实践；二是通过改写原文实现译者的政治目的，如女性主义译者的改写实践；三是通过改写实现文化目的，如巴西食人翻译。而林语堂改写的出发点则是为了取得更好的文学表现效果。接着，本章以《补江总白猿传》《碾玉观音》《莺莺传》《促织》《虬髯客传》为例，对《英译重编传奇小说》中林语堂在微观层面的改写策略进行分析。林语堂的改写主要体现在对作品主题的深化，对人物描写的细节化丰满化，增加对话，转换叙事视角等。最后，本章探讨了林语堂以"艺术性"为旨归的改写模式在特定的社会历史语境中对于延长译作生命、促进中西文化交流的意义与功用。

第五章

自我意识的书写：反对文学功利性
在林语堂翻译选材中的体现

在《言志篇》中，林语堂宣称："我要有能做我自己的自由和敢做我自己的胆量。"① 在《林语堂传》中，林语堂强调了"文人"与"文妓"的区别："但是有人性好文学，总要掉弄文墨，既做文人而不预备成文妓，就只有一道：就是带点丈夫气，说自己胸中的话，不要取媚于世，这样身份自会高，要有点胆量，独抒己见，不随波逐流，就是文人的身份。所言是真知灼见的话，所见是高人一等之理，所写是优美动人的文章，独来独往，存真保诚，有骨气，有识见，有操守，这样的文人是做得的。"②

个人自由以及"说自己的话"是林语堂心目中文人应该坚守的信念及底线。

勒菲弗尔在《翻译、改写以及对文学名声的制控》一书中强调了意识形态及诗学理念在翻译过程中的强大作用力。 "ideology" （意识形态）一词由"idea-"（观念，想法）和"logos"（逻各斯）两个词根所组成，意为"观念的学说"。这是法国哲学家特拉西（Destutt de Tracy）在 18 世纪末提出的一个概念。特拉西把意识形态作为世界观和哲学思想的主体，用于对宗教的现代批判，其概念囊括了包括科学在内的整个文化领域。此后，阿尔都塞、伊格尔顿、卢卡奇、詹明信、罗特曼等皆对"意识形态"这一概念做出自己的界定。总体而言，对意识形态的理解大致有两点：一是将这一概念置于社会语境中，"观念"表示人们对周围世界、社会的解释理解，即世界观；二是强调这种观念体系的规约性。"它不仅要说服，而且要吸收忠实的信徒，还要求人们承担义务。"③ 勒菲弗尔沿用了詹明信对意识形态的定义："意识形态是指导我们行为的规范、习俗及

---

① 林语堂：《言志篇》，《林语堂名著全集》第 14 卷，长春：东北师范大学出版社，1994 年，第 82 页。

② 林太乙：《林语堂名著全集》第 29 卷，长春：东北师范大学出版社，1994 年，第 144 页。

③ 中国大百科全书出版社《简明不列颠百科全书》编辑部：《简明不列颠百科全书》第 9 卷，北京：中国大百科全书出版社，1986 年，第 101 页。

信仰体系。"① 关于诗学,勒菲弗尔是这样定义的:"诗学通常包括两个部分:一是文学样式、体裁、主题、原型人物及场景以及象征意义的集合,二是关于文学在整个社会体系所扮演角色的观念。"②

1923 年,在获得莱比锡大学哲学博士学位,并补修了哈佛大学未修完的学分,获得文学硕士学位证书后,林语堂携眷回国。四年的留学生活带给林语堂的不仅是学业上的进步,更重要的是西方文化的长期浸润对他的思想的影响。个人主义是西方思想的核心价值之一。基督教的家庭、无拘无束的童年生活,以及崇尚自由的个性,使西方的个人主义思想与林语堂产生了深深的契合。个人主义以法国的孔斯旦、英国的边沁和穆勒为代表,强调个人自由及个人价值的实现,强调保障人的各种权利。史蒂文·卢克斯在《个人主义》一书中梳理了个人主义在西方不同国家的不同含义。英国的个人主义主要指的是一种政治、经济形态。在政治上,个人主义是指与集体主义相对的政治形式,在经济上,个人主义强调国家不应过度地干预经济。美国的个人主义强调民主、平等、自由及个人权利的实现。③

"五四"时期的知识分子深受西方个人主义思想的影响,他们以改造社会为己任,倡导个性解放并试图用西方的"科学"和"民主"来拯救中国。林语堂也成为个人主义在中国的践行者之一。林语堂在《生活的艺术》中引用惠特曼的一段话来解释他对个人主义的理解:"当一个人在最清醒的时刻,在他身上会升腾起一种意识、一种思想,这一思想如星星般寂静却永久闪耀。这就是个人的思想。无论你是谁,你的思想属于你自己。这是难以言说的奇妙,也是世间最崇高却又最不清晰的梦想。然而,这也是最真实的事实,是通向所有真理的唯一入口。在这虔诚的时刻,在天地之间的重要奇迹中(重要是因为'我'在天地的中心),在这个简单的思想前,信仰和规范变得毫不重要。沐浴在这真实的景象的光芒下,只有个人的思想是真正存在的,是有价值的,就像寓言中的黑影矮人,只要被释放,会迅速地覆盖整个地面,甚至直达天宇。"④ 在林语堂看来,

---

① André Lefevere: *Translation*, *Rewriting and the Manipulation of Literary Fame*, Shanghai: Shanghai Foreign Language Education Press, 2007, p. 16.

② André Lefevere: *Translation*, *Rewriting and the Manipulation of Literary Fame*, Shanghai: Shanghai Foreign Language Education Press, 2007, p. 26.

③ 史蒂文·卢克斯:《个人主义》,阎克文译,南京:江苏人民出版社,2001 年,第 3 - 37 页。

④ Lin Yutang: *The Importance of Living*, Beijing: Foreign Language Teaching and Research Press, 1998, p. 84.

个人主义、独立思想是人之所以为人的重要前提。

勒菲弗尔指出，诗学观念通常会受到意识形态的影响。[①] 个人主义对林语堂的影响体现在他的文学观中。首先，林语堂认为，文学应是言作家个人之志的，是非功利的，文学不应成为"政治丫鬟"。此外，林语堂所持的是一种"人生的艺术派"的文学主张。在《做文与做人》一文中，林语堂指出，"有所谓唯美派，就是所谓为艺术而艺术。这唯美派是假的，所以我不把他算为真正一派。西洋穿红背心红裤子之文人，便属此类。我看不出为艺术而艺术有什么道理，虽然也不与主张为人生而艺术的人意见相同，不主张唯有宣传主义的文学，才是文学。世人常说有两种艺术，一为为艺术而艺术，一为为人生而艺术；我却以为只有这两种，一为艺术而艺术，一为饭碗而艺术。不管你存意为人生不为人生，艺术总跳不出人生的。文学凡是真的，都是反映人生，以人生为题材。要紧是成艺术不成艺术，成文学不成文学。要紧不是阿Q时代过去未过去，而是阿Q写得活灵活现不，写得活灵活现，就是反映人生。……因为凡文学都反映人生，所以若是真艺术都可以说是反映人生，虽然并不一定呐喊。所以只有真艺术与假艺术之别，就是为艺术而艺术，及为饭碗而艺术。"[②] 简而言之，文学应反映人生，但文学的终极目的并不是为人生，也就是林语堂在《八十自叙》中所说的"革命而不革命家"。文学作品应以一种艺术的表现手法，体现作家对人生的思索，从而使读者在获得愉悦的阅读享受的同时收获人生的智慧。

勒菲弗尔在论述意识形态和诗学观念对翻译的强大作用力时，将指导译者的意识形态和诗学观念片面地等同于译入语社会的主流意识形态及诗学观念。"无论是在翻译、编史、编辑文选和参考资料、批评或是编辑中，改写者通常都会在某种程度上调整并操控原文，使它们符合当时主流的或主流之一的意识形态和诗学理念。"[③]

然而，当审视林语堂长达三十多年的翻译实践时，我们却发现，作为一名作家，无论社会语境及主流诗学观念如何变迁，在林语堂的翻译实践中起决定性作用的并不是目的语社会的主流意识形态和诗学观念。相反，林语堂个人的意识形

---

① André Lefevere：*Translation*，*Rewriting and the Manipulation of Literary Fame*，Shanghai：Shanghai Foreign Language Education Press，2007，p.27.

② 林语堂：《做文与做人》，《林语堂名著全集》第17卷，长春：东北师范大学出版社，1994年，第255-256页。

③ André Lefevere：*Translation*，*Rewriting and the Manipulation of Literary Fame*，Shanghai：Shanghai Foreign Language Education Press，2007，p.8.

态和诗学理念才是真正贯穿其整个翻译活动的内在动力。

本章将从历时的角度，考察林语堂的文学观在其整个翻译生涯中的具体体现，特别是对其翻译取材的影响。本章将林语堂一生的翻译活动划分为三个时期进行讨论："语丝"时期（1924－1932）、"论语"时期（1932－1936）和出国写作时期（1936－1966）。总的说来，在林语堂三十多年的翻译实践中，对社会潮流从不盲从。此外，"立人"是贯穿始终的主题。林语堂以思想启蒙为己任，从自己的主观喜恶出发，在翻译题材的选择上，着重选择那些能引导读者关注并思考人生意义和价值的作品。无论时代精神如何变迁，在林语堂的翻译作品中，"人"总是第一位的。探寻人生的目的和意义、追寻人的自由是林语堂翻译作品中一以贯之的主题。

第一节 "语丝"时期林语堂的翻译活动

1923 年林语堂回国时，正值后"五四"时期。"五四"新文化运动所提倡的民主、科学、个人主义和试图通过引进西方的人文理念改变中国贫穷落后愚昧的决心，仍然激励着当时整整一代知识分子。

在新文化运动期间，个人主义成了时代的关键词。维新运动时期，梁启超、严复等人期望用西方的个人主义来改造中国。严复在《论世变之亟》一文中将东西方的差异归因于中国缺乏个人主义。杜亚泉在《个人之改革》《个人与国家之界说》等文章中强调了民主国家保障个人权利与自由的重要性。杜亚泉提出应在国家与个人之间划分出一条分界线，国家与个人双方都不应跨越这一界线去损害对方的利益。李亦氏在《新青年》发表《人生唯一之目的》一文。在文中，他将个人主义与传统的儒家道统对立起来，他认为传统中国儒家哲学以牺牲个人幸福和个人利益为代价。他提倡以个人为中心的西方哲学。胡适也对个人主义进行了详细的阐述。1935 年 5 月 6 日，胡适写了《个人自由与社会进步》一文，回顾"五四"时期的个人主义思想。胡适指出，"五四"时期的思想具有浓厚的个人主义色彩。当时的思想家在杜威的影响下将个人主义分为两类：一是假的个人主义。假的个人主义只考虑自己的利益，而不顾别人的利益，是一种为我主义（egoism）。二是真的个人主义（individuality）。真的个人主义包括两个方面，一为独立的思想，不迷信别人所做所说，拥有自己的判断力；二为敢为自己思想负责的胆识，要坚持真理，敢说真话，不畏强权。胡适强调："这后一种是我们当时提倡的'健全的个人主义'。"①"五四"时期的知识分子基本上是以英、美自由主义理论来搭建个人主义理论的。在他们看来，个人主义是反抗传统文化的有力武器。

　　新文学运动是新文化运动的一个重要领域。1917 年胡适发表《文学改良刍议》，在文中提倡白话文并倡导文学革命。陈独秀于 1917 年 2 月在《新青年》上发表《文学革命论》，把文学革命当作"开发文明"，改变"国民性"并借以"革新政治"的"利器"。胡适、陈独秀明确反对"文以载道"的封建文学观，强调文学应言之有物，不复代天宣教，文学应是表达个人思想和情感的载体。这也催生了以周作人为代表的"言志"文学。"言志"文学是与"载道"文学相对的。言志文学在周作人看来是一种人道主义文学，是与新文化运动"立人"的口号一脉相承的。周作人 1918 年 12 月在《新青年》上发表《人的文学》一文，提出"人的文学"的主张，"用这人道主义为本，对于人生诸问题，加以记录研究的文字，便谓之人的文学"②。同时，周作人坚决反对宣扬"儒教道教"以及鸳鸯蝴蝶派、黑幕派等"非人的文学"。1919 年初周作人又发表了《平民文学》一文，将"人的文学"具体化，即以真挚的思想，反映"世间普通男女的悲欢成败"。1920 年，茅盾发表了《现在文学家的责任是什么?》等文，提出了"为人生"的新文学主张。他认为"文学家所欲表现的人生，绝不是一人一家的人生，乃是一社会一民族的人生"，现在文学家"积极的责任是欲把德莫克拉西充满在文学界，使文学成为社会化，扫除贵族文学面目，放出平民文学的精神。下一个字是为人类呼吁的，不是供贵族阶级赏玩的；是'血'和'泪'写成的，不是'浓情'和'艳意'做成的，是人类中少不得的文章，不是茶余酒后消遣的东西。"③ 然而，周作人的"为人生"与茅盾的"为人生"是有区别的。周作人在"五四"时期就已看出茅盾的"为人生"的文学有滑向另一极端，即文学政治化的潜在可能。这也为 30 年代的分化埋下了伏笔。因此，周作人在《新文

---

　　① 胡适：《个人自由与社会进步》，北京：北京大学出版社，2013 年，第 21 页。
　　② 周作人： 《人 的 文 学》，http：//wenku. baidu. com/link? url = TTriVyEoUl‐cYYbcCaIiCG1risPAJFHoEZplBpjndPIQbRhFap9FIflb9B9RcYPcoeByW‐imo_ XEjAxw 3U9r18e5l0fVbLJJh0F8AbpAvGS
　　③ 茅盾：《现在文学家的责任是什么?》，《东方杂志》1920 年第 17 卷第 1 期。

学的要求》一文中，强调艺术仍应是文学之本，文学的终极目的并不是为人生，但文学也应体现对人生的思考，"著者应当用艺术的方法，表现他对于人生的情思，使读者能得艺术的享乐与人生的解释。这样说来，我们所要求的当然是人生的艺术派的文学。"①

总的说来，"五四"时期的"人的文学"以思想启蒙为己任，引导人们关注并思考人生的目的、意义和价值等，注重的是在思想范围里解决问题。探寻人生的目的和意义、追寻人的精神自由及人的尊严和人格平等成为"五四"文学创作的主题。如鲁迅在"五四"时期特别注重社会批判，注重伦理道德的探索，以思想启蒙、改变人的精神世界为目的，将文学作为"立人"的一种重要途径。他的一系列批判国民性的文章就是这一思路的典型代表。林语堂也认为，艺术的目的除艺术本身之外，还有另一个目的，即认识人生。在《且说〈宇宙风〉》一文中，林语堂指出："文学不必革命，亦不必不革命，只求教我认识人生而已。"②

然而，新文化运动阵营内部却渐渐起了分化。原来围绕《新青年》杂志的知识分子逐渐分化成了三个群体：（1）《新青年》群体。《新青年》在陈独秀主持之下，从1918年底开始宣传马克思主义，使文学与政治联姻，从而违背了《新青年》同人最初从事文化思想启蒙不谈政治的约定。（2）"现代评论派"和"新月派"群体。他们具有精英意识和西方自由主义政治理念，但却欲"学而优则仕"。1919年6月，胡适接替陈独秀主编《每周评论》，将这一同《新青年》相配合的宣传马克思主义的阵地变成杜威哲学的讲坛。1919年7月胡适在《每周评论》上发表《多研究些问题，少谈些主义》一文，挑起了"问题与主义"的论战，成为"五四"新文化、新文学阵线分化的开端。1922年5月7日，胡适创办《努力》周报，推行好政府主义，呼吁好人参政。胡适肯定政府的积极作用，认为社会在政府的有序治理下会变得和谐与稳定。胡适的好政府主义是一种温和的改良主义主张。在《努力》之后，胡适、王世杰等人创办了《现代评论》周刊。《现代评论》的主要撰稿人基本上均为从欧美留学归国的北京大学教授，有王世杰、徐志摩、唐有壬、陈西滢、高一涵、陶孟和、燕树棠、周鲠生、钱端升等人。他们希望用西方的自由、民主、个人主义等观念来改造中国社会。

① 周作人：《新文学的要求》，杨扬编《周作人批评文集》，珠海：珠海出版社，1998年，第42页。
② 林语堂：《且说〈宇宙风〉》，陈子善编《林语堂书话》，杭州：浙江人民出版社，1998年，第440页。

（3）"语丝派"群体。他们也是自由主义者，与"现代评论派"不同的是，他们的自由主义是超政治的。周作人在《语丝》创刊号上的发刊词中写道："我们几个人发起这个周刊，并没有什么野心和奢望。我们只觉得现在中国的生活太是枯燥，思想界太是沉闷，感到一种不愉快，想说几句话，所以创刊这张小报，作自由发表的地方。我们并不期望这于中国的生活或思想上会有什么影响，不过姑且发表自己所要说的话，聊以消遣罢了。我们并没有什么主义要宣传，对于政治经济问题也没有什么兴趣，我们所想做的只是想冲破中国的生活和思想界的昏浊停滞的空气。我们个人的思想尽自不同，但对于一切专制的反抗则没有异议。我们这个周刊的主张是提倡自由思想，独立判断，和美的生活。"① 鲁迅在《我和〈语丝〉的始终》一文中总结了《语丝》的特色。他认为语丝的特色在于"任意而谈，无所顾忌"，敢说自己的话，敢于批判旧的事物，通过对旧事物的批判，从而催生新的事物。此外，鲁迅强调"语丝派"的共同态度在于不事权贵，不与政治联姻。②

"语丝派"采取边缘性的立场，坚持知识分子的人格独立，竭力避免任何政治依附。他们对《新青年》的变相感到可惜。刘半农在一封通信中也说："就《语丝》的全体看，乃是一个文艺为主，学术为辅的小报。这个态度我赞成……想当初的《新青年》，原也应当如此，而且头几年已经做到如此，后来变了相，真是万分可惜。"③ 同时，他们对现代评论派士大夫的政治取向报以不屑。他们依然秉持"五四"的精神内核，即个人的自由和独立，坚守公共知识分子的阵地，重视思想批评及社会批评。

林语堂回国时，《努力》仍在出版，但胡适的好政府主义无法得到林语堂的赞同。在林语堂看来，政府的权力应该被最小化。真正理想的政府应该是无为的。他认为理想的政府运作模式应是一种乡村社会主义。④ 而个人的基本权利、自由幸福、财产安全等，是任何人或者团体都不可剥夺的。在《生活的艺术》中，林语堂强调一个社会应把实现个人的幸福作为最高目标，否则，这个社会就是病态的、不合理的。⑤

---

① 周作人：《发刊词》，《语丝》第 1 期，1924 年 11 月 17 日。
② 鲁迅：《我和〈语丝〉的始终》，《鲁迅全集》第 4 卷，北京：人民出版社，1981 年版，第 171 页。
③ 刘半农：《巴黎通信·致启明》，《语丝》第 20 期，1925 年 5 月 4 日。
④ 林语堂：《中国人》，上海：学林出版社，2002 年，第 208 页。
⑤ 林语堂：《林语堂名著全集》第 21 卷，长春：东北师范大学出版社，1994 年，第 91 页。

《语丝》和《现代评论》同在北大出版。林语堂不得不有所抉择。胡适对林语堂有知遇之恩，他在林语堂留学期间经济陷入困境时雪中送炭，再加上林语堂留学欧美的背景，按理说林语堂应该选择《现代评论》。然而，林语堂恰恰做了相反的选择，成了语丝派的一员大将。《语丝》的"任意而谈，无所顾忌"深深地吸引了林语堂。他后来回忆说："我接近《语丝》，因为喜欢《语丝》之放逸，乃天性使然。"① 林语堂在《八十自叙》中回忆了当时选择《语丝》的原因。他认为胡适所代表的现代评论派是"学而优则仕"的，是以做官为目标的；而语丝派是强调言个人之志的，而不是权贵的喉舌。《语丝》这一特点深深地吸引了林语堂，他将《语丝》视作"心语"的园地。②

《语丝》见证了林语堂写作的第一个黄金时代。在"语丝"时期，林语堂成了针砭时弊的一员骁将。他语锋犀利，汪洋恣肆。"语丝"时期的林语堂全身上下散发着"战士"的气息，体现了他"生于草莽，死于草莽，遥遥在野外莽原，为真理喝彩，祝真理万岁"的坚定立场和自由知识分子强烈的社会关怀。

在这一时期的文学作品中，思想启蒙和立人思想是主流。林语堂的一系列针砭时弊和批判国民性的文章与整个社会的主流诗学观念不谋而合。因此，林语堂积极投入了时代的滚滚洪流。本是洋绅士出身的林语堂，在"语丝"时期自称"土匪"，在与"现代评论派"的论战中他冲锋在前，与后来提倡"幽默"与"性灵"的林语堂判若两人。

"五卅"惨案后，北大校园一片沸腾。但以鲁迅、周作人为代表的语丝派和以胡适、陈西滢为代表的现代评论派在对待这次事件的立场上存在着巨大的分歧。现代评论派和主办《甲寅》杂志的章士钊以青年导师的姿态号召学生"读书救国"，含蓄地否定了学生的爱国运动。林语堂写了《"读书救国"谬论一束》对"读书救国""勿谈政治"论进行了批判：

> 倘是有人不但躬体力行其乐天主义，并且要劝告全国的青年与他一样，且美其名曰乐观，曰不谈政治，曰读书救国，我们却不能不提出反抗。因为果使全国的男女青年能像他们的舒服乐观，中国的命运也就完了。因为"勿谈政治"、"闭门读书"等等的美字样，实不过盖藏些我

① 林语堂：《记周氏兄弟》，《林语堂名著全集》第 16 卷，长春：东北师范大学出版社，1994 年，573 页。
② 林语堂：《八十自叙》，北京：宝文堂书店，1990 年，第 55 页。

们民族的懒惰性与颓丧性而已……①

> 中华无所谓民国，只有官国而已。这一点的意见并不是我们的新发见，明眼人早已知道中华无论什么国体，至少总不是民国。无论外交与内治，都不是我们国民所应该谈的，更谈不到什么根据民意。②

在《祝土匪》一文中，林语堂自诩"土匪"，对现代评论派极尽挖苦："现在的学者最要紧的就是他们的脸孔，倘是他们自三层楼滚到楼底下，翻起来时，头一样想到的是拿起手镜照一照看他的假胡须还在乎？金牙齿没掉么？雪花膏未涂污乎？至于骨头折断与否，似在其次。""就是学者斤斤于其所谓学者态度，所以失其所谓学者，而去真理一万八千里之遥。说不定将来学者反得让我们土匪做。""惟有土匪，既没有脸孔可讲，所以比较可以少作揖让，少对大人物叩头。他们既没有金牙齿，又没有假胡须，所以自三层楼上滚下来，比较少顾虑，完肤或者未必完肤，但是骨头可以不折，而且手足嘴脸，就使受伤，好起来时，还是真皮真肉。""我们生于草莽，死于草莽，遥遥在野外莽原，为真理喝彩，祝真理万岁，于愿足矣。"③

1925 年 6 月，林语堂返乡，9 月回京后写了《回京杂感》针对现代评论派的主要人物进行讽刺。林语堂以心理学术语"inferiority complex"（逊色症结）为切入点，指出现代评论派的名流们没有斗争的胆量，为了掩饰自己，只能教训青年学生聊以自慰。"骂名流的人也须明白名流的苦衷。因为此次沪案发生以后，中国如学工商界之参加运动，固已够忙，政府也于面子上，敷衍的过得去了，独此名流，既不敢表示满意于政府'誓死骑墙'与'敷衍到底'的政策，又不屑与青年学子合作，事后问心何以自解？隐隐中将不免起一种 inferiority complex，由是不得不由他们来'教训'青年，来'至诚恳的泣告'青年，或者声明要求诱导青年们。什么'单靠感情不能救国'呵，'救国须先求学'呵，'青年惟一的职务是念书'呵，'希望你们再上课'呵，外国人不怕你'爱国心'呵，都是

---

① 林语堂：《"读书救国"谬论一束》，《林语堂名著全集》第 13 卷，长春：东北师范大学出版社，1994 年，第 28 页。

② 林语堂：《"读书救国"谬论一束》，《林语堂名著全集》第 13 卷，长春：东北师范大学出版社，1994 年，第 30 页。

③ 林语堂：《祝土匪》，《林语堂名著全集》第 13 卷，长春：东北师范大学出版社，1994 年，第 7 - 8 页。

为着名流精神上的慰安，不得不说的。"①

在女师大学潮及"三·一八"惨案后，林语堂以沉重的笔调写了《悼刘和珍杨德群女士》，抨击军阀的倒行逆施之举。

此外，林语堂还写了《文妓说》《讨狗檄文》《闲话与谣言》《"发微"与"告密"》等文章鞭挞现代评论派倚门卖笑的"正人君子"。在这些文章中，林语堂疾恶如仇，与鲁迅并肩战斗，文笔也颇有鲁迅之风，似匕首似投枪，甚至对对方进行赤裸裸的谩骂。"与龚说最近者有萧伯纳。他在 Three unpleasant plays 序中有一句：像许多的律师，政客，教员，牧师，天天运用他们的技巧智能来出卖他们的良知，与这比起来，妓女之一天卖身两三钟头真可不算一回事。"②

在《讨狗檄文》中，林语堂将军阀比作老虎，号召知识界团结起来与虎抗争。他提出，知识界应该像狼群才足以和老虎抗衡。他暗讽现代评论派为狼群之中的巴儿狗，一面为老虎做间谍，一面在狼群中制造混乱。因此，他号召痛打知识界中的这些巴儿狗。③

林语堂兼具作家、翻译家的双重身份。他的文学观，即诗学理念也折射在他的翻译实践中。

在当时，"为人生"的新文学主张也反映在文学翻译领域。中国大规模地译介西方文学作品始于 19 世纪末期。在这次翻译热潮中，侦探小说、社会小说和言情小说占据主要地位。著名翻译家林纾成了这次翻译大潮的旗帜人物。而"五四"以后的英美文学译介，一开始便呈现继承和批判的特点。一方面延续活跃的引入势头，另一方面在继承的基础上对出现的问题进行讨论反思。对于"五四"后译介的方向问题，翻译界进行了几次论辩。首先是对翻译作品文学旨趣的关注。这次论辩的焦点集中于林（林纾）译小说。1921 年 1 月 10 日发行的《小说月报》刊登了《文学研究会宣言》。宣言指出，文学作为一种娱乐调剂的功用已经不符合时代的需求了，应该将文学视作一种对于人生、社会意义很大的工作。④ 这次论辩所达成的共识是强调译入文学作品的名著意识。第二次论辩是文

① 林语堂：《回京杂感》，《林语堂名著全集》第 13 卷，长春：东北师范大学出版社，1994 年，第 23－24 页。

② 林语堂：《文妓说》，《林语堂名著全集》第 13 卷，长春：东北师范大学出版社，1994 年，第 54 页。

③ 林语堂：《讨狗檄文》，《林语堂名著全集》第 13 卷，长春：东北师范大学出版社，1994 年，第 63 页。

④ 《文学研究会宣言》，《小说月报》1921 年 1 月 10 日 12 卷 1 号。

学研究会与创造社关于古典与现代作品何者为宜之争。郑振铎写了《盲目的翻译家》一文。在文中郑振铎指出，在当时的社会语境中，翻译一些古典的文学经典，如莎士比亚的《哈姆雷特》、歌德的《浮士德》已经不合时宜了。他号召翻译家应有时代意识和社会责任感，根据中国当时当地的需求来选择翻译作品。① 一年之后他又强调了这一观点。郑振铎指出，在当时的社会语境下，通过翻译引入的外国文学应该具有两层作用：一是能帮助改变中国传统的文学观念；二是能帮助中国读者接触现代的思想，思考现代的问题。他继而重申，古典主义作品，不能担此大任，应稍为晚些再介绍。② 同年，茅盾写了《介绍外国文学作品的目的——兼答郭沫若君》一文。文中指出，译介工作并不仅仅只关乎译者个人。译者在翻译取材时不应只考虑个人的喜好或对个人的写作是否有帮助。译者应有强烈的社会责任感。在选择译什么这个问题上，应注意翻译的作品是否对社会有益，是否能对普通的读者产生影响，是否能"足救时弊"，"刺激将死的人心"③。

因此，"五四"以后，中国翻译界开始强调翻译的社会功用，以社会的实际需要作为译介的选目标准开始无形中渗透到译介实践中去。译家和出版界以此为准绳选译于国于民有益的作品，渐渐成为一种自觉的行动。

在这一时期的翻译活动中，有目的有计划地介绍现实主义文学，尤其是俄国现实主义文学，以及被压迫、被损害民族的文学作品，成了一个显著特点。根据《中国新文学大系》的史料索引，从 1917 到 1927 年的 10 年间，翻译外国文学的理论和作品印成单行本的共 225 种。这些作品中间，十之八九是一流的现实主义作家的名著，而俄国 19 世纪的现实主义作品又占其中的多数。

1929 年，林语堂与张友松合作，从英语转译了奥格约夫（Nikalai Ognyov）的《新俄学生日记》（*The Diary of a Communist Schoolboy*），由上海春潮书局出版。这部小说讲述了一个发生在一所苏联高中的故事，故事以 1923 年的苏联为背景。当时正值战后重建时期，在苏联的各个学校教育改革正如火如荼。小说的主人公是一个积极进取的男孩，他以积极的态度面对生活中的一切困难。而在当时，中国也正处于新旧社会交替的动荡时期，中国的教育改革也正在摸索中前进。《新俄学生日记》无疑与当时的时代精神深深契合。同年，上海北新书局出版了林语堂署名为"石农"翻译的《国民革命外纪》（*The Chinese Puzzle*）。这部

---

① 郑振铎：《盲目的翻译家》，《文学旬刊》1921 年 6 月 30 日第 6 号。
② 郑振铎：《文学旬刊》1922 年 8 月 11 日第 46 期。
③ 茅盾：《介绍外国文学作品的目的——兼答郭沫若君》，《文学旬刊》1922 年 8 月 1 日第 45 期。

作品由中国国民革命的同情者，英国记者兰塞姆（Arthur Ransome）所著。

1928 年，林语堂翻译了丹麦作家勃兰兑斯所著的《易卜生评传及其情书》，该书简述了易卜生的生平和创作，并附有易卜生在 1889 至 1898 年间写给一位少女的 12 封书信。

易卜生是挪威著名的批判现实主义的剧作家，挪威文学史上享有盛名的文学巨匠。在易卜生的戏剧创作中，无论是选题、主题表现还是人物的塑造，都彰显了人道主义光辉以及强烈的社会批判锋芒。他创作了《厄斯特罗的英格夫人》（1857）、《赫尔格兰德的勇士》（1857）、《觊觎王位的人》（1863）等戏剧。1877 年以后，易卜生开始写作一系列"社会问题剧"，陆续发表《社会栋梁》（1877）、《玩偶之家》（1879）、《群鬼》（1881）、《人民公敌》（1882）等。这些剧本尖锐地提出了关于妇女地位、道德、法律等问题，其中《玩偶之家》和《人民公敌》影响深远。

陈独秀在《现代欧洲文艺史谭》（刊于《新青年》1 卷 3 号）一文中，将王尔德与易卜生、屠格涅夫、梅特林克并称"近代四大代表作家"。鲁迅也把易卜生和拜伦、雪莱等人作为"精神界战士"向国人介绍。1907 年鲁迅先后撰写了《文化偏至论》《摩罗诗力说》两篇文章介绍易卜生。"其后有显理伊勃生（Henrik Ibsen）见于文界，瑰才卓识，以契开迦尔之诠释者称。其所著书，往往反社会民主之倾向，精力旁注，则无间习惯信仰道德，苟有拘于虚而偏至者，无不加之抵排。更睹近世人生，每托平等之名，实乃愈趋于恶浊，庸凡凉薄，日益以深，顽愚之道行，伪诈之势逞，而气宇品性，卓尔不群之士，乃反穷于草莽，辱于泥涂，个性之尊严，人类之价值，将咸归于无有，则常为慷慨激昂而不能自已也。如其《民敌》一书，谓有人宝守真理，不阿世媚俗，而不见容于人群，狡狯之徒，乃巍然独为众愚领袖，借多陵寡，植党自私，于是战斗以兴，而其书亦止：社会之象，宛然具于是焉。"①

正因为易卜生启蒙思想与"五四"精神的契合，"五四"期间出现了译介易卜生思想和作品的高潮。1918 年 6 月 15 日出版的第 4 卷 6 期《新青年》推出了"易卜生专号"。专号发表了 5 篇论著/译作：胡适的《易卜生主义》，罗加伦、胡适合译《娜拉》，陶履恭译《国民之敌》，吴弱南译《小爱友夫》，袁振英著《易卜生传》。1919 年《新潮》刊登了潘家洵译的《群鬼》。1920 年《小说月

---

① 鲁迅：《新诠详注文化偏至论》，裴沙诠注，济南：山东文艺出版社，2001 年，第 83–85 页。

报》全年连载了周瘦鹃译的《社会柱石》。1921 年，潘家洵翻译的易卜生作品结集为《易卜生集》出版，第一集收录《娜拉》《群鬼》《人民公敌》，1922 年发行的第二集收录《大匠》《少年党》，书前有译者撰写的《易卜生传》。1928 年 3 月 20 日正逢易卜生的百年诞辰，《大公报·文学》发表了《易卜生诞生百周年纪念》，文章详细分析了易卜生作品的社会意义和艺术价值。8 月 20 日出版的《奔流》1 卷 3 期，专门辟了 "H. 伊卜生诞辰，一百年纪念增刊"，发表了鲁迅等人撰译的重要论文，对易卜生及其作品作了介绍。

萧伯纳是 20 世纪初英国最杰出的现实主义批判剧作家，对现代英国戏剧的发展做出了巨大的贡献，一生中共创作剧本 53 个。他作品中所张扬的理想主义和人道主义使他受到了 1925 年诺贝尔文学奖的青睐。萧伯纳擅长幽默与讽刺。他深受易卜生的影响，主张艺术应当反映迫切的社会问题，反对王尔德 "为艺术而艺术" 的观点。

茅盾是向中国介绍萧伯纳的第一人。茅盾的第一篇外国作家评论就是《萧伯纳》（刊于 1919 年 3 月《学生杂志》第 6 卷第 3 期），文章详细介绍了萧伯纳的生平并评论道："萧氏心目中剧曲，非娱乐的，非文学的，而实传布思想改造道德之器械也。"

1923 年商务印书馆同时推出萧伯纳的两部作品，一部是由金本基、袁弼译的《不快意的戏剧》，收录《鸟兰夫人的职业》《好逑者》《鳏夫之室》3 个剧本，另一部是由潘家洵译的《华伦夫人之职业》，书前有译者小序和茅盾的《戏剧家的萧伯纳》一文。1928 年 9 月上海光华书局出版了由席涤尘、吴鸿绥译的《武器与武士》。商务印书馆于 1930 年 11 月和 1935 年 5 月又分别推出该三幕剧的两个译本：一是中瑕译的《英雄与美人》，另一是刘叔扬译的《一个逃兵》。30 年代萧伯纳的剧作特别受译界关注：1934 年商务印书馆推出胡仁源翻译的《圣女贞德》（1934 年 4 月初版）、黄嘉德翻译的《乡村求爱》（1935 年 5 月初版）、胡仁源翻译的《千岁人》（上、下册，1936 年 3 月初版）和上海文化生活出版社出版姚克翻译的《魔鬼的门徒》。

1929 年，林语堂翻译了萧伯纳的《卖花女》，由上海开明书店出版。林语堂之所以翻译萧伯纳，一方面是看重萧伯纳作品中对现实入木三分的揭露和批判对 "五四" 时期改造国民性和对 "立人" 实践的重要指导意义。林语堂在《卖花女》译者前言中说："萧伯纳在中国闻名已久，虽然他的书有中文译本的并不多。这实在是一种缺憾，因为到底中国思想茅塞思路不清的同胞还不少，看看像萧氏这样以'攻乎异端',甚至宣传'异端'为能事的文章是能启发心智,于一人的思想见解有益的。"① 此外,在诗学层面上,萧伯纳也是林语堂幽默观形成的重要来源。

林语堂在《卖花女》译者前言中指出,幽默应如萧伯纳所言,是"真理"与"俏皮"的结合（"My way of joking is to tell the truth; it is the funniest thing in the world"）。幽默的终极关怀"是专在写实,专在揭穿人生、社会、教育、政治、婚姻、医学、宗教……的西洋镜"②。此外,林语堂认为,在幽默的表达方式上,能如萧伯纳般庄谐并出,并以清新幽默的笔调畅谈社会与人生便是幽默的上品:"现代西洋幽默小品极多,几乎每种普通杂志,要登一二篇幽默小品文。这种小品文,文字极清淡的,正如闲谈一样,有的专用土白俚语作评,求其淡入人心,如 Will Rogeis 一派,有的与普通论文无别,或者专素描,如 Stephen Leacock,或者是长议论,谈人生,如 G. K. Chesterton 或者是专宣传主义如萧伯纳。大半笔调皆极轻快,以清新自然为主。其所以别于中国之游戏文字,就是幽默并非一味荒唐,既没有道学气味,也没有小丑气味。是庄谐并出,自自然然畅谈社会与人生,读之不觉其矫揉造作,故亦不厌。"③

1930 年,林语堂翻译了斯宾加恩《新的文评》《七种艺术与七种谬见》、克罗齐的《美学:表现的科学》第 17 章中的第 24 段、王尔德的《批评家及艺术家》以及道登（Dowden）的《法国文评》,结集为《新的文评》由北新书局出版。

林语堂对于表现主义的青睐一方面与"五四"时期西学东渐的时代背景相吻合。为了建立新文学,西方大多数文学流派都被译介并引入中国。另一方面,林语堂的文学观与表现主义在精神实质上的契合也是林语堂选择表现主义的内在动力。

早在哈佛留学期间,林语堂就表现出对表现主义的支持。在当时,哈佛教授白璧德建立了一套较严谨的新人文主义思想体系。在文学观上,他持古典主义态度,反对卢梭以来的西方浪漫主义文艺思潮,对近代西方文艺脱离古典法则大加鞭挞。白璧德的文艺观同林语堂崇尚自我、反对权威、打破格套的文学主张是格

---

① 林语堂:《林语堂名著全集》第 27 卷,长春:东北师范大学出版社,1994 年,第 87 页。
② 林语堂:《林语堂名著全集》第 27 卷,长春:东北师范大学出版社,1994 年,第 87 页。
③ 林语堂:《论幽默》,《林语堂名著全集》第 14 卷,长春:东北师范大学出版社,1994 年,第 16 －17 页。

格不入的。因此，林语堂公开表示反对老师白璧德的观点，并站到了与白璧德分庭抗礼的斯宾加恩的阵营与白璧德进行辩论。在 1934 年写的《四十自叙》中，林语堂写道："抿嘴坐看白璧德，开棺怒打老卢苏。"林语堂以略带戏谑的笔调批评了白璧德反浪漫主义的文艺思想。

在林语堂看来，卢梭所提倡的以情感表现为核心的浪漫主义，特别是克罗齐信徒斯宾加恩的直觉表现说才能真正把握文艺创造的本质。

林语堂与斯宾加恩表现主义的精神契合表现在：首先，林语堂与斯宾加恩均认为文学就是表现。斯宾加恩在《新的文评》中指出，无论是文学的哪一个流派，在实质上都是一种表现，这一表现可能是经验的、性灵的，或情感的表现。即使对于那些号称是客观的文学评论家，在他们的批评作品中也体现着表现。① 在《七种艺术与七种谬见》中斯宾加恩说："在诗人的魂灵中，只有一种真正的冲动，就是要把心中所有，表现出来。"② 林语堂在《〈新的文评〉序》中强调："艺术只是在某时某地某作家具某种艺术宗旨的一种心境的表现——不但文章如此，图画、雕刻、音乐，甚至于一句谈话、一回接吻、一声'呸'、一瞬转眼、一弯锁眉，都是一种表现。"③

其次，林语堂和斯宾加恩均反对功利的艺术观。斯宾加恩在《新的文评》中指出，浪漫派文学的首要原则是艺术的宗旨仅仅在于表现。当作家完全表现心中所感时，文学作品的目的也就达到。斯宾加恩继而强调："诗文没有提倡任何道德主义或是社会主张的天职，犹如造桥并不是为着要提倡世界语。"④

林语堂还翻译了罗素夫人的《女子与知识》。女性问题也是"五四"时期的一个重要话题。晚清时期的妇女解放运动开始萌动，到"五四"时期，妇女解放（主要包括三大内容，即废缠足、兴女学、争女权）成为中国现代化一个亟须解决的问题。并且当时整个社会已形成了"发现女子"的浓烈空气，"男女平等""社交公开""男女共校""剪发""放足""恋爱自由""婚姻自主"等已成为"五四"时代的重要特征。在《新青年》的大力倡导下，伴随着新文化运动的发展，女子问题话语出现了前所未有的活跃局面。

胡适等将易卜生戏剧引入中国，希望青年人，尤其是中国女性能够效仿"娜

---

① 林语堂：《林语堂名著全集》第 27 卷，长春：东北师范大学出版社，1994 年，第 204－205 页。
② 林语堂：《林语堂名著全集》第 27 卷，长春：东北师范大学出版社，1994 年，第 220 页。
③ 林语堂：《林语堂名著全集》第 27 卷，长春：东北师范大学出版社，1994 年，第 191 页。
④ 林语堂：《林语堂名著全集》第 27 卷，长春：东北师范大学出版社，1994 年，第 212 页。

拉"摆脱"玩偶"命运，成就"健全的个人主义"。妇女解放的一个重要特征就是置女性的发现于"人"的解放、发现之中。

娜拉最后那宣言式的"我是一个人，正同你一样。——无论如何，我务必努力做一个人"，更具有标语口号式的效果。

周作人在《人的文学》一文中，将新文学的本质定义为："我们现在应该提倡的新文学，简单地说一句，是'人的文学'。应该排斥的，便是反对的非人的文学。"在阐释"人的文学"的具体内涵时他指出："人的文学，当以人的道德为本。"① 在对此问题举例说明时，周作人首先举出了"两性的爱"，强调了"男女两本位的平等"和"恋爱的结婚"的主张，并批判了印度女子的"撒提"，中国女子的"殉节"等"畸形的所谓道德"。

新文化人站在科学和民主的思想立场上，提倡女性的人格独立、人身自由、人权平等等问题，促成了"五四"个性主义基础上的具有初步现代特质的女子问题思潮。20 年代初期，全国出版的女性报刊已近三十家。此外，许多刊物如《新潮》《少年中国》《晨报》等对女子问题相当关注，相继设立了"女子问题"专栏或出版了"妇女问题"专号。"五四"时涌现的争取恋爱自由、婚姻自主的热潮，则成为"五四"女性向传统伦理道德和封建家长专制宣战的突破口和外在表现。

朵拉·罗素的《女子与知识》充满了女性主义色彩。朵拉将妇女解放分为几个不同的阶段。从最初阶段妇女意识的觉醒，到性的解放，再到与男子竞争并胜过男子，朵拉为妇女解放指明了道路。

总的说来，在这一时期，林语堂想要通过翻译所言说的"个人之志"与当时的时代精神是一致的。因此，在翻译题材的选择上，林语堂的选择符合当时的翻译主流。

---

① 周作人： 《人的文学》，http：//wenku. baidu. com/link? url = TTriVyEoUl - cYYbcCaliCG1risPAJFHoEZplBpjndPIQbRhFap9FIflb9B9RcYPcoeByW — imo — XEjAxw3U9r18e5l0fVbLJJhOF8AbpAvGS

第二节　"论语"时期林语堂的翻译活动

1934 年 9 月 16 日，《论语》创刊两周年之际刊登了林语堂用诗体写的《四十自叙》：

…………

生来原喜老百姓　　　偏憎人家说普罗
人亦要做钱亦爱　　　蹀躞街头说隐居
立志出身扬耶道　　　识得中奥废半途
尼溪尚难樊笼我　　　何况西洋马克斯
出入耶孔道缘浅　　　惟学孟丹我先师
总因勘破因明法　　　学张学李我皆辞
喜则狂跳怒则嗔　　　不懂吠犬与鸣驴
挐絭啮笼悲同类　　　还我林中乐自如
《论语》办来已两载　　　笑话一堆当揶揄
胆小只评前年事　　　才疏偏学说胡卢
近来识得袁宏道　　　喜从中来乱狂呼
宛似山中遇高士　　　把其袂兮携其裾
又似吉茨读荷马　　　五老峰上见鄱湖
从此境界又一新　　　行文把笔更自如
时人笑我真聩聩　　　我心爱焉复奚辞

…………

在这首诗中，林语堂已明确表示出愿据牛角而与社会主流分道扬镳的态度。

郁达夫在《中国新文学大系·散文二集·导言》中对这一时期的林语堂作了这样的评价："'剪拂集'时代的真诚勇猛，是书生本色，至于近来的耽溺风雅，提倡性灵，亦是时势使然，或可视为消极的反抗，有意的孤行。"①

---

① 郁达夫：《中国新文学大系·散文二集·导言》，《郁达夫文论集》，杭州：浙江文艺出版社，第 662 页。

20 年代后期，"为人生"的文学逐渐走向了政治的文学。周作人曾预见了这一转变的可能性。在《新文学的要求》一文里，周作人指出，主张艺术应该"为人生"的人生派认为所有的艺术都必须和人生相关。然而，"这派的流弊，是容易讲到功利里边去，以文艺为伦理的工具，变成一种坛上的说教"①。而 30 年代则见证了文学的政治转向。朱晓进在《五四文学传统与三十年代文学转型》一文中将"五四"时期的文学与 30 年代的文学进行比较。他认为"五四"文学与 30 年代文学的根本区别在于："五四时期是从人性解放、个性主义、新与旧、文明与落后等看待和解释一切；而三十年代是以阶级意识、前进与反动、革命与不革命等角度看问题。"②

文学的目标与功用渐渐从"五四"时期的"立人"变为 30 年代的"立国"。文学也就成了政治的工具和手段。而曾经身为公共知识分子的作家则具有了作家、革命家的双重身份。"五四"时期高扬的个人自由与解放也渐渐在集体主义与民族大义的宏大叙事中退向了边缘。

30 年代的中国，左翼知识分子与右翼知识分子成为文坛的两股强大的力量。北伐胜利以后，国民党在形式上统一中国。1928 年 10 月 26 日，南京国民政府发表《训政宣言》。宣言宣布，军政时期已经结束，开始进入训政时期。训政时期的重点是推行实业计划，而社会的安定对于推行实业至关重要。因此，在维护社会安定的旗号下，国民党政府在思想文化领域进行了高压控制。为了维护三民主义在思想领域的地位，国民党对其他意识形态进行全面肃清，清除异己，加强文化围剿，实行书报检查制度，控制思想言论的自由。蒋介石颁布了《宣传品审查条例》《查禁反动刊物令》《取缔销售共产书籍办法令》《危害民国紧急治罪法》《新出图书呈缴规程》等一系列条例，严密控制文化出版领域的不同见解与思想，稍有不慎，报纸杂志就被查封，有关人员就遭拘捕。

1930 年 3 月 2 日左翼作家联盟正式成立。鲁迅、茅盾、周扬、沈端先、田汉、柔石、蒋光慈、冯乃超、洪灵菲等 50 余名作家加入。左联在中国共产党的领导下，高举无产阶级革命文学的旗帜，译介并宣传马克思主义文艺理论。在成立大会上，"马克思主义文艺理论研究会""国际文化研究会""文艺大众化研究会"等左翼艺术同盟组织成立了。同时，左联以《世界文化》《萌芽》《拓荒者》《大众文艺》《北斗》《文学月报》《文艺新闻》等刊物为阵地宣传马克思主义。

---

① 周作人：《新文学的要求》，杨扬编《周作人批评文集》，珠海：珠海出版社，1998 年，第 42 页。
② 朱晓进：《五四文学传统与三十年代文学转型》，载《中国社会科学》2009 年第 6 期，173 页。

当新文学逐渐走向自由主义、个人主义的对立面时，为了坚守自己的信仰，自由主义知识分子或是采取"逃避主义"，遗世独立，闭门读书，如转向"草木虫鱼"的周作人；或是选择中间立场，采取超政治的态度，在国民党文化专制的控制和左联的攻击中苦苦挣扎，如林语堂。

1928 年底，林语堂将他早期发表在《语丝》《晨报副刊》《莽原》《京报副刊》等杂志上的文章结集为《剪拂集》，由北新书局出版。在序言中，林语堂写道，过去的岁月已犹如隔日黄花，虽然已远去，但却值得保存。曾经的文章正是回忆往昔的纪念品。"愈在龌龊的城市中过活的人，愈会想念留念野外春光明媚的风味。太平百姓越寂寞，越要追思往昔战乱时代的枪声。勇气是没有了，但是留恋还有半分。"① 因此，林语堂指出，将这一文集取名为"剪拂集"意在为往昔的生活剪纸招魂。"南下两年来，反使我感觉北京一切事物及或生或死的旧友的可爱。魂固然未必招得来，但在自己可得到相当的慰安，往日的悲哀与血泪，在今日看来都带一点渺远可爱的意味。"② 这一段文字表明林语堂的思想已经开始发生变化。

1933 年，林语堂将 20 年代末期两三年发表的文章与 30 年代之初的几篇文章结集为《大荒集》。林语堂称之所以给文集取名为《大荒集》是因为"含意捉摸不定，不知如何解法，或是有许多解法，所以觉得很好。由草泽而逃入大荒中，大荒过后，是怎样个山水景物，无从知道，但是好就好在无人知道。就这样走，走，走"。这段耐人寻味的话道出了林语堂在自我坚守时的茫然、苦闷及孤独。"不过有一点，大荒旅行者与深林遁世者不同，遁世实在太清高了，其文逸，其诗仙，含有不吃人间烟火意味，而我尚未能。"③ 林语堂在这里也表明心迹，尽管前路迷茫，他也会继续走下去，不会选择隐逸出世。

1932 年 9 月《论语》创刊。在第一期所发表的《〈论语〉缘起》一文中，林语堂凸显了刊物的中性立场。林语堂说："《论语》社同人，鉴于世道日微，人心日危，发了悲天悯人之念，办一刊物，聊抒愚见，以贡献于社会国家。"随后，林语堂刻意强调了《论语》的非政治性："办报也是因缘际会，有人肯执笔，有人肯拿钱，由是这报就'应运'而生了。"林语堂力避刊物具有某种党派思想与立场。在林语堂所制定的《论语社同人戒条》中，《语丝》发刊词中的担

① 林语堂：《林语堂名著全集》第 13 卷，长春：东北师范大学出版社，1994 年，第 5 页。
② 林语堂：《林语堂名著全集》第 13 卷，长春：东北师范大学出版社，1994 年，第 5 页。
③ 林语堂：《林语堂名著全集》第 13 卷，长春：东北师范大学出版社，1994 年，第 115 页。

当变为了韬晦的"十不"："一、不反革命。""三、不破口骂人（要谑而不虐，尊国贼为父固不可，名之为忘八蛋也不必）。""四、不拿别人的钱，不说他人的话（不为任何方作有津贴的宣传，但可以做义务的宣传，甚至反宣传）。""八、不主张公道，只谈老实的私见。"

在《论语》创刊号的《编辑后记》中，林语堂解释了《论语》刊名的由来与内涵。他指出，选择《论语》作为刊名并不因为《论语》这部书的名气。"论""语"二字各有含义。"论"是指这一刊物是论语社同人聚在一起纵横捭阖、抒发己见的场所。在这里，大家无所不谈，从国家大事谈到儿女私情，指点江山，激扬文字。"语"意为说话，那些无法被归入"论"字的话题只能用"语"字进行概括。在这篇文章中，林语堂也特别强调了《论语》的非政治性："孔家店里的货品，《论语》并不占重要的地位，在这以上还有《春秋》，那是孔老夫子用了他特有的笔法作成，使乱臣贼子发生恐怖的大著。在目下这一种时代，似乎《春秋》比《论语》更需要，它或许可以匡正世道人心，既倒之狂澜，跻国家于太平。不过我们这班人自知没有这一种的大力量，其实只好出出《论语》，决不敢有非分之想，也不敢有非分的举动的。——这是我们特别声明。"①

《论语》与1934年4月创刊的《人间世》、1935年9月创刊的《宇宙风》一起，成了自由知识分子坚守自我的阵地，将一批既不愿成为政府的座上宾也不愿成为阶下囚，既不能认同集团主义又不愿摒弃个人主义，既要远离政治又无法在国家民族危亡之际缄口不言的知识分子收纳其中。前《语丝》的许多作家如林语堂、邵洵美、陶亢德、李青崖、章克标、老向、姚颖、俞平伯、郁达夫、老舍等人成为"论语派"的中坚力量。他们提出"不革命也不反革命"的中性立场，宣布自己对文学自由主义与个性主义的执着。林语堂也以这三个刊物为园地，提倡幽默、闲适、性灵的小品文。1934年林语堂在《〈人间世〉发刊词》中说道："内容如上所述，包括一切，宇宙之大，苍蝇之微，皆可取材，故名之为《人间世》。"② 发刊词中体现了这一刊物在选材上极大的自由度，同时强调了"以自我为中心，以闲适为格调"的小品文文体特征。

林语堂所提倡的幽默、性灵、闲适与当时的时代主题格格不入。在王纲解纽的社会语境中，一方面，林语堂对超政治的小品文的强调固然有"不想杀身以成仁"的明哲保身的考虑，对幽默的提倡便是在白色恐怖下言说方式的调整。郁达

---

① 林语堂：《编辑后记》，《论语》第1期，1932年9月16日。
② 林语堂：《〈人间世〉发刊词》，《人间世》第1期，1934年4月5日。

夫在《中国新文学大系·散文二集·导言》中对幽默盛行的原因进行了归纳。
在他看来，幽默盛行的原因之一在于国民党在思想文化领域的高压控制，没有可
以苦中作乐的地方，因此，只能通过幽默纾解心中的郁闷。其二，既然正面抨击
及反抗是不可以的，不能正说，那就只有反说了，寄幽愤于嬉笑。① 另一方面，
林语堂对小品文的提倡在某种程度上也是对文学工具化及文学功利主义的回避及
无声抵抗，这与他在"五四"时期放弃《现代评论》而投《语丝》的出发点是
相同的。他有意用幽默、闲适、性灵来消解人生社会中的政治因素，使政治不至
成为高于一切的标准和要求。在《米老鼠》一文中，林语堂明确地强调了这一
点。他指出，文学并不应该仅仅具有怡情的功能，但是如果将文学作为某一主
义、某一政治体制的宣传工具他是强烈反对的。他继而提出了他对文学功用的看
法："然而人类的生活是太复杂了，难以用任何一条社会主义的标语来加以概括
或把它硬塞到一种主义中去的。……文学最要紧的是必须要打动人心，只要它把
生活描写得真实。"② 在《有不为斋解》中，他提出："我极恶户外运动及不文雅
的姿势，不曾骑墙，也不会翻筋斗，不论身体上，魂灵上，或政治上。我连观察
风势都不会。我不曾写过一篇当局嘉奖的文章，或是选过一句士大夫看得起的名
句，也不曾起草一张首末得体同事认为满意的宣言。也不曾发，也不曾想发八面
玲珑的谈话。……我不好看政治学书，不曾念完三民主义，也不曾于幽默三分
时，完全办到叫思想我听指挥。……我喜欢革命，但永不喜欢革命家。"③

在强调文学超政治的同时，林语堂反复提出文学"近人情"。"原来文学之
使命无他，只叫人真切的认识人生而已。"④ 在《今文八弊》中林语堂指出，文
学革命的目标，不仅仅在于文字词句篇章，而在于尽可能地接近人生，"而达到
较诚实较近情的现代人生观而已"⑤。在《且说本刊》一文中，林语堂指出，文

① 郁达夫：《中国新文学大系·散文二集·导言》，《郁达夫文论集》，杭州：浙江文艺出版社，第
661－662页。

② 林语堂：《米老鼠》，《林语堂名著全集》第15卷，长春：东北师范大学出版社，1994年，第74
页。

③ 林语堂：《有不为斋解》，《林语堂名著全集》第14卷，长春：东北师范大学出版社，1994年，
第45－46页。

④ 林语堂：《今文八弊》，《林语堂名著全集》第18卷，长春：东北师范大学出版社，1994年，第
118页。

⑤ 林语堂：《今文八弊》，《林语堂名著全集》第18卷，长春：东北师范大学出版社，1994年，第
118页。

学创作应"以畅谈人生为旨，以言必近情为戒约"①。他认为近情的文学作品"并不一定呐喊"，而是"怡养性情有关人生之作"，而那种"不近人情的文学观"则将文学视为"政治丫环"，只言"文章报国"，不谈人生之事，其"结果文调愈高，而文学离人生愈远，理论愈阔，眼前做人道理愈不懂"。②

林语堂超政治、近人情的文学观继承了"五四"新文学的主张，即文学应言个人之志，同时也是对中国传统的"文以载道"的廊庙文学的抵抗，"廊庙文学，都是假文学。就是经世之学，狭义言之，也算不得文学"③。与"五四"时期文学研究会"为人生"的文艺观相比，林语堂提出的近人情的文学主张在精神实质上并不相同，而是对周作人"人生的艺术派的文学"的承袭与发展。在文学精神上，论语派与语丝派是一脉相承的。

然而，30年代以鲁迅为首的左翼作家的文学旨趣迥然不同，他们对提倡幽默、闲适、性灵的小品文发起了强烈的口诛笔伐。30年代中期关于小品文的论争，就是左翼发起的针对林语堂的一次文学围剿。在鲁迅眼中，林语堂的小品文成了"琥珀扇坠、翡翠戒指"，是文学上的"小摆设"。④鲁迅发表了《从讽刺到幽默》《小品文的生机》《杂谈小品文》等一系列文章对小品文进行抨击。此外，1934年茅盾发表了《关于小品文》，1935年《太白》杂志发表了周木斋的《小品文杂说》、洪为法的《我对于小品文的偏见》等文，对林语堂幽默闲适的小品文创作提出了尖锐的批评。左翼对林语堂批评的主要立足点是时代。胡风说："但可惜的是在这个大地上咆哮着的已经不是'五四'的狂风暴雨。"⑤林语堂在《时代与人》一文中对左翼的批评进行了反驳。他尖锐地批判了那些跟风时代的人，把他们比作"投机主义者"和"赶热闹者"，并称赞了辜鸿铭、康有为等"落伍者"。他指出，辜鸿铭、康有为虽然落伍，却保持了个人人格的独立。而一个时代伟大与否取决于这个时代的人是否伟大。他以周作人为例进而指出，虽

---

① 林语堂：《且说本刊》，《林语堂名著全集》第18卷，长春：东北师范大学出版社，1994年，第148页。

② 林语堂：《且说本刊》，《林语堂名著全集》第18卷，长春：东北师范大学出版社，1994年，第146页。

③ 林语堂：《论幽默》，《林语堂名著全集》第14卷，长春：东北师范大学出版社，1994年，第6页。

④ 鲁迅：《小品文的危机》，《鲁迅全集》第4卷，北京：人民出版社，1981年，第575页。

⑤ 胡风：《林语堂论》，载子通编《林语堂评说七十年》，北京：中国华侨出版社，2003年，第252页。

然周作人落伍了，但他的作品却不会落伍。① 林语堂在该文中更尖锐地指出：
"怕为时代遗弃而落伍者，先已失去自己，终必随那短短的时代而落伍。"② 此
外，林语堂在《论语》上先后发表了《四十自叙》《做人与作文》《游杭再记》
《我不敢游杭》等文章，在《人间世》发表了《今文八弊》，对左翼的批评予以
回应与反击。

虽然林语堂及论语派一再强调"不谈政治"，然而在实际的创作中他们是激
进与闲适并存的。论语派延续了语丝派的公共知识分子立场，虽然"西装亦谈，
再启矣谈，甚至牙刷矣谈，颇有走入牛角尖之势"，然而他们却一直没有放弃一
个公共知识分子所应有的社会关怀。林语堂的小品文呈现出独特的社会批判角
度。和左联不同，林语堂的社会批评不是呐喊式的，而是寓庄于谐的。与"语
丝"时期相比，在他的社会批评中，"绅士鬼"多了一点而"流氓鬼"少了一
点。这些文章或针砭统治者的不抵抗政策和文化专制，或探讨中国国民性问题，
或揭露官场的政治病，或揭露社会种种不良世相。

唐弢在《林语堂论》中说："从林语堂身上找不出一点中庸主义的东西。他
有正义感，比一切文人更强烈的正义感：他敢于公开称颂孙夫人宋庆龄，敢于加
入民权保障同盟，敢于到法西斯德国驻沪领事馆提抗议书，敢于让《论语》出
'萧伯纳专号'，敢于写《中国何以没有民治》、《等因抵抗歌》……等等文章，
难道这是中庸主义吗？当然不是。"③

在《论政治病》一文中，林语堂犀利地针砭了当时官僚们忙于吃喝、饭局
不断的腐败风气。他戏谑道，官员中肠胃疾病的盛行就在于官员每周的饭局太
多。他甚至做了统计，一个官员平均每星期有 14 顿中饭，24 顿晚饭。因此，他
犀利地对这一乱象进行了批判："我相信凡官僚都贪食无厌；他们应该用来处理
国事的精血，都挪起消化燕窝鱼翅肥鸭焖鸡了。"④ 在《梳、篦、剃及其他》一
文中，林语堂揭露了官僚对百姓的残酷剥削。这篇文章由四川流行的一首童谣展

① 林语堂：《时代与人》，《林语堂名著全集》第 18 卷，长春：东北师范大学出版社，1994 年，第
30 页。

② 林语堂：《时代与人》，《林语堂名著全集》第 18 卷，长春：东北师范大学出版社，1994 年，第
30 页。

③ 唐弢：《林语堂论》，载子通编《林语堂评说七十年》，北京：中国华侨出版社，2003 年，第 264
－265 页。

④ 林语堂：《论政治病》，《林语堂名著全集》第 14 卷，长春：东北师范大学出版社，1994 年，第
29 页。

开。童谣云：匪是梳子梳，兵是篦子篦，军阀就如剃刀剃，官府抽筋又剥皮。根据这一童谣，林语堂对官员对百姓的残酷盘剥以及贪得无厌大加鞭挞。"据此可知搜刮本领，匪不如兵，兵不如将，将又不如官。中国之官，只是读书土匪。"①言辞犀利，力透纸背。

在社会主流意识形态的影响下，这一时期翻译活动的最大特点便是马克思主义文艺理论的大规模译介。从数量上看，这一时期文艺理论的译介远远超过了文学作品的翻译。在左联的领导和组织下，30 年代初期出现了马克思主义文艺理论和苏联文学的译介热潮。鲁迅和瞿秋白是译介马克思主义文艺理论的两位旗帜人物。瞿秋白翻译了马克思主义文艺论文集《现实》、恩格斯的《致玛·哈克纳斯》、普列汉诺夫的《论易卜生的成功》《别林斯基的百年纪念》等。鲁迅翻译了普列汉诺夫的《东勒芮绥夫斯基的文学观》《艺术论》、瓦浪斯基的《文艺政策》等。除鲁迅和瞿秋白外，冯雪峰翻译了普列汉诺夫的《艺术与社会生活》、罗那卡尔斯基的《艺术之社会的基础》、梅林格的《文学评论》、弗里契的《艺术社会学底任务及问题》等，沈起予翻译了高尔基的《戏曲论》《儿童文学的"主题"论》、马尔罗的《报告文学的必要》。此外，比较重要的马克思主义译介文艺理论还有《伊里几的艺术观》（列裘耐夫著，沈端先译）、《史的一元论》（普列汉诺夫著，林伯修译）、《革命与艺术之曲线的联系》（卢那察尔斯基著，毛腾译）。

在译介马克思主义文艺理论的同时，为了促进无产阶级革命文学的创作，许多翻译家投入到了翻译苏联社会主义现实主义文学的事业中去。随着左翼文学运动的开展，俄苏文学作品逐渐成为外国文学翻译的中心。据马祖毅在《中国翻译通史》中的统计，从 1928 年到 1937 年的 10 年间，共出版俄苏文学译作达 140 种。影响较大的译作主要有《毁灭》（法捷耶夫著，鲁迅译）、《母亲》（高尔基著，沈端先译）、《士敏土》（革拉特珂夫著，董绍明、蔡咏裳译）、《静静的顿河》（唆罗诃夫著，贺非译）、《铁流》（绥拉菲摩维支著，曹靖华译）等。此外，值得一提的是，俄苏文学的译介有较强的系统性，出现了大量俄苏文学的作品专集。如曹靖华编译的《烟袋〈苏联短篇小说集〉》、文学周报社编的《苏俄小说专号》、鲁迅等译的《果树园》、傅东华编译的《村戏〈新俄小说集〉》、冯雪峰译的《流冰（新俄诗选）》、郭沫若译的《新俄诗选》。作品被译得最多的是高尔

① 林语堂：《梳、篦、剃及其他》，《林语堂名著全集》第 14 卷，长春：东北师范大学出版社，1994 年，第 276 页。

基，达44种。此外，屠格涅夫、契诃夫、托尔斯泰、陀思妥耶夫斯基的作品也获得了极大的关注。

在这一时期，除俄苏文学外，其他国家的批判现实主义文学也获得了大量译者的青睐。19世纪批判现实主义文学获得关注的有英国的狄更斯、哈代、萨克雷等，法国的巴尔扎克、司汤达、大仲马、福楼拜、莫泊桑等，美国的马克·吐温、欧·亨利、霍桑等，日本的夏目漱石等。20世纪批判现实主义文学中被译介的包括法国的巴比塞、纪德，德国的托马斯·曼，英国的高尔斯华绥、威尔斯、劳伦斯，美国的德莱塞、杰克·伦敦、辛克莱等人的作品。

林语堂这一时期的翻译取材延续了20年代的社会关怀，强调作品对人生、对社会的思考。然而，在这一时期，林语堂在取材上表现出了与社会主流不同的价值取向。如果说20年代林语堂所重点关注的是"为人生"，那么30年代林语堂则更加重视社会性与艺术性的结合。在这一时期，林语堂对作品艺术性的强调也是抵抗文学以政治为纲的一种方式。

林语堂30年代曾在《中国评论》（*The China Critic Weekly*）的"小评论"专栏发表了一系列英语小品文和演讲。1935年，商务印书馆将这些英文小品文及演讲结集出版，取名为"The Little Critics"。林语堂在这一时期将这些英文文章的一部分译为汉语，发表在他所主办的《论语》《人间世》《宇宙风》中。如：《中国文化之精神》（"The Spirit of Chinese Culture"）、《中国的国民性》（"The Chinese People"）、《半部韩非治天下》（"Han Fei as a Cure for Modern China"）、《婚嫁与女子职业》（"Marriage and Careers for Women"）、《中国究有臭虫否》（"Do Bed-bugs Exist in China"）、《思孔子》（"The Other Side of Confucius"）、《论西装》（"On Chinese and Foreign Dress"）、《脸与法治》（"What is Face"）、《我的戒烟》（"My Last Rebellion Against Lady Nicotin"）等。这些小品文针砭时弊，体现了林语堂对社会、人生的思索。

1936年，林语堂翻译了刘鹗的《老残游记》。

鲁迅在《中国小说史略》中提出"谴责小说"的概念。鲁迅指出晚清有"四大谴责小说"。它们是李伯文的《官场现形记》、吴沃尧的《二十年目睹之怪现状》、刘鹗的《老残游记》、曾朴的《孽海花》。这四部小说均是在晚清社会风雨飘摇、国家内忧外患、统治阶级不思改革进取、"戊戌变法"最终失败的社会背景下产生的。它们以对社会的揭露和犀利的批判著称，文人难以施展励精图治的抱负，因此只能寄悲愤于小说，将小说作为吐露心声，发泄失意、不满的途径。《老残游记》从一个摇串铃的走方郎中老残的视角出发，讲述了老残在中国大地游历的所见、所闻、所思、所感。在小说的第一回，刘鹗将当时的中国比作一艘行将沉没的大船。船上有几种人，他们分别代表了当时中国社会不同的阵营。以船主为首的掌舵管帆的人，影射上层的封建统治集团；乘客中鼓动造反的人，喻指当时的革命派；此外，还有搜刮乘客的"下等水手"，意指那些为非作歹的统治阶级爪牙。究竟怎样才能挽救这只行将覆灭的大船呢？作者认为：唯一的办法是给它送去一个"最准的"外国方向盘，即汲取一些西方文明的精华来进行修补。《老残游记》所描写的中国社会状态与30年代风雨飘摇的中国社会有着惊人的相似之处。林语堂选择《老残游记》就是看中了这部小说的社会意义。

老残才智极高，正直善良，疾恶如仇，他关心国家和民族的命运，对普通百姓的疾苦深为同情。他侠肝义胆，从善如流，竭尽所能帮助百姓脱离困境。此外，与传统中国文人"学而优则仕"不同，虽然老残坚持社会关怀，却淡泊名利，不入宦途，代表着新式的中国文人形象。在这一点上，深得林语堂之心。

无论是作者刘鹗，还是书中的主人公老残都与林语堂"革命但不革命家"的思想深深契合。刘鹗也与传统文人不同。他对科举做官并不太热衷。他虽然参加过两次科举考试，在落第后却并不坚持再考。他更关心那些实用的、经世致用的学问，如数学、力学、医学、河工等。

此外，《老残游记》就艺术性而言在晚清小说中是比较突出的。它独特的游记体令人耳目一新。在语言运用方面更是令人叹服，景物描写准确逼真，书中千佛山的景致、桃花山的月夜都令人赞叹不已。音乐描写出神入化，在描绘王小玉唱大鼓时，刘鹗运用一连串生动的比喻，让人如临其境。心理描写细腻入微，场面描写宏伟壮观，显示出刘鹗高超的语言驾驭能力。同林语堂一样，刘鹗也认为文章应打破格套，忌剽窃陈言。在书中第十三回，刘鹗就借妓女翠环之口痛骂那些用滥调套语作诗的诗人，坚决反对那种无病呻吟、"不过是造些谣言罢了"的文学创作。在《论文》一文中，林语堂明确表示对《老残游记》艺术成就的赞赏。林语堂提到，公安竟陵派的文章接近西洋的小品文，"其长处是，篇篇有骨气，有神采，言之有物；其短处，是如放足妇人。集中最好莫如张岱之《岱志》《海志》，但是以此两篇与用白话写的《老残游记》的游大明湖听书及桃花山月下遇虎几段相比，便觉得如放足与天足之别"①。

① 林语堂：《论文》，《林语堂名著全集》第14卷，长春：东北师范大学出版社，1994年，第145页。

1935 年，林语堂将沈复的《浮生六记》翻译成英文在《天下》杂志连载，1939 年，上海西风社将林语堂译本结集出版。《浮生六记》是深得林语堂喜爱的一部作品。1939 年以后，林语堂屡次将《浮生六记》收录于他的翻译作品集。在 1948 年美国出版的《中国和印度的智慧》中林语堂将自己英译的《浮生六记》全文收录。在 1960 年美国出版的《古文小品译英》中，林语堂选录了《浮生六记》的一部分内容。

《浮生六记》并不关乎国家民族的宏大叙事。林语堂通过《浮生六记》寄托对生活的思索。

林语堂在译者序中说："芸，我想，是中国文学上一个最可爱的女人……我现在把她的故事翻译出来，不过因为这故事应该叫世界知道：一方面以流传她的芳名，又一方面，因为我在这两位无猜的夫妇的简朴的生活中，看她们追求美丽，看她们穷困潦倒，遭不如意事的磨折，受奸佞小人的欺负，同时一意求享浮生半日闲的清福，却又怕遭神明的忌——在这故事中，我仿佛看到中国处世哲学的精华在两位恰巧成为夫妇的生平上表现出来。两位平常的雅人，在世上并没有特殊的建树，只是欣爱宇宙间的良辰美景，山林泉石，同几位知心友过他们恬淡自适的生活——蹭蹬不遂，而仍不改其乐。"[①]

沈复的人生哲学深受道家思想的影响。沈复的童年好友石琢堂任潼关观察时，在沈复居室的匾额上题了"不系之舟"四个字。"不系之舟"语出《庄子》杂篇之《列御寇》中楚国隐士伯昏瞀人对列子说的一席话："巧者劳而知者忧，无能者无所求，饱食而敖游，泛若不系之舟，虚而敖游者也。""不系之舟"即是指自我的自由存在，是超越社会礼教束缚的真实的自我。

沈复给自己的书取名为《浮生六记》也源自于此。《庄子》外篇之《刻意》中有"其生若浮，其死若休"之句，意为人生在世时如浮游，而死去则如休息，人生只是无垠的时空中的一个短暂的片段。因此，人在世间的短暂时光里，应顺乎自然，恬淡无为，回复上古社会淳朴、简单的生活。而在实际的生活中，沈复尽力避开世俗的纷扰与束缚，不愿像巧者智者那样劳碌，追求逍遥自在自得其乐的生活，希望做一叶没有羁绊自在游荡的小舟。

幸运的是，沈复找到了与他志趣相投的佳偶陈芸。沈复与陈芸的婚姻生活简单恬淡，怡然自适。林语堂在《〈浮生六记〉序》中由衷地赞叹了沈复夫妇的生

---

① 沈复：《浮生六记》，林语堂译，北京：外语教学与研究出版社，1999 年，第 17 - 18 页。

活哲学，并称赞他们体现了中国处世哲学的精华。在林语堂看来，"我相信淳朴恬退自甘的生活（如芸所说'布衣菜饭，可乐终身'的生活），是宇宙间最美丽的东西"①。

道家思想对林语堂的影响也极深。林语堂的长篇小说《京华烟云》便是一部浸润着道家思想的作品。林语堂期望用"道"来表现中国传统文化思想对普通中国人精神的影响。《京华烟云》与《浮生六记》在精神内核上颇为接近。"京华烟云"这一书名的立意就是"浮生若梦"的人生状态。

林如斯在《关于〈京华烟云〉》一义中说，犹如庄子"出三句题目教林语堂去做"②。这三句题目指的是《京华烟云》上、中、下三卷的标题之下，分别用了庄子的《大宗师》《齐物论》《知北游》中的三句话作为题旨。这三句话表达的意思是：天地之间唯有"道"长存，道生一、一生二、二生三、三生万物。生与死、祸与福、物与影、是与非等各种现象，都是道的物化。人生聚散之间，万物统一在生死循环之中，这一切都是道的作用和显现。无论是情节的设定，还是人物的塑造，《京华烟云》都弥漫着"生死循环""浮生若梦"的道家哲学。在情节的设定上，林语堂让整个故事始于逃难，终于逃难，表现出一种世事难料的人生形态，体现了庄子关于人生形态的阐释，"梦饮酒者，旦而哭泣；梦哭泣者，旦而田猎……是其言也，其名为吊诡"。

在《〈浮生六记〉序》中，林语堂说："芸，我想，是中国文学上一个最可爱的女人。"③ 芸与《京华烟云》中的主人公姚木兰有几分相似。芸虽然是"道家的女儿"，但却是一个有着现代精神的与众不同的女性。她不畏世俗的眼光，大胆地爱着她的丈夫。她不恪守陈规，大胆挣脱礼教的束缚，勇敢地与丈夫一起畅游山水胜迹，远非当时受封建礼教束缚的旧式女子可比。而在《京华烟云》中，姚木兰也承载着林语堂对理想女性的想象。姚木兰是"道家的女儿"，她秉持着道家超然、淡定的人生观。木兰的一生顺其自然，宽怀处世。然而，木兰这一形象又不仅仅囿于"道"的范畴，而是"汇集了林语堂对道、儒、佛以及基督教等多种宗教文化思想的多重理解"④ 的理想的女性形象。林如斯说："父亲

---

① 沈复：《浮生六记》，林语堂译，北京：外语教学与研究出版社，1999 年，第 19 页。
② 林如斯：《关于〈京华烟云〉》，林语堂《林语堂名著全集》第 1 卷，长春：东北师范大学出版社，1994 年，第 2 页。
③ 沈复：《浮生六记》，林语堂译，北京：外语教学与研究出版社，1999 年，第 17 页。
④ 刘勇：《林语堂〈京华烟云〉的文化意蕴》，载子通编《林语堂评说七十年》，北京：中国华侨出版社，2003 年，第 419 页。

曾说:'若为女儿身,必做木兰也!'可见木兰是父亲理想的女子。"①

在艺术表现上,《浮生六记》是近情的,是主真的,是林语堂心目中性灵的文学。沈复的文字简洁晓畅,清新自然,是林语堂在《文章五味》中所推崇的咸淡之文。林语堂在《论本色之美》一文中对沈复的文笔大加赞赏:"吾深信此本色之美。盖做作之美,最高不过工品,妙品,而本色之美,佳者便是神品,化品,与天地争衡,绝无斧凿痕迹。近译《浮生六记》,尤感觉此点。沈复何尝有意为文?何尝顾到什么笔法波澜?只是依实情实事,一句一句一段一段写下来,而结果其感人魔力,万非一般有意摹写者所能望其肩背。称之为化工,也未尝不可。文人稍有高见者,都看不起堆砌辞藻,都渐趋平淡,以平淡为文学最高佳境;平淡而有奇思妙想足以运用之,便成天地间至文。"②

简而言之,这一时期林语堂在翻译取材上,已呈现出异于社会主流的选择。林语堂在这一时期的翻译选材标准一方面延续了为人生、近人情的主题,另一方面,也注重社会性与艺术性的结合。

第三节　林语堂出国写作时期的翻译活动

1936 年林语堂举家前往美国,在 1936 年至 1966 年的 30 年间,林语堂亲身感受到西方世界的信仰危机。当时的西方社会面临两大困境:一是社会生产的高度工业化所带来的人性的异化,二是两次世界大战对西方价值体系的摧毁。

"异化"(alienation)原是经济学的一个术语,表示货物的出售和出让。这个词后来引申为自由的丧失以及人的自然权利向社会的出让。马克思也研究过异化问题,马克思指出了人与人之间的异化关系。弗洛姆在《幻想锁链的彼岸》一书中指出,在当时高度工业化的社会中,人与人之间的异化关系已达到了如精神病般的疯狂程度,并具有吞噬和撼动传统政治、道德、宗教的强大破坏力。而

① 林如斯:《关于〈京华烟云〉》,林语堂《林语堂名著全集》第 1 卷,长春:东北师范大学出版社,1994 年,第 3 页。
② 林语堂:《说本色之美》,林语堂《林语堂名著全集》第 18 卷,长春:东北师范大学出版社,1994 年,第 387－388 页。

"病态的人"也正是当时社会最重要的症结。①

两次世界大战也对西方社会产生了深远的影响。第一次世界大战有 30 多个国家参加，13 亿人卷入，3000 多万人丧生。第二次世界大战则更加疯狂，死亡人数是第一次世界大战的 5 倍。欧洲大地哀鸿遍野、生灵涂炭，几个世纪以来所构建的理性、道德、信仰等在战争的硝烟中显得如此苍白无力。莎士比亚所高扬的人性的光辉被战争的炮火击得粉碎。在这空前惨烈的浩劫中，尼采不禁惊呼"上帝死了"。奥地利作家彼得·汉德克说："天堂的大门已经关闭，现代人已没有任何希望，他们的灵魂将永远在这个世界上徘徊游荡。"②

在这样的社会背景下，西方人所坚持的价值及信念开始幻灭，他们对这世界甚至人生的意义感到无比绝望。一切似乎都不再有意义，人生也没有目标可言，人心空虚，焦虑不安。这种虚无感和幻灭感充分体现在这一时期的文学作品中。

现代主义文学是 20 世纪初以来西方反传统的文学流派、思潮的统称，它包括诸如后期象征主义、表现主义、未来主义、超现实主义、意识流小说等具体的文学现象和流派。现代主义文学集中地反映了动荡不安的 20 世纪欧美社会的思想状态。现代主义文学深受叔本华的唯意志哲学、尼采的权力意志哲学、柏格森的生命哲学、弗洛伊德的精神分析理论以及萨特的存在哲学的影响。现代主义文学强调展现人内心的真实感受。叔本华和尼采的思想为现代主义文学打上了悲观主义的烙印。在叔本华看来，非理性的意志为世界的本源。这些意志体现在人的欲望中，而欲望在现实世界中很难实现，因此人生是痛苦的、悲剧的。而尼采在 19 世纪末宣布"上帝死了"，为了寻找新的价值，尼采找到了古希腊的悲剧精神。

袁可嘉从思想内容的角度对现代派文学的特征进行了归纳，他指出："现代派在思想内容方面的典型特征是它在四种基本关系上所表现出来的全面扭曲和严重异化：在人与社会、人与人、人与自然（包括大自然、人性和物质世界）和人与自我四种关系上的尖锐矛盾和畸形脱节，以及由此产生的精神创造和变态心理，悲观绝望的情绪和虚无主义的思想。"③

后期象征主义代表作家艾略特的《荒原》向我们展示了 20 世纪 20 年代前后

---

① 弗洛姆：《在幻想锁链的彼岸》，张燕译，长沙：湖南人民出版社，1986 年，第 62 页。

② 章国锋：《"天堂的大门已经关闭"——彼得·汉德克及其创作》，载《世界文学》1992 年第 3 期，第 303 页。

③ 袁可嘉：《外国现代派作品选·前言》第 1 册（上），上海：上海文艺出版社，1980 年，第 5 页。

西方世界价值的失落所带来的人心的荒芜、理想的幻灭和绝望。这首长诗的开头便揭示了主题："是的，我自己亲眼看见古米的西比尔吊在一个笼子里。孩子们问她：'西比尔，你要什么？'的时候，她回答说，'我要死。'"西比尔是古希腊神话中的女先知，她向日神要求长寿。她活到700岁，老年的痛苦已忍受了许久许久，但她还得一直活下去。这种不死不活、生不如死的状态就是荒原状态：痛苦地活着而昔日的繁华与幸福早已无迹可寻。荒原则象征着西方文明。

源于达达主义（Dadaism）的超现实主义文学则希望超越现实，到人的梦境中寻找人的本质。达达主义的创始人将"达达"作为他们团体的名字，取其"毫无意思"之意，表达了他们对现实的理解———一切都是虚无。

产生于德国的表现主义文学对西方社会中人性的压抑、人的异化和战争的残酷进行了揭露和批判。表现主义作家大都是悲观主义者。他们认为，机器文明是西方社会一切悲剧的根源，人类正在自掘坟墓，一步步走向灭亡。卡夫卡的《变形记》是一部表现人性异化的著名作品。《变形记》着重描写了人变成甲虫后所体会到的灾难感和孤独感。主人公既是人又是虫，它能体会到人与虫的双面痛苦。从甲虫的视角去看人类，看到的是一群冷漠、空虚的芸芸众生；从人的角度看虫，虫也就愈发怪异和不可理解。而主人公格里高尔夹杂在人与虫之间，无所归属，最终只能凄惨地死去。

布莱西特的《四川好人》以中国为背景，描写了一个名叫沈黛的妓女欲为善而不能的故事。布莱西特通过这一作品提出这样一些问题：在当时的西方社会中究竟是否还有好人的存在？好人在这样的社会中还能否生存？而在奥尼尔的悲剧中，剧中的人物总是被一种不可把握的力量所控制，最终走向幻灭与死亡。奥尼尔着重表现现代人困惑、苦闷的内心世界，以及在物质世界中灵魂的迷失与精神的陷落。

在对现实的不满中，意识流派的作家竭力逃离现实，而躲进个人的主观世界中去寻求自我价值，通过挖掘和表现人类的潜意识、病态意识和变态意识而自得其乐。

而存在主义文学则表现出强烈的人文关怀。萨特倡导一种直面现实人生的主观精神选择。萨特存在主义思想包含两层含义：一为客观世界的荒诞虚无，二为人的自由及自由选择的问题。在萨特的小说《恶心》中，主人公一直在努力寻找着什么。"恶心"意指现代人对自身处境的反应，这种反应表现为不适及厌恶。然而，在荒诞的世界里，这种追寻又注定没有目标与结果。

　　第二次世界大战以后出现在西方的后现代文学延续了现代主义文学中人的挣扎主题。人们对原子弹的强大杀伤力记忆犹新，对美、苏两国的核军备竞赛忧心忡忡。1955 年出现的"垮掉派"文学深受存在主义的影响，他们强调世界的荒诞和人与人之间的异化关系，但在对现实的绝望中，他们抛弃了存在主义强调行动与选择的积极因素。垮掉派的年轻人虽然对第二次世界大战后美国的物质、拜金现象感到非常失望，但却对改变现状无能为力。因此，他们只能消极抵抗，逃离让他们感到厌恶的社会。他们以享乐主义为人生观，但内心却极度空虚。他们吸毒、酗酒，在不同城市之间游荡，生活没有目的，彻底垮掉。

　　金斯堡的《嚎叫》对垮掉派的生活进行了生动的描写：

> 我看见一代精英被疯狂摧残殆尽，饿着肚
> 子歇斯底里地赤裸着身体，
> 黎明中踉跄地走过黑人街四下寻觅想给自己狠
> 狠地打上一针海洛因，
> …………
> 他们在想象的旅馆里吞吃火焰在天堂胡同里饮
> 服松节油，要么死去，要么夜复一夜净炼自己
> 的躯干，做着梦，吸着毒，伴着苏醒的恐怖，
> 乙醇，同性恋爱和跳不完的舞会。

　　出现在 60 年代的黑色幽默以冷漠超然的态度将人生的痛苦和悲剧喜剧化。黑色幽默以夸张的幽默手法嘲讽人类的灾难、人生的不幸和痛苦。"他们把精神、道德、真理、文明等等的价值标准一股脑儿颠倒过来（其实是现实把这一切都已颠倒了），对丑的、恶的、畸形的、非理性的东西，使人尴尬、窘困的处境，一概报之以幽默、嘲讽，甚至'赞赏'的大笑，以寄托他们阴沉的心情和深渊般的绝望。"① 黑色幽默的代表作《第二十二条军规》便嘲讽了现代社会的"有组织的混乱"和"制度化的疯狂"。

　　在一片对人性的质疑声中，林语堂并没有随之改变。他这一时期的翻译作品延续了"立人"的主题。林语堂希望通过他的翻译传播自然美好的人性，让"荒原"般的西方社会重拾信心。

---

① 　汤永宽：《〈第二十二条军规〉译本序》，上海：上海译文出版社，1981 年，第 2 页。

林语堂在这期间出版了几本独立成册的翻译作品：《有不为斋古文小品》
（1940）、《冥寥子游》（1940）、《杜十娘》（1950）、《寡妇、尼姑与妓女》
（1951）、《全寡妇》（1952），其中《寡妇、尼姑与妓女》是《全寡妇》《老残游
记二集》和《杜十娘》三篇翻译或改写的作品合编。然而最值得关注的是他的
编译作品。

编译是林语堂这一阶段翻译的主要方式。在 1938 年美国兰登书屋出版的
《孔子的智慧》和 1948 年出版的《老子的智慧》中，林语堂通过编译构建了他
的人学大厦。通过这两本译著，林语堂试图建立起他心目中完美的人性。

在《英译重编传奇小说》中，林语堂通过改写挖掘了作品中具有普适价值
的人性，塑造了一个个鲜活的、自然的、情感丰富的人。

而《苏东坡传》则是对美好人性的礼赞，表现出人性中积极的一面。

1945 年，林语堂开始着手写《苏东坡传》（*The Gay Genius: The Life and Times
of Su Tungpo*）。这本书花了林语堂整整三年时间。在此书的序言中林语堂说：
"1936 年，当我举家赴美时，我带了一批精选的印刷细密的中文参考书，其中包
括一些关于苏东坡的珍本及古本。虽然会在行李中占据很多位置，但也被我抛之
脑后了。那时我打算写一本关于苏东坡的书，或者翻译他一些诗歌和散文。即使
我没有时间实现，我也希望苏东坡能在我客居异乡的岁月中一直陪伴我。"[①] 当
林语堂开始动笔写《苏东坡传》时，他将这两件事合而为一。在这本书中，林
语堂翻译了苏东坡的许多诗词。这些诗词按照不同的主题，夹杂在不同的章节
中，为深化主题起到了重要的作用。在《八十自叙》中，林语堂将《苏东坡传》
列为比《生活的艺术》《京华烟云》自己更为得意的作品。

对于苏东坡，林语堂毫不吝惜他的赞美之词，"守正不阿""放任不羁""高
士""天才""光风霁月""亦庄亦谐"。"一个鲜活的人就像一个谜。这世上只
可能出现一个苏东坡，不可能再有第二个。要定义这样一个人是很难的。在这样
一个多才多艺、生活多彩的人的生活和性格中，挑选出一些吸引读者的品质是很
容易的。我们可以说，苏东坡是天生的乐天派，是伟大的人道主义者，是人民的
朋友，是散文大师，是想法新奇的画家，是伟大的书法家，是酿酒的饯行者，是
工程师，是瑜伽的修炼者，是佛教信徒，是士大夫，是皇帝的秘书，是酒鬼，是
仁慈的法官，是从政时不同流合污者，是月下漫步者，是诗人，是风趣幽默的

---

① Lin Yutang：*The Gay Genius: The Life and Times of Su Tungpo*，Beijing：Foreign Language Teaching and
Research Press，2010，p. XIII.

人。然而这一切加起来都不足以完全表现苏东坡是一个什么样的人。我想最能概括苏东坡的便是，一提到苏东坡，在中国总能引起人会心的微笑。与其他中国诗人相比，苏东坡拥有最丰富的个性、天才的幽默感、广博的智慧和一颗赤子之心——他是耶稣所称赞的兼具蛇的智慧及鸽子的温和的综合体。不得不承认，这样的复合体是世上罕见的，但确有这样一个人！"①

此书的英文题目"The Gay Genius"直译为"快乐的天才"。这一题目也反映了林语堂对苏东坡的萃取。苏东坡是林语堂心目中美好人性的代表，是浓缩林语堂理想的人格符号。苏东坡体现了一种自由、独立的人性和积极的人生观，是"具有现代精神的古人"②。而这也与林语堂"人活着要快乐"的人生观有着精神上的共鸣。苏东坡的"快乐"是林语堂要着力表现的人性内核。林语堂说，"苏东坡的一生活得坦荡纯粹，无论即将面临什么，他总是唱歌吟诗，随性从容。这正是今天的读者欣赏他的原因，以及在我这本书中想要着力表现描绘的，但也许只有他自己才是自己最合适的言说者。"③ 苏东坡是已参透人生真谛的人。

在《苏东坡传》中，苏东坡的快乐体现为对生活的热情。无论身处何地，苏东坡总是能随遇而安，饱览各地山水。他喜欢在月夜泛舟湖上，对酒当歌。在此书中，林语堂收录并翻译了苏东坡的《入峡》《湖上夜归》《寒食未明至湖上太守未来两县令先在》等诗。《入峡》一诗是三苏父子进京赴任路过三峡所写。《湖上夜归》描写的是苏东坡任杭州通判时，某天与山僧闲话，结束时发现天已黑，穿过灯火通明人群拥挤的夜市回到家中的情景："……睡眼忽惊矍，繁灯闹河塘。市人拍手笑，状如失林獐。始悟山野姿，异趣难自强。人生安为乐，吾策殊未良。"《寒食未明至湖上太守未来两县令先在》一诗则描写了苏轼携家共游西湖的场景。林语堂只摘译了此诗最为精彩的两句："映山黄帽螭头舫，夹道青烟雀尾炉。"苏东坡在这两句诗中描绘船夫的黄头巾，衬托着碧绿的山光煞是好看。

更为重要的是，苏东坡的一生历经宦海风波，饱受生死离别。屡遭打击却没有摧毁他对生活的热爱和他高洁的人格。在《苏东坡传》中，林语堂着重展现

---

① Lin Yutang：*The Gay Genius: The Life and Times of Su Tungpo*，Beijing：Foreign Language Teaching and Research Press，2010，pp. XIII – XIV.

② Lin Yutang：*The Gay Genius: The Life and Times of Su Tungpo*，Beijing：Foreign Language Teaching and Research Press，2010，p. 18.

③ Lin Yutang：*The Gay Genius: The Life and Times of Su Tungpo*，Beijing：Foreign Language Teaching and Research Press，2010，p. XIV.

了这一点。林语堂详细描述了苏东坡屡次被贬甚至流放海南的经历。苏东坡被流放至荒无人烟的海南之后，尽管彼地潮湿、雾重、气闷、食粮不继，但苏东坡并不以之为苦，反而达观快乐。在这期间，苏东坡除了造房酿酒、造纸制墨，还注释了《尚书》，编辑了《东坡志林》和陶诗 15 首，甚至发明了"食阳光止饥法"。

林语堂试图表明，人生的挫折和苦痛是不可避免的，但从苏东坡身上我们能看到超越苦难，从而收获幸福的可能性。林语堂翻译了苏东坡《颍州初别子由二首》、《六月二十七日望湖楼醉书》第五首、《次韵孔文仲推官见赠》、《和刘道源寄张师民》等诗以表现苏东坡在逆境中的旷达放逸。在与王安石的斗争失败之后，苏东坡被迫离开京城，到杭州赴任。在与弟弟子由分别时，写下了《颍州初别子由二首》："……问我何年归，我言岁在东。离合既循环，忧喜迭相攻。悟此长太息，我生如飞蓬。多忧发早白，不见六一翁。"在杭州，苏东坡写了《六月二十七日望湖楼醉书》组诗。第五首为："未成小隐聊中隐，可得长闲胜暂闲。我本无家更安往？故乡无此好湖山。"这两首诗均表现了苏东坡参透世事、随遇而安、洒脱的人生观。在《次韵孔文仲推官见赠》一诗中，苏东坡自喻为麋鹿："我本麋鹿性，谅非伏辕姿。闻声自觉聚，那复受絷维。金鞍冒翠锦，玉勒垂金丝。旁观信美矣，自揣良厌之。人生各有志，此论我久持。他人闻定笑，聊与吾子期。"麋鹿乃草野优游之性。苏东坡自比为麋鹿，表现了他对人性自由的向往以及对官场蝇营狗苟的不屑。在《和刘道原寄张师民》一诗中，苏东坡对伪儒进行了鞭挞："仁义大捷径，诗书一旅亭。相夸绶若若，犹诵麦青青。腐鼠何劳吓，高鸿本自冥。颠狂不用唤，酒尽渐须醒。""腐鼠何劳吓，高鸿本自冥"这一句出自《庄子·秋水》：惠子做了梁国的宰相，庄子打算去看他。于是，有人便对惠子说："庄子要来取代你的相位了。"惠子听了很害怕，便在国内花了三天三夜找庄子。第四天，庄子才去见他，并说："你可知道南方有只名叫鹓鶵的鸟？它从南海飞到北海，一路上不是梧桐不栖止，不是竹实不去吃，没有甘泉便不饮。快要到达的时候，它看到了一只猫头鹰，正得着一只腐烂的老鼠，在那儿沾沾自喜，一眼瞧见鹓鶵飞过，惟恐夺走了自己的老鼠，便昂起头向鹓鶵怒吼。现在，你也想以你的梁国向我怒吼吗？"这个故事表明，苏东坡对小人的争权夺位不屑一顾。

苏东坡被贬黄州时，仍然寄情于山水，苦中作乐，活得洒脱随性。他修建了"雪堂"，尽情享受田园生活。在《赠孔毅甫》一诗中，他写道："去年东坡拾瓦砾，自种黄桑三百尺。今年刈草盖雪堂，日炙风吹面如墨。"在《黄泥坂词》中，他描绘了在雪堂的闲适生活："朝嬉黄泥之白云兮，暮宿雪堂之青烟。喜鱼鸟之莫余惊兮，幸樵苏之我嫚。"在这一时期，在山水风光的激荡下，苏东坡还写出了四首精品《赤壁怀古》《前赤壁赋》《后赤壁赋》《承天寺夜游》。

在苏东坡的性格中还有一个可贵的方面，那就是他的"赤子之心"。他是一个好兄长，一个情深义重的好丈夫。仁宗嘉祐六年（1061 年），朝廷任命苏东坡为大理判事，兄弟俩第一次分离。子由将哥嫂一直送至开封四十里外的郑州。苏东坡看着弟弟在雪地上骑着瘦马远去，直至子由的背影消失于视线中，才起程前行。苏东坡作《辛丑十一月十九日既与子由别于郑州西门之外马上赋诗一篇寄之》一诗寄托对弟弟的不舍之情："亦知人生要有别，但恐岁月去飘忽。寒灯相对记畴昔，夜雨何时听萧瑟。""风雨对床"之思，最初出现在唐人的寄弟诗中，苏东坡用此表达了希望与子由早日团聚、共叙兄弟情谊的愿望。此外，苏东坡著名的《沁园春》《水调歌头》两首词也是因思念子由而作。在第一任妻子王弗死后十年，苏东坡写下了《江城子》以寄哀思。情真意切，令人动容。苏东坡的第二任妻子朝云与苏东坡患难与共，不离不弃。朝云在海南身染疟疾，不幸去世。苏东坡写下了《悼朝云》和《西江月·梅花》两首词。"玉骨哪愁瘴雾？冰肌自有仙风。海仙时遣探芳丛，倒挂绿毛幺凤。素面常嫌粉涴，洗妆不褪唇红。高情已逐晓云空，不与梨花同梦。"（《西江月·梅花》）苏东坡以梅花象征朝云的高洁与脱俗。

正如林语堂在序言中所言，"苏东坡过得快乐，无所畏惧，像一阵清风度过了一生"[①]。苏东坡的洒脱、对待人生苦难的乐观旷达便是林语堂竭力树立的人性旗帜。

而在《古文小品译英》中，林语堂从宏观走向了微观。在这本书中林语堂给出了具体的生活哲学。

在写《生活的艺术》时，林语堂就打算翻译一些关于中国人对生活的见解的最好的作品。1960 年，林语堂编译了《古文小品译英》一书，英文名为"The Importance of Understanding"。林语堂指出："我认为'understanding'这个词非常贴切。这个词强调了整个人类的亲属关系，这种亲近不仅体现在对真理和美好事物的共同热爱，同时也体现在人类所共有的一些缺点。最好的阅读总是能让你

---

① Lin Yutang：*The Gay Genius: The Life and Times of Su Tungpo*，Beijing：Foreign Language Teaching and Research Press，2010，p. XVII.

更好地领悟生活及了解自己。这也是阅读的真正目的。"①

在这里，林语堂的"理解"指的是对中国人生活哲学的理解。而理解的目的仍是"立人"，不过这次林语堂所要立的人是西方社会中的人。"在为这本书准备材料的过程中，我再一次回顾了一下我的那些老朋友，那些对我有着无形影响的朋友。对我来说，这真是令人快乐的过程。也就是在那时，我意识到了他们中令人吃惊的，具有新的意义的东西，这与我在阅读西方文学作品时的感受是完全不同的。"当时西方的文学作品中充斥着人性幻灭的主题，林语堂希望通过译介中国人的生活智慧，给在绝望中挣扎的西方社会带来一丝亮光。

"也许，在中国人对生活的快乐接受中（无论是生活中的悲剧及痛苦，还是人心的善良与美好），我们能见到一些新的意义。在我们的生活中，有爱也有痛，有美好也有丑恶，生命的短暂与渴望永生的愿望并存，这些都是生活中的基本冲突。在这世间，个人的存在仅仅是短暂的，而生活中的痛苦、美好及幽默却是无处不在的。真正的文学作品总是会展现由于人性的不完美所造成的生活中的冲突，因为我们既不是完全没有一丝邪念的天使，也不是缺乏高尚想法的畜生。因此，生活中的冲突将继续，我们看起来似乎是在进步，但事实上没有。我们的生活中会有爱，也有痛；有快乐的时光也有痛苦的时候；有美好也有丑恶；有罪人的忏悔也有伟人的沉沦。一点忧伤再加一点疯狂，全世界都如此。"②

这本书也以"人生"为主题。林语堂将此书分为 15 部分。第一部分名为"人生"（human life），在这部分中，林语堂收录了一些诗人及作家是怎样看待人生以及人生中存在的矛盾冲突的作品。第一节《咏怅集·怀古》包括唐伯虎的《一世歌》、邓青阳的《观物吟》、陈继儒的《格言诗》《隐居词》、苏东坡的《行香子·述怀》、中峰和尚的《乐住辞》等。这些作品体现了作者参透人生真谛的大智慧。总的说来，这些作者认为光阴易逝，浮生若梦。因此，他们的生活哲学是淡泊处世，宁静宽怀，洒脱为人，随遇而安。如："人生天地常如客，何独乡关定是家。争似区区随所欲，年年处处看桃花。"（《观物吟》）"清夜无尘，月色如银。酒斟时，须满十分。浮名浮利，虚苦劳神。叹隙中驹，石中火，梦中身。虽抱文章，开口谁亲。且陶陶，乐尽天真。几时归去，作个闲人。对一张

---

① Lin Yutang： *The Importance of Understanding*，Beijing：Foreign Language Teaching and Research Press，2010，p. XVI.

② Lin Yutang： *The Importance of Understanding*，Beijing：Foreign Language Teaching and Research Press，2010，p. XVII.

琴，一壶酒，一溪云。"（《行香子·述怀》）

中峰禅师的《乐住辞》表达了淡泊名利、享受平淡生活的人生态度。中峰禅师认为，平淡自然的生活才是人生的真谛，而名利皆是浮云，因此，我们应"万事俱休，名利都勾"。青山作伴、白云为友的悠然自得的生活会更有益于身心健康。在《乐住辞》中，中峰禅师还对自己心中的雅室生活作了描绘：

> 水竹之居，吾爱吾庐。石磷磷乱砌阶除。轩窗随意，小巧规矩。却也清幽，也潇洒，也宽舒。……懒散无拘，此乐何如？倚栏杆临水观鱼。风花雪月，赢得工夫。好焚些香，说些话，读些书。……静扫尘埃，惜尔苍苔。任门前红叶铺阶。也堪图画，还也奇哉。有数株松，数竿竹，数枝梅。花木栽培，取次教开。明朝事天自安排，知他富贵几时来。且优游，且随分，且开怀。

第二节为清代张潮的《幽梦影》。《幽梦影》一共包含219条人生体悟。《幽梦影》主要着眼于以一种恬淡的心境及视角去发现生活之美。张潮在文章中探讨了怎样品诗读经，怎样饮酒弄花，怎样赏雨赏月赏佳人。如就雨而言，张潮将雨进行了细分，不同时节的雨有着不同的美。"春雨如恩诏、夏雨如赦书、秋雨如挽歌"，而"春雨宜读书，夏雨宜弈棋，秋雨宜检藏，冬雨宜饮酒"。此外，《幽梦影》是语录体，其中有许多广为人知的有关生活的警句，如："无善无恶是圣人；善多恶少是贤者；善少恶多是庸人；有恶无善是小人；有善无恶是仙佛。""春听鸟声；夏听蝉声；秋听虫声；冬听雪声；白昼听棋声；月下听箫声；山中听松声；水际听欸乃声；方不虚生此耳。""赏花宜对佳人；醉月宜对韵人；映雪宜对高人。""能闲世人之所忙者，方能忙世人之所闲。"

王羲之的《兰亭集序》表达的是一种对生命终极意义的积极思考，王羲之由欣赏良辰美景笔锋一转，引出乐与忧、生与死的感慨："一死生为虚诞，齐彭殇为妄作。"人生的快乐是有限的。往事转眼间便成了过去。人终究免不了死亡。由乐而生悲，由生而思死，王羲之进一步深入探求生命的价值和意义，并产生了一种珍惜时间、热爱生活的思考。既然生死人力不能左右，人生无常，时不我待，那么他才要著文章留传后世，以启示来者。

林语堂选择了庄子《齐物论》中的一部分。在这部分中，庄子力图说明是非之争并没有价值。万物都有其对立的一面，也有其统一的一面；万物都在变化之中，而且都在向它自身对立的那一面转化。从这一意义上说，万物既然是齐一的，那么区别是与非就没有必要。这种思想体现在庄子淡泊名利，清静无为的人生哲学中。

第二部分名为"爱情与死亡"（Love and Death），其中收录了一些作家谈论爱情及死亡的作品，如《尼姑思凡》、陶渊明的《闲情赋》、《浮生六记》第二节、《莺莺札》、《黛玉葬花诗》、李清照的《声声慢》《金石录后序》等。

第三部分《四季》（The Seasons）辑录了一些描写自然或四季的作品，如张岱的《西湖七月半》、苏东坡的《石钟山记》、陶渊明的《桃花源记》、白居易的《庐山草堂记》等。

第四部分《人的调节》（Human Adjustment）收录了一些作家在社会中如何妥协并调整自己的生活哲学。这部分以《半半歌》为代表。林语堂认为《半半歌》中体现了最正确的生活哲学。这首半字歌曾被林语堂在《中庸的哲学：子思》一文中引用。《半半歌》句句含"半"，而"半"字中蕴含着深刻的人生哲理。世间万事万物都有一定的度，这个度就是"半"。达不到这个度就是"不及"，而超过这个度则是"过"，做事做得"不及"或做得太"过"都无法取得良好的效果。所以，我们在生活处事中一定要"适度"，要恪行"半"字哲学。这样才能避免人生中的许多错误和挫折。

在接下来的部分，林语堂对人生的关注从形而上转向具体的生活细节。林语堂还翻译了一些关于女性的作品，一些关于如何安排日常生活的作品，一些作家怎样通过艺术及文学使生活及自己的存在更加美好的作品，一些描写茶余饭后如何聊天打趣消遣的作品，一些关于人生的睿智的思想、一些描写如何回归简单生活的作品。

林语堂在《古文小品译英》中开出的立人济世处方是道家的，林语堂希望以道家宽怀处世、宁静淡泊的态度来面对人生中的痛苦及丑恶。

第四节　本章小结

本章分析了林语堂反对文学功利主义的文学观在翻译活动中对其翻译取材的影响。本章从历时的角度对林语堂翻译生涯的三个阶段（即"语丝"时期、"论语"时期和 1936 年出国写作时期）进行整体考察。本章首先分析了林语堂在

"语丝"时期的翻译活动。在"五四"启蒙思想的影响下，"立人"成了这一时期文学的主题。这一时期的文学注重社会关怀，引导读者探寻人生的目的和意义、追寻人的精神自由及人的尊严和人格平等。林语堂在这一时期的思想和对文学的理解与社会主流诗学思想是一致的。林语堂在这一时期的作品也表现出自由知识分子深刻的社会关怀和"立人"的主题。这一时期的翻译活动着重介绍现实主义文学，尤其是俄国现实主义文学，以及被压迫、被损害民族的文学作品。林语堂在这一时期在翻译的选材上与社会主流是一致的。林语堂从英语转译了俄国奥格约夫的《新俄学生日记》，翻译了丹麦作家勃兰兑斯所著的《易卜生评传及其情书》、萧伯纳的《卖花女》、斯宾加恩《新的文评》《七种艺术与七种谬见》、克罗齐的《美学：表现的科学》第 17 章中的第 24 段、王尔德的《批评家及艺术家》以及道登的《法国文评》、罗素夫人的《女子与知识》。接着，本章分析了林语堂在"论语"时期的翻译活动。20 世纪 30 年代见证了文学的政治转向，"为人生"的文学逐渐走向了政治的文学。文学的目标与功用渐渐从"五四"时期的"立人"变为 30 年代的"立国"。文学成了政治的工具和手段。而在文学政治化的潮流中，林语堂则坚守着自由知识分子的阵地。林语堂以《论语》《人间世》《宇宙风》三个刊物为阵地，提倡幽默、闲适、性灵的小品文，刻意用幽默、闲适、性灵来消解人生社会中的政治因素。在强调文学超政治的同时，林语堂反复提出文学的"近人情"，承袭"五四"时期的"立人"思想。在社会主流意识形态的影响下，这一时期翻译活动的最大特点便是马克思主义文艺理论，俄苏社会主义现实主义文学的大规模译介。但这一时期林语堂在翻译取材上，已呈现出异于社会主流的选择。林语堂在翻译取材上延续了 20 世纪 20 年代的社会关怀，强调作品对人生、对社会的思考，并且更加重视社会性与艺术性的结合。在这一时期，林语堂翻译了自己 30 年代在《中国评论》（*The China Critic Weekly*）的"小评论"专栏发表的一系列针砭时弊的英语小品文及演讲。此外，1936 年，林语堂翻译了刘鹗对社会进行尖锐批判的《老残游记》以及展现道家人生哲学的《浮生六记》。最后，本章探讨了 1936 年林语堂出国以后的翻译活动。在这一时期，林语堂亲身感受到西方世界的信仰危机，特别是高度工业化及两次世界大战对西方人价值体系的摧毁。这一时期的西方文学弥漫着人性幻灭的主题。而林语堂在这一时期的翻译作品依然延续着"立人"的主题。编译是林语堂这一阶段翻译的主要方式。林语堂通过编译《孔子的智慧》《老子的智慧》，构建起他的人学大厦，以建立他心目中的完美人性。在《英译重编传奇小说》

中，林语堂通过改写挖掘了作品中的人性，塑造了一个个鲜活的、自然的、情感丰富的人。在《苏东坡传》中，林语堂颂扬了美好的人性，着力彰显人性中光明的一面。而在《古文小品译英》中，林语堂则给出了具体的生活哲学。

本章证明，无论译入语社会的主流意识形态和诗学观念如何变迁，林语堂在翻译取材上对潮流从不盲从。纵观林语堂三十多年的翻译生涯，"人生的艺术观"的思想是其贯穿始终的选材标准。

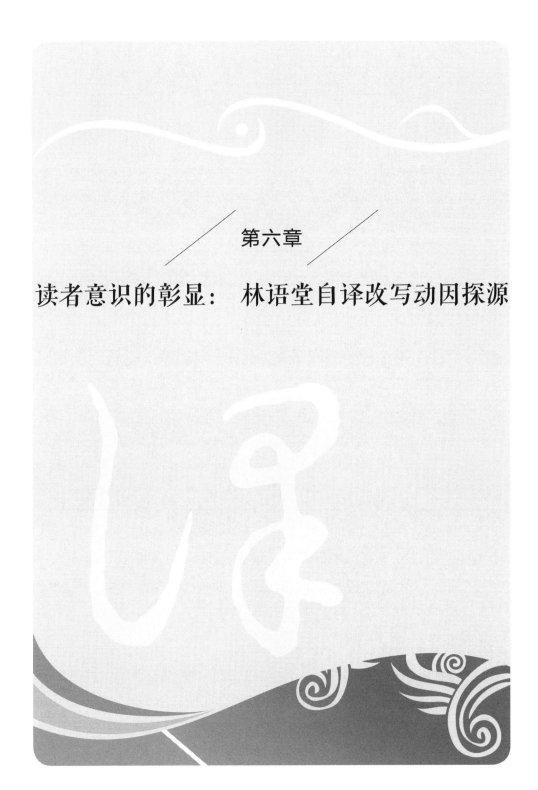

第六章

读者意识的彰显：林语堂自译改写动因探源

"我创出一种风格，这种风格的秘诀就是把读者引为知己，向他说真心话，就犹如对老朋友畅所欲言毫不避讳一样。所有我写的书都有这个特点，自有其魔力。这种风格能使读者跟自己接近。"①

在《论小品文笔调》一文中林语堂指出，在创作小品文时，应具有明确的读者意识，将读者视作故交挚友。这样在写作时就有如和"良朋话旧，私房娓语"。而如此写出的文章，在笔调上轻松自然，情真意切。有时甚至感觉聊得酣畅淋漓，如西文所说"衣不钮扣之心境"（unbuttoned moods）。这样一来，作者与读者之间关系融洽，距离适宜，"不似太守冠帽膜拜恭读上论一般样式"②。

在《论谈话》一文中，林语堂将小品文写作比做谈话。他指出，一切美妙的谈话和美妙的小品必须含着亲切的吸引。"在这种谈话中，参加者已经失掉他们的自觉，完全忘掉他们穿什么衣服，怎样说话，怎样打喷嚏，把双手放在什么地方，同时也不注意谈话的趋向如何。谈话应是遇见知己，开畅胸怀。"③ 在林语堂看来，与读者的亲近是谈话的必要条件。

林语堂强烈的读者意识也体现在他的翻译作品中。在本章中，我们将以林语堂的自译作品为例探讨林语堂翻译中的读者意识。

瑞尼尔·格鲁特曼（Rainier Grutman）将自译定义为"翻译自己作品的活动或者这种活动所产生的结果"④。波波维奇将自译定义为"由作者自己将原作译为另一种语言"。自译者通常是双语作家，他们以两种语言进行创作。

---

① 林语堂：《林语堂谈自己》，载子通编《林语堂评说七十年》，北京：中国华侨出版社，2003 年，第 8 页。

② 林语堂：《论小品文笔调》，《林语堂名著全集》第 18 卷，长春：东北师范大学出版社，1994 年，第 21 页。

③ 林语堂：《论谈话》，《林语堂名著全集》第 18 卷，长春：东北师范大学出版社，1994 年，第 4 页。

④ Mona Baker：*Routledge Encyclopedia of Translation Studies*，Shanghai：Shanghai Foreign Language Education Press，2006，p.17.

在西方翻译史中，自译这一现象可以追溯到 16 世纪的欧洲。当时，许多诗人将自己用拉丁语写的诗歌翻译成自己的本族语。文艺复兴时期法国七星诗社 (La Pléiade) 奠基人之一的杜·贝莱 (Joachim du Bellay) 也以翻译自己的作品而闻名。1924 至 1969 年之间出现了自译的高潮，这一阶段主要以五位荷兰佛兰德作家为代表：金·瑞 (Jean Ray)、罗格·阿文梅特 (Roger Avermaete)、卡米莉·梅洛 (Camille Melloy) 将法语的原文翻译为佛兰德荷兰语，而玛尼克斯·济森 (Marnix Gijsen)、约安·戴斯乐 (Johan Daisne) 则先以标准荷兰语创作，数年后再将荷兰语原文翻译为法语。

比较著名的自译者有撒缪尔·贝克特 (Samuel Beckett)、弗拉基米尔·纳博科夫 (Vladimir Nabokov)、约瑟夫·布罗茨基 (Joseph Brodsky)、雷蒙德·费德曼 (Raymond Federman) 和斯蒂沃翰·乔治 (Steohan George)。贝克特将自己的法语作品 *An Attendant Godot* (《等待戈多》)、*Molloy* (《莫罗瓦》)、*Malone Meurt* (《马龙之死》) 翻译为英语，并且将自己的英语作品 *Murphy* (《墨菲》) 译回法语。纳博科夫也自译了 *Despair* (《绝望》)、*Lolita* (《洛丽塔》) 等作品。

在翻译研究中，自译现象并没有得到太多的关注。部分研究者认为，自译与其说是翻译，还不如说是一种双语主义。

詹姆士·乔伊斯用意大利语自译了 *Finnegans Wake* (《芬尼根守灵夜》)。杰奎琳·瑞塞特 (Jacqueline Risset) 认为，乔伊斯的翻译并没有追求与原文的对等，而是在基于原文的基础上的一种再现，是对原文的拓展，是原文一个新的发展阶段，是发展中文本的一个大胆的变体。此外，瑞塞特注意到了自译中译者的权力问题。他指出，在传统的翻译观念中，原文作者拥有至高无上的权威，而译者是无权的，译者要对作者负责。而乔伊斯用地道的意大利语对自己的作品进行翻译，因此他自译的文本拥有其他译者不可能具有的权威性。科勒将自译与传统的翻译相比较后指出，这两者的区别在于"忠实"。作家译者在改写原文时会觉得理所应当。

布莱恩·费齐 (Brian Fitch) 研究了贝克特的自译作品，他认为贝克特的原作和自译作品之间是一种互补的关系。自译是一个双重写作的过程而不仅仅是一个包含阅读与写作两个部分的翻译活动。在他看来，贝克特的原作与自译作品一道共同构成一个完整的整体。在基于对贝克特的研究上，费齐得出结论："原作与自译间的界线开始模糊，这一界线被一个更加灵活的术语所取代，两个文本都可以被视作具有相同地位的'变体'或'版本'。"①

苏珊·巴斯内特在《一部译作在什么时候不是翻译?》（"When is a translation not a translation?"）一文中探讨了是否将自译视为翻译的问题。巴斯内特以贝克特自译的一首诗歌为例。这首诗原文为法文。巴斯内特发现，贝克特在自译这首诗时，第四行的英文译文与法语原文有着很大的出入。巴斯内特认为，这种差异已超出了改写的范畴，可以算得上是一种重新构思。巴斯内特指出，如果我们承认英文版本为翻译的话，便会冲击原文的"权威性"。因此，她的解决方法是否定原作的存在，而将英、法两个版本均视为同一作者所写的关于同一文本的不同版本。

斯坦纳（George Steiner）也关注到了贝克特和纳博科夫的自译活动。斯坦纳认为，贝克特的自译既包含写作也包含翻译，因此他表示，不确定是否应将自译纳入翻译研究的范围。

格鲁特曼将自译分为两类：一是同时自译（simultaneous auto-translation）（翻译与原文创作同时进行），二是延后自译（delayed auto-translation）（在原作完成或出版之后再进行翻译）。②格鲁特曼认为，第一种翻译更应该被视为是一种双语创作实践，如贝克特的大部分自译作品；而第二种自译活动则应纳入翻译研究的范围。波波维奇也提出，自译并不是原作的一个变体，而是真正意义上的翻译。

中国 20 世纪也出现了一批自译者。他们均兼具作家及译家的双重身份，如林语堂、张爱玲、萧乾、卞之琳、聂华苓、白先勇。

林语堂共有两部自译作品。从 1930 年开始，林语堂开始为英文期刊《中国评论周报》（*The China Critic Weekly*）撰稿。至 1935 年，林语堂已累计发表 70 余篇文章。商务印书馆于 1933 年和 1935 年分别将这些英文杂文结集出版，即 *The Little Critic: Essays, Satires and Sketches on China*（*First Series, 1930 – 1932*）及 *The Little Critic: Essays, Satires and Sketches on China*（*Second Series, 1933 – 1935*）。林语堂将这些英文作品自译为汉语并发表在他所创办的《论语》《人间世》《宇宙风》，或收录于《剪拂集》《大荒集》《行素集》《披荆集》《讽颂集》

---

① Mona Baker：*Routledge Encyclopedia of Translation Studies*, Shanghai：Shanghai Foreign Language Education Press, 2006, pp. 19 – 20.

② Mona Baker：*Routledge Encyclopedia of Translation Studies*, Shanghai：Shanghai Foreign Language Education Press, 2006, p. 20.

等散文集中。2000 年，中共中央党校出版社将这些林语堂自译的文章辑录为
《林语堂评说中国文化》出版。

林语堂的第二部自译作品为《啼笑皆非》。《啼笑皆非》原名为 "Between
Tears and Laughter"，这部英文著作是林语堂有感于世界大战后世界政局混乱、
穷兵黩武、道德沦丧而写，他试图寻找世界混乱的根源并希望通过融合中西文化
以建立一个和谐、人道的新世界。《啼笑皆非》共 23 章，每章为一篇独立的小文
章。1943 年 3 月林语堂完成英文创作，1944 年林语堂将前 11 章自译为汉语。12
章以后，由徐光启后人，时任复旦大学讲师、《西洋文学》编辑的徐诚斌翻译。

本章将以《林语堂评说中国文化》《啼笑皆非》为例，探讨林语堂的读者意
识在自译活动中对林语堂翻译策略的影响。

第一节　《林语堂评说中国文化》的改写实践分析

1936 年西安事变后，美国哥伦比亚大学邀请陶行知、胡秋原、林语堂三位
中国学者赴美向美国公众发表演讲。陶行知与胡秋原慷慨陈词，侃侃而谈。林语
堂则独辟蹊径，先从蒋介石与张学良人名的区别出发，指出 Chiang（蒋）与
Chang（张）不是一家子：抓人的是 Chang（张），被抓的是 Chiang（蒋）。结果，
林语堂演讲的效果最好。林语堂成功的秘诀在于抓住了美国听众对于中国文化的
认知空白和理解难点。

林语堂在世期间，他的代表作 *Moment in Peking* 没有一本作者认可的中译本。
1941 年郑陀、应元杰将其汉译为《瞬息京华》。据赵毅衡回忆，卞之琳曾称赞其
标题仄仄平平，声调奇妙。① 在赵毅衡看来《瞬息京华》也 "没有差到离谱的地
步"。但林语堂却非常不满意，特地在国内登报声明，劝国内作家勿轻易翻译。
林语堂力邀老友郁达夫将 *Moment in Peking* 翻译为汉语。虽然郁达夫因个人私事，
半途而废，但为什么林语堂独独对郁达夫青眼有加呢？若论 "京味"，浙江人郁
达夫可能并不擅长。原因可能正如赵毅衡所分析的，"郁达夫作为中国小说大家，
了解中国读者的 '期待域'，林语堂作为用英文写中国题材的名家，知道西方读

---

① 赵毅衡：《对岸的诱惑》，上海：上海人民出版社，2007 年，第 103 页。

者想要什么。他希望郁达夫做的——我猜想——是弄出一本中国读者能欣赏的小说"①。

1933 年及 1935 年商务印书馆出版了林语堂的英文小品文集 *The Little Critic: Essays*，*Satires and Sketches on China*（*First Series*，*1930 - 1932*） 及 *The Little Critic: Essays*，*Satires and Sketches on China*（*Second Series*，*1933 - 1935*）。在序言中，林语堂说："我知吾书乃有聊无聊之一杂烩，间或有聊多于无聊，间或无聊多于有聊。只要友人乐之读之，吾心足矣。更令吾倍感愉悦的是可以此广结善友，一如张潮所言，知己者虽遥，而不使其有中伤者必切。"② 林语堂在这段话中表明了自己写作的动机，使读者乐之读之。而这也是他在自译时制定决策的出发点。

在翻译的过程中，翻译既是译者与作者的对话，也是译者与读者的对话。译者与作者一样，在心目中也有一个理想的读者。这个读者有着一定的知识结构、认知能力、文化前理解以及对译文的期待视野。王佐良在《严复的用心》一文中指出，对于任何翻译家来说吸引心目中的目标读者都是非常重要的大事。③ 虽然译者不会一味地迁就读者，但不可否认，译者在翻译时却不得不考虑读者的接受。读者的接受状态实际上决定着译作甚至原作在目的语文化中的后续生命。因此，译者预期的读者接受就会对翻译过程起到一定的反作用，并影响着译者的决策过程。

林语堂在自译这些英文小品文时的读者意识体现在如下几点：

（1）在译文中增加符合中国读者期待视野的佚闻趣事，以达到交代文化背景知识、增加文章的趣味性并拉近与读者之间距离的目的；从而营造一种如"良朋叙旧，私房娓语"般亲切、融洽的谈话氛围。

在《罗素离婚》一文的开头部分，林语堂增加了这样一段文字：

> 前听志摩讲，住在他家里时，看见他也曾发怒打小孩屁股。这在《教育与好生活》之作者及具有新教育理想倾家办私塾之伟人，倒很耐人寻味。罗素第二夫人，来北京时，尚是勃烈克女士，时为罗素书记。

---

① 赵毅衡：《对岸的诱惑》，上海：上海人民出版社，2007 年，第 103 页。

② Lin Yutang：*The Little Critic: Essays*，*Satires and Sketches on China*（*Second Series: 1933 - 1935*），Shanghai：The Commercial Press，1935，p. vi.

③ 王佐良：《严复的用心》，《翻译通讯》编辑部《翻译研究论文集（1949 - 1983）》，北京：外语教学与研究出版社，1984 年，第 484 页。

时我在国外求学，未曾见面，北平学界中人曾见过者当不少。后来她（！）们回英。罗素就离婚而娶勃女士了。我只知道她也是一位有新理想的女子，著有《快乐之权利》一书，并曾经译过她著的一小册《女子与知识》（北新出版。此书无人顾问，谅久已绝版）。所以他们夫妇俩对于婚姻的理想及态度，我是很熟识的。最可惊异的，是他们主张夫妇一时有外遇，或是暑假期间有一段艳史，都属无妨，且言痛斥者是妒忌之非。前几年美国发生林赛所提倡之伴侣结婚问题，罗素也曾在Forum 同 Mr Dougall 笔战过，极力拥护这新办法。然而他们竟然离婚了。不知是哪一方逃不出妒忌，或有他种原因，我们无从推敲了。

罗素的鼎鼎大名对于中国读者来说并不陌生，然而罗素夫人为何许人也，他们夫妇之间的关系如何，为什么罗素离婚会引发林语堂大发感慨，这些问题对于中国读者来说却鲜有人知。因此，林语堂在文章的开头部分加上了这样一段。这段文字不仅回答了读者如前之疑虑，更值得一提的是，林语堂插入的这段说明并不是板着面孔的、毫无感情的背景交代，相反，林语堂却营造了一种老友叙旧的气氛，将读者视为知己。这段文字从徐志摩关于罗素"怒打小孩屁股"的八卦传闻开始闲话开场，接着讲到罗素夫人为其第二任夫人，是一位有着新思想的新女性以及夫妇俩关于婚姻的令人惊异的观点。这段有趣的关于罗素夫妇的轶事在交代必要的文化背景知识的同时，也极大地满足了读者的好奇心和对名人隐私的窥视欲。真正做到了让读者读之乐之。

再看一例。林语堂在汉译 "Basic English" 一文时将文章标题译为《基本英语与洋泾浜英语》。译文的前半部分与原文几乎是一致的，首先以幽默的笔调调侃了英语成为当今世界语的原因，接着谈到了巩固英语地位并推广英语的举措，其中之一便为 C. K. 奥里登所创造的"基本英语"。紧接着介绍了基本英语的原理、选词标准，并举了一些具体的例子。原文本到此为止。但在译文中，林语堂却笔锋一转，将"洋泾浜"英语与基本英语联系起来。林语堂戏言道，英语已淘汰性别并废除宾主格，正在走向趋近汉语的道路。而且，将来世界市场要转移到太平洋来，再加之中国人口众多，"洋泾浜"英语必将成为未来的国际语。林语堂甚至用"洋泾浜"英语来表达基本英语中所无法表达的词汇，并在文章的末尾用"洋泾浜"英语拟了一份菜单。林语堂增加的"洋泾浜"英语这一部分明显意在迎合中国读者。对于普通中国读者来说，基本英语是一个太学术的话题，很难激发他们的兴趣。林语堂将《中国评论周报》的这些文章汉译并收入

《剪拂集》《大荒集》《行素集》等文集时正值 30 年代。当时，林语堂住在上海，
而他的读者也主要在上海。在租界林立的上海，"洋泾浜"英语已然成为生活的
一个部分。因此，林语堂所增加的这一部分很容易在读者中引起共鸣。

（2）删去原文中针对英语读者的文化解释。

冯世则在《翻译匠语》一书中强调，作家和编辑都应具有强烈的读者意识，
要"多方面为读者设想"。他为中国社科院学报英文版（*Social Sciences in China*）
提出了不能"进口转外销"的原则。在阐释这一原则时，他以英译题为"孔子
与康德"的论文为例。冯世则指出，在英译这篇论文时，对于西方读者了解的康
德部分应尽可能简化，而孔子部分则应尽可能地详尽，否则很难激发起读者的阅
读兴趣。① 虽然冯世则所谈的是作家，但在翻译中这一原则同样适用。这也是我
们在第三章中所提到的中西文化交流的双单向道问题。在翻译中我们要注意西方
读者与中国读者的不同前理解和期待视野。

以下是"Notes on Chinese Architecture"一文的开头部分：

Chinese architecture has been largely influenced by Chinese calligraphy
and that by the principle of animism underlying it. About this, I have written
previously in this column.

Consider a sprig of plum-blossoms, how carelessly beautiful irregular it
is! To understand the beauty of that sprig fully, artistically, is to understand
the underlying principle of Chinese art.

The sprig, even when deprived of its blossoms, is beautiful because it
lives, it expresses a living impulse to grow. The outline of every tree
expresses a rhythm resulting from certain organic impulses, the impulse to
grow and reach out toward the sunshine, the impulse to maintain its
equilibrium, and the necessity of resisting against the movement of the wind.
Every tree is beautiful because it suggests these impulses. It has not tried to
be beautiful. It has only wanted to live. Yet the result is something
immensely satisfying. This is the difference between beauty in nature and
beauty in human art.

---

① 冯世则：《翻译匠语》，上海：文汇出版社，2005 年，第 278 页。

在这部分中，林语堂向西方读者介绍了中国建筑的特点。林语堂用了一个生动的比喻。他将中国建筑比作梅枝。即使没有花朵的点缀，但枝条天然的姿态和勃发的生命力却有让人惊异的美丽。这种天然去雕饰的自然之美便是中国建筑的精髓所在。而在汉语译文中，首先，林语堂将文章的标题改译为《建筑》，此外，林语堂删去了这一段对于中国建筑特点的介绍，而用一段对自然和人工建筑的对比和评论取而代之。

　　自然永远是美丽的，而人工的建筑往往反是。因为建筑不同于绘画，它自始无意于模拟自然。建筑的原始不过是石、砖、三合土的堆砌，所以供人遮蔽风雨。它的第一纲领，在乎效用，虽至今日，此旨不变。因是那些不调和的现代建筑：工厂，学校，戏院，邮政局，火车站，和那些直线的街道，它们的丑恶，郁闷，使人往往感觉到有逃亡乡村的必要。因为自然与人工之最大差别为自然的无限丰富与吾们的机巧之极端有限。最精敏的人类智力，也不能发明什么，左右不过是那些呆钝的建筑拘泥于有限的传统模型，东一所圆顶，西一所三角顶的屋子。予人印象最深刻的王陵或纪念碑尚不足与树木的意象灵巧相比拟，就是吾们大道两旁排列着的经研削而消毒的树木也不足与之比拟。你看自然是何等大胆！假令这些树木的粗厉的表皮和不规律的形态移之于建筑物，那吾们大概将这位建筑师送入疯人救济院。自然甚至敢将树木刷上绿色。吾们畏怕不规律，吾们甚至畏怕颜色，吾们于是发明了"灰黄色"这一辞来形容吾们的生活。①

此外，林语堂在原文中提到中国建筑的一大特点便是拒绝使用冰冷的、生硬的直的线条。在原文中，林语堂用了七段文字以详细的例证来论证这一特点。林语堂提到了中国拱桥的弯曲之美、古塔的穹顶、天安门外石柱上端所雕刻的弯曲灵动的祥云、上海中国城龙墙上巨龙蜿蜒的身姿、李笠翁所首倡的以柳条内饰的窗户、中国假山的不规则所表现出的野趣。然而，在译文中，这一大段的详述被完全删去。林语堂在译文中进行的大量删节不难理解。西方读者与中国读者有着不同的期待视野。这些中国建筑的特点已存在于中国读者的"前见"，如果林语堂在译语中仍不厌其烦地详细阐述并如数家珍，只会使读者兴致索然。

---

① 林语堂：《林语堂评说中国文化》第2集，北京：中共中央党校出版社，第60－61页。

出于相同的考虑，在《罗素离婚》的汉译本中，林语堂删去了中国女子离婚后的生活。

（3）在译文中，用读者所熟知的译语文化中的文化意象去置换原文中符合西方读者认知的源语文化意象，从而更有利于读者的理解。

在"On Chinese and Foreign Dress"一文的汉译中，英语原文中林语堂向西方读者所陈述的自己喜欢穿中装的原因被置换为译文中关于西装在中国青年中流行的原因的分析。具体如下：

The plain，absolute reason for my wearing Chinese dress is simply that I am a human being and a thinking individual. Why must I give a reason for wearing the only human dress in the world？

我想，在一般青年，穿西装是可以原谅的，尤其是在追逐异性之时期，因为穿西装虽有种种不便，却能处处受女子之青睐，风俗所趋，佳人所好，才子也未能免俗。至于已成婚而子女成群的人，尚穿西装，那必定是他仍旧屈服于异性的徽记了。人非昏聩，又非惧内，决不肯整日价挂那条狗领而自豪。在要人中，惧内者好穿西装，这是很鲜明彰著的事实。也不是女子尽喜欢作弄男子，令其受苦。不过多半的女子似乎觉得西装的确较为摩登一等。况且即使有点不便，为伊受苦，也是爱之表记。古代英雄豪杰，为着女子赴汤蹈火，杀妖斩蛇，历尽苦辛以表示心迹者正复不少。这种女子的心理的遗留，多少还是存在于今日，所以也不必见怪。西装只可当为男子变相的献殷勤罢了。

在"Confessions of a Vegetarian"的汉语译文中，林语堂对原文的文化信息进行了置换。

...the difference between a vegetarian by temperament and a vegetarian by principle is like that between a celibate Catholic priest and a married Protestant pastor.

……随意素食者和拘于原则的素食者的分别，有如矢誓独身的和尚与结婚的牧师之间的差异。

在原文中，林语堂将素食者分为"随意素食者"和"拘于原则的素食者"，为了更清楚地阐明这两者之间的关系，林语堂将随意的素食者比作可以结婚的新教牧师，将拘于原则的素食者比作独身的天主教教士。天主教的教士必须为男性，而且必须独身。而新教的教职人员有男性也有女性，新教的牧师可以结婚。对于中国读者来说，知道天主教教士与新教牧师这一区别的人却并不多。因此，在译文中，林语堂将其改译为矢誓独身的和尚与结婚的牧师，从而降低读者的理解难度。

再看一例：

It is almost as bad as trying to simplify the English language by calling a conference, not of writers, but of grammarians, men who are in love with their conjugation tables, and expecting them to make a success of it. ("Should Woman Rule the World")

……这等于请一些训诂专家，来开会打倒汉字。

在《让娘儿们干一下吧！》一文中，林语堂痛批了男性统治的失败。军缩会议失败，经济会议也失败。而失败的原因在于，裁减军备却让海陆军事专家来决定，废除关税让关税专家开会决定。在原文中，林语堂将男性统治者所做的这样荒唐的决定比作开会商讨如何简化英语，而受邀参会的人却是那些沉醉于词形变位的语法学家，结果不难想象。在译文中，林语堂将英语语法专家置换为训诂专家，开会简化英语变为了开会打倒汉字。这一改变让对英语缺乏前理解的读者能更好地领会文章所要表达的意思，而"训诂专家"及"打倒汉字"也更贴近中国读者，引起读者的共鸣。

（4）译文有具体化、生动化的倾向。

在文字层面上，为了使译文的语言漂亮、生动、流畅，林语堂不惜进行大量增删；在文化细节上，鉴于中西方读者在文化前结构和审美观念上的不同，那些对于西方读者而言理解难度较大或难以接受的内容，在英文原文中被简化或省略，但中文译文则比较详尽。

在"What is Face?"的汉译文中，林语堂在文章的开头部分加上了这样一段：

中国人的脸，不但可以洗，可以刮，并且可以丢，可以赏，可以争，可以留，有时好象争脸是人生的第一要义，甚至倾家荡产而为之，也不为过。在好的方面讲，这就是中国人之平等主义，无论何人总须替对方留一点脸面，莫为己甚。这虽然有几分知道天道还好，带点聪明的用意，到底是一种和平忠厚的精神。在不好的方面，就是脸太不平等，或有或无，有脸者固然快乐荣耀，可以超脱法律，特蒙优待，而无脸者则未免要处处感觉政府之威信与法律之尊严。

在这篇文章的英文原文中，林语堂向英语国家读者介绍中国人的面子思想。作品回归本土，译者用自己深谙其味的本国语，在熟悉的语境内进行再次创作，这段文字不仅使整篇文章更加深入，而且文字的生动令中国读者赞叹并为之深深吸引。"中国人的脸，不但可以洗，可以刮，并且可以丢，可以赏，可以争，可以留"这几个简约并置、结构整齐的表达体现了汉语文字的美妙。赵毅衡评价这段文字"炉火纯青"，"好到无法翻译成英文"。

在"How we eat"（《饮食》）一文中，林语堂向西方读者介绍了中国人对吃的热衷。林语堂专辟一段谈中国的文人雅士与吃的联系，如"东坡肉""江豆腐"以及《红楼梦》中详细罗列的菜单食谱。林语堂提到，中国诗人热烈地歌咏自己故乡的"鲈脍莼羹"。在原文中，考虑到读者的接受能力，林语堂并没有深入与展开。而在中译本中，林语堂由"鲈脍莼羹"引申到中国旧时官吏引退时常用"思吴中莼羹"为理由，从而将吃与中国人的思乡之情联系起来。此外，林语堂还附上了郑板桥家书中赞扬糊粥之语："天寒冰冻时，穷亲戚朋友到门，先泡一大碗炒米送手中，佐以酱姜一小碟，最是暖老温贫之具。暇日咽碎米饼，煮糊涂粥，双手捧碗，缩颈而啜之，霜晨雪早，得此周身俱暖。嗟呼，嗟呼，吾其长为农夫以没世乎！"对于中国读者而言，这一段增加的文字也极大地增加了文章的生动性。

在"How to Write Postscripts"（《怎样写"再启"》）中，林语堂列举了两例精彩的再启。这两例再启原为中文。其中一例是某教师要求加薪的一封信，信的开头为："到校以来，倏已三载，幸蒙先生随时指示，得无大过。兹启者，国难以来，东北沦陷，谁无心肝，敢复忍痛教书耶？某尝外籍国家之前途，内察家庭之实况。"第二例为吕某写给南京友人的信，开头为："年来萍踪靡定，出巴蜀，留汉中，入故乡，游历城，都为觅一馆地计耳。奈天不假缘，事与愿乖，谋事无成，遂亦懒于执笔。"这两则开头都是典型的中国式信件的开头，先东拉西扯，寒暄一番，再进入正题。这种寒暄并没有什么实际的意义，与信件的主要内容也关系不大。这不符合英文信件直击主题的写作风格及西方读者的阅读习惯。因此，在英文原文中林语堂删掉了这两段开头，仅简略地进行了交代： "The original was written in beautiful Chinese, that is to say, full of patriotic platitudes and philosophic generalizations, which I have largely curtailed in the following translation." 而在中文译本中，林语堂将这两段补充完整，使之符合中国读者的阅读习惯。

在"In Defense of Gold-Diggers"（《挖金姑娘》）的译文中，为了更生动地表现挖金姑娘的做派，林语堂增加了一段仿唐代杜秋娘《金缕衣》的改编诗："劝姊莫惜纱罗衣，劝姊梳妆须入时，花开堪赏直须卖，莫待无花空卖枝。"由于原诗在中国读者中的接受度极高，因此，这首拟作的诗很容易得到中国读者的情感共鸣。中国读者在看到这首诗时也会不由得发出会心的微笑。

第二节 "一仆一主"与"一仆三主"：《啼笑皆非》中林语堂自译部分与徐诚斌翻译部分对比研究

1944 年，林语堂将 *Between Tears and Laughter* 汉译，取名为"啼笑皆非"。由于时间仓促，林语堂仅翻译了此书的 1 到 11 篇，其他章节林语堂邀请了后任天主教香港教区首位华人主教的徐诚斌先生翻译。徐诚斌曾就读于上海圣约翰大学，毕业后赴牛津大学深造。他曾担任《西洋文学》的编辑，同时任复旦大学的教员。无论是在教育背景还是文化背景上，徐诚斌与林语堂皆颇为相似。此二人分别翻译同一作品的不同部分，且译者之一为原作者，这一现象在翻译史中实属罕见。将林语堂的自译与徐诚斌的翻译进行比较研究，我们可以发现一些有意思的现象。

杨绛在《孝顺的厨子——〈堂吉克德〉台湾版译者前言》中将翻译工作比作一件苦差事。其"苦"在于译者在翻译时必须同时伺候两位主人，即"一仆二主"。一位主人是原文。译者应尽可能忠实地表现原文。另一位主人是读者。译者在忠实地传达原文时还应照顾读者的阅读习惯。译者既要对原文尽责又要对读者尽忠。因此，杨绛认为译者之于读者，正如俗语所称的"孝顺的厨子"①。中国传统译论中的翻译三标准"信、达、雅"以及泰特勒的翻译三标准也向我

---

① 杨绛：《孝顺的厨子——〈堂吉克德〉台湾版译者前言》，《杨绛作品集》，呼和浩特：内蒙古人民出版社，1998 年，第 47 页。

们强调了翻译活动中重要的两极。"信""雅"是为原文服务，"达"则是为读者服务。而在泰特勒的翻译三标准中，前两条也强调了为原文负责，第三条"译作应具备原作所具有的通顺"也是为读者服务。

切斯特曼在《翻译伦理》一书中总结了影响译者行为的四种翻译规范，即期待规范、关系规范、交际规范和责任规范。期待规范指读者对翻译产品的预期。关系规范主要指原文和目的语文本的关系。交际规范以理解为基础，要求译者应该尽量促成交流双方的相互理解，尽量避免误解，尽可能地减少"沟通伤害"（communicative suffering）。责任规范要求译者对翻译活动的各参与方负责。在基于对翻译规范的探讨的基础上，切斯特曼在 2001 年的《圣哲罗姆誓言倡议》一文中提出了译者应遵循的四种伦理模式，即再现伦理、服务伦理、交际伦理和规范伦理。再现伦理要求译者尽可能真实地再现原作的意义、风格，实现原文与译文的对等。服务伦理要求译者将翻译视作是对客户的一项服务，因此，译者应尽可能地满足客户的需求。交际伦理强调翻译是连接不同语言不同文化，促进沟通交流的交际活动。因此，译者应努力实现交际的畅通。规范伦理强调了译文应符合目的语社会的阅读规范，产出目的语读者可信任的译文。总的说来，再现伦理指出了译者应对原文负责，而服务伦理、交际伦理及规范伦理则强调了读者的需求和接受在翻译中的重要性。

然而，在对比林译与徐译时我们发现，林语堂强烈的读者意识以及作者、译者的双重身份，使林译中原文的权威性极大地弱化。译者的主体性在翻译中不断凸显，以挑战原文的权威。林语堂在翻译中只有一主，这一主便是读者。相较而言，徐诚斌则受到更多的束缚。首先，作为译者，徐诚斌需要为原文及读者这两个主人服务。此外，由于前 11 章由林语堂翻译，所以，徐诚斌与其他他译者不同的是，除了原文及读者两位主人，徐诚斌在翻译中还需要对另一位主人服务，即对前 11 章中林语堂的翻译风格服务，也就是"一仆三主"。

这种区别体现在以下几个方面：

一、作为自译者，林语堂在翻译自己的作品时是享有"二度创作"特权的。在林译中，存在着许多对原文的删节和补充。原文在林语堂的自译中失去了应有的权威性。在一些地方，林语堂乘翻译的机会对作品进行改写、解释及延伸，有增、有删。而在徐诚斌的译文中，虽然也存在译者一定的发挥，但总的说来，徐译颇为忠实。相较于林语堂，徐诚斌不敢作较大的逾越，而选择尽可能地忠实于原文。

例如：

1. The issue of India is more than the issue of India; it is the issue of freedom and what we intend to do with it. Because we will not even face the issue of empire versus freedom, we have come to the perfectly anomalous position which bothers anybody but an Englishman, that in this war of freedom the India fighters for freedom are in jail for committing the crime of fighting for freedom.

林译：夫印度问题，不仅是印度的问题，乃人类自由的问题，所以已经演出一种矛盾的局面在这自由战争中，印度的自由战士因犯为自由而战的罪名而坐监牢。除了英人而外，对此都会发怔一下。

2. The English rulers were still silent. What would you have the Indians do? Address more prayers to stones?

林译：然而英人仍是兀然不动。你要叫印度人是好呢?

在这两个例子中，林语堂在翻译中均省掉了原文的部分信息。在第一个例子中将两个句子分别掐头去尾再重新组合，第二个例子则省略了完整的一个句子。再看下面几个例子：

3. Dead men tell no tales and answer no arguments, and dead censors delete no passages from the books of posterity; so let them have the pleasure of deleting them now.

林译：死者不争不辩，不泄秘密，死的检查官不会由棺材里伸出手来删削后世的文章，所以让他们在今世有此删削的快乐。

4. The first principles being not yet established, we are lost in a desert of temporizing ingenuities.

林译：治本之条理既未立，我们只在治标上面剜肉医疮，应付不暇。

5. There is something comically Aesopian in that debate between the

Athenians and the Melians, the former trying by threat and cajolery to induce the latter to join their "World Union," and the latter praying to the former like mice praying to a cat to be denied the pleasure of physical absorption into the belly of the Athenian she-cat.

林译：在雅典人与米罗斯人对辩的一段中，有一种滑稽意味，很像伊索寓言。雅典人很像猫哭老鼠威吓利诱，要迫他们加入他们的"世界大联盟"，而米罗斯人像老鼠见猫，求他们大发慈悲，准免享受归入雅典老母猫肚里的殊恩。

6. The standards of morality, particularly of international morality, in this decade are notoriously at a low ebb.

林译：此十年间人心道德，尤其是政治道德，降至低点，灭天理，穷人欲，为众所公认。

在这几个句子的翻译中，林语堂在基于原文的基础上进行发挥，在译文中用增译法对原文的意思进行拓展及延伸。在第一个例子中，林语堂增补了"不会由棺材里伸出手"，这部分信息的补充并没有改变原文的意思，但这一增补却使译文的语言更加生动，更具吸引力，更有助于意义的表达。同样，在第二个例子中，增加的"剜肉医疮"也将原文的意思表达得更加入木三分。

二、在林语堂自译的前11章中，共有89个按语。这些按语并没有采用通常译者所使用的脚注形式，而是直接嵌入文中，以括号与原文相区别。总的说来，林语堂所加的按语可以分为三类。

（1）对原文中中国读者不熟悉的西方名人和文化词语进行阐释，以帮助读者理解；此外，当有关中国文化的信息回归本土时，原本考虑到西方读者的接受而简化的文化信息，在汉译时则通过加注补充完整。这类按语体现了林语堂在翻译时的读者意识。

7. When Dr. J. B. Watson and the host of scientific idiots picture the human mind as consisting merely of a set of reactions to dinner bells, instead of to ideas, idiosyncrasies, and vagaries of this blessed middle state, all you can do is to throw up your hands...

林译：所以像瓦特生［行为论的心理学家］和那群科学低能儿，

认为人心只是听见吃饭摇铃引起反应，而不是对此人间世之嚣张乖戾妖
言诡行发起反应，你只好拂袖而别。

在此句中，瓦特生对于中国读者来说应该是陌生的，因此，林语堂在按语中
进行了解释，以方便读者理解。

8. So I must speak of "Karma."
林译：所以我只好谈起佛法说业。［按梵语 Karma "羯磨" 指身心
言行必有苦乐之果，名为业因，通常所谓 "宿业"、"现业" 之业也。］

在此句中，林语堂对中国读者可能缺乏的文化前结构进行了补充。对第二章
《业缘篇》（ "Karma"）中的核心概念 "karma"（羯磨）进行了阐释说明，阐明
了 "karma" 的含义以及 "karma" 所对应的汉语表达，从而扫清读者的认知
障碍。

9. Curiously, the concept of *li* covers both, and extends to the concept
of establishing political order by a prevailing sense of moral order, of which
the social, and state rituals are to be the symbols.
林译：中文 "礼" 字包括此二义，复引申发挥为以伦常秩序，为
立治的基础之精义，而社交［乡饮酒、冠礼、社礼等］、宗教［尝类郊
禘等］及宗庙［如宾军大祀庙礼等］之仪节，成为这轮唱秩序之仪表
法文。

在此句中，英文原文在介绍中国 "礼" 这一概念时，考虑到英文读者的接
受，介绍较为简略。而当作品回归中国本土时，林语堂将 "礼" 的外在表现，
如社交、宗教及宗庙之仪节的具体所指通过加注补充完整，以符合中国读者的认
知及期待视野。

（2）在林纾的翻译中，常有林纾冠以 "外史氏曰" 的按语，借以抒发议论。
严复在译《天演论》时，也经常在译文中加入原文长度数倍的按语。同样，在
林语堂的译文中，也有不少这类的按语。这些文字与原文在意义上的关联并不是
很密切，而是林语堂在翻译时的一时之感，或对翻译内容的评论。在这类按语
中，林语堂明确表达了自己对某一问题的鲜明态度，从而使译者从隐身走向显
形，译者的主体性得以彰显。而这一做法也拉近了与读者之间的距离，营造了一

种 "良朋叙旧" 的融洽氛围。

10. The audacity of these thinkers of peace hurts my soul.

林译：听这些人大言不惭奢谈和平方法，就教我心悸。[按西洋现行社论家行文必列数字，若高加索产油几加仑，古巴产糖在美国入口之百分额，阿比新尼亚棉质长短几何米理米突，否则不足为专家，而投稿杂志报章，亦难邀青睐。]

11. He wants to be objective only and prays God that he be delivered from all emotion. He knows, and knows for certain, that for 1937 it (never mind what) is $27^1/_2$ percent, but for 1938, it is $34^5/_8$ percent, and he is as proud of his fractions as a cobbler is proud of leather.

林译：他只求能客观，求上帝保佑他排脱一切的情感。他确知无疑某物 [不管何物]，在 1942 年是 27.5%，而在 1943 年却是 34.375%。[按荀子有好名词，斥此辈为 "散儒"。荀子《劝学篇》曰："上不能好其人，下不能隆礼，安特将学杂识志顺诗书而已耳，则末世穷年不免为陋儒而已。" 又曰："不隆礼，虽察辩，散儒也。" 孔子对子夏警告曰："女为君子儒，无为小人儒。" 亦指此辈。子夏博闻强记，善说三百篇昆虫草木之名，故夫子施以警告。故曰："博我以文，约我以礼。" 盖礼乃立身行世之大端，既博之又必约之，学有归宿，斯不为散矣。附此一笑。]

在此句中，林语堂讽刺西方经济学家的唯物质主义，对数字数据的过度迷信。在按语中，林语堂用荀子《劝学篇》和《论语》中的相关句子对这种现象进行评论。

12. High-flown idealism and pedestrian realism must be joined together, so that idealists are no longer regarded by businessmen as impractical and "realism" is no longer an excuse for dispensing with ideals in men's plans for action.

林译：高谈阔论耸入云际的道术与脚踏实地的人事须得联系，相辅而行，商贾不复视道义为 "不合时务"，而功利之徒不复以 "实际主义"为饰词。[美国名作家李伯门（Walter Lippmann）尝称美国人"头脑是理想，心胸是唯物"。]

13. Through this bowing and singing, our hearts were supposed to be changed, we were to feel refined and civilized, like the lords and ladies at the court of Louis XV.

林译：由这揖让鼓乐，人心为所感化，就如路易第十五宫廷的士女，温文尔雅，进退作揖，大家觉得文明样子。[按其实中国文化在欧洲影响极大，故其男人梳辫子，穿缎鞋，贵人坐轿子，陈列重磁器，惟辫子嫌短，不甚美观。]

在这两个句子中，林语堂将与原文意思相关的一些文化背景信息及自己的评论以按语的形式表达出来。虽然这些按语与原文并无直接的联系，是译者所发散的题外话，如例12在谈到平衡理想主义与实际主义时，林语堂插入了中国文化对欧洲的影响，这种深度翻译的方法彰显了译者的在场，也极大地提高读者阅读的兴趣。

（3）第三类按语为对读者的阅读指引。请看一例：

14. We, too, might be able to predict a disaster, but once freed from the shackles of determinism, the wisest prophet would be the one who refused to predict.

林译：也许我辈也可预卜大难之将至，惟苟能毅然斩除科学定命论之桎梏，未敢预卜，始为大贤。[科学定命论，见"血地"、"亡道"、"当代"等篇，尤详"化物篇"。]

在提到科学定命论时，林语堂在按语中将涉及科学定命论的相关章节一一列出，以方便引导读者阅读。

而在徐诚斌翻译的后12章中，只有27个按语。这27个按语可以分为两类：一为对原文中会造成中国读者认知困难的西方名人及文化词语的补充解释，二是对读者的阅读指引。而彰显译者主体性的评论性按语则并没有出现在徐诚斌的译文中。这一区别也表明，自译者相对于他译者拥有更大的权力。

三、作为林语堂指定的翻译者，徐诚斌与其他他译者不同的是，除了原文、读者两位主人，徐诚斌在翻译中还需要对另一位"主人"服务，即对前 11 章中林语堂的翻译风格服务。这一特点反映在后 12 章中徐诚斌沿用了林语堂在翻译前 11 章时所采用的结构和翻译方法。我们以这本书各章篇名的翻译为例：

译者	原名	译名
林语堂	1. A Confession	前序第一 ——此篇自述并解题
林语堂	2. Karma	业缘篇第二 ——此篇言唯心史观并解释事功不灭果报循环之理为全书立论的张本
林语堂	3. The Emergence of Asia	时变篇第三 ——此篇言亚洲之勃兴
林语堂	4. The Suicide of Greece	述古篇第四 ——此篇引证古代雅典不能解决帝国主义与自由之冲突以致希腊文明自杀为下章张本
林语堂	5. Churchill and Pericles	证今篇第五 ——此篇专言印度问题原名"丘吉尔与伯理克理斯"反证古今证明今日帝国与自由的冲突仍未解决且因此大战宗旨中途改变暗伏第三次大战的杀机
林语堂	6. World War III	果报篇第六 ——此篇言第三次世界大战之伏机及引百年前诗人之忏语作证
林语堂	7. White Man's Burden	排物篇第七 ——此篇原名"白种人之重负"言由物质主义观点求世界和平之乖错
林语堂	8. Government by Music	明乐篇第八 ——此篇言中国哲学不龂龂于政治组织货殖给养治政治与伦理于一炉以礼乐刑政并举为政治之源国家齐治必基于道德习尚籍此益见经济学见解之浅陋
林语堂	9. Mathematics and Peace	卜算篇第九 ——此篇原名"数学与和平"言和平非排比数字分发票号所可办到大旨排斥机械心理可与薄书篇并读
林语堂	10. Defense of Courtesy	明礼篇第十 ——此篇言礼让为礼教之一部与强权政治之争夺相反去争夺惟有礼让别无他道末复以近事证之
林语堂	11. Europeanization of the World	欧化篇第十一 ——此篇言欧洲为众祸之始世乱之源且探讨欧洲化之内容可知世界欧化则世界必如欧洲连年战乱永无已时

续表

译者	原名	译名
徐诚斌	12. Defense of the Mob	愚民篇第十二 ——此篇言民主基本信仰在于民并研究今日民主国官吏欺民之方术及真正民意与国策背道而驰之实情
徐诚斌	13. The Future of Asia	歧路篇第十三 ——此篇言"亚洲之将来"之两种看法 一为正义和平的看法 一为强权政治的看法以揭露亚洲政策之真相
徐诚斌	14. Peace by Power	强权篇第十四 ——此篇举美国论战后世界新书数种证明强权思想之未泯灭
徐诚斌	15. A Philosophy of Peace	不争篇第十五 ——此篇申明老子不争哲理以破强权思想
徐诚斌	16. Peace by Point Rations	薄书篇第十六 ——此篇论古尔柏森的世界联邦计划藉以证明数学之不能避开心理及数学机械方法之不足恃
徐诚斌	17. The Science of the Bloody Earth	血地篇第十七 ——此篇专攻"地略政治家"而推究此类自然主义战争哲学所由来以明自然主义之深入西方学界
徐诚斌	18. The Intellectual's Dilemma	亡道篇第十八 ——此篇归结上篇所引证指出科学客观不加好恶的态度施于人事关系必发生危险及论人事研究上客观之不可能
徐诚斌	19. Character of the Modern Age	当代篇第十九 ——此篇原名"当代之品质"言世事之变起于人性观念之变并陈叙自由人权观念之退步及经济安全观念之崛起
徐诚斌	20. Origins of the Mechanistic Mind	化物篇第二十 ——此篇言现代机械心理之所由来推论人文科学袭用自然科学之结果及指陈自由意志人生意义为唯物观所消灭
徐诚斌	21. Science to the Rescue	齐物篇第二十一 ——此篇先指出今日科学思想进步物质观念根本改变正足为今日之救星为唯物主义找一出路继以老庄解恩斯坦相对论哲学发展必趋之势
徐诚斌	22. The Search for Principles	穷理篇第二十二 ——此篇借希腊先哲之口研究世界政府之基本原则
徐诚斌	23. The Common Standard for Men	一揆篇第二十三 ——此篇引孟子之说言圣人与我同类及所以别于禽兽之人性以定人类平等大同之哲学基础

在翻译前 11 章章节名称时，林语堂将各章名称处理得结构严整、短小凝练。

除第一章的章名为四个字，从第二章到第十一章，林语堂先用三个字提炼出该章的主题，并加上章节序号，如"业缘篇第二""时变篇第三""述古篇第四"。在主标题下，林语堂为各章加上了副标题。副标题为该章主要内容的归纳概言。在后 12 章的篇名翻译中，徐诚斌完全沿用了前 11 章中林语堂的篇名结构及翻译方法，使整个译本前后连贯，结构统一。

此外，在特定词语的翻译上，徐诚斌也尽量做到与林语堂统一。例如：

15. While I am writing this, the boast of some English bureaucrats in India, "the situation is well in hand," keeps ringing in my ears.

林译：我书此时，耳际老是闻见在印度的英国吏曹扬扬得意说，"情势绝有把握"。

林语堂将"bureaucrat"翻译为"吏曹"。再看徐译：

16. Briefly, the answer lies in the fact that there is a growing tendency to hand over the government of the country to bureaucrats and "experts", and the terms on which the people are told to surrender their judgment to them are that these experts have "all the facts", which the people, the poor laymen, are not supposed to have.

徐译：简括说来，近来有一种倾向，把政府由人民手中交给少数吏曹和"专家"手中，他们说他们知道"全盘事实"，老百姓不知道其中真况，所以不必过问。

17. So I must come to the defense of the mob. The people of the modern world are always a little scared of specialist learning, particularly of some special "facts", such as the bureaucratic experts say they have and the people do not have.

徐译：所以我一定要替老百姓说话，今日世界上的平民，见了一般专家，至少有些畏惧，尤其是那些知道人民所不知道的"全盘事实"的吏曹专家。

在对比林译和徐译时我们发现，林语堂将"bureaucrat"这个词翻译为"吏曹"。"bureaucrat"可译为"官吏""官僚"等，而徐诚斌在翻译中则沿用了林语堂的译名。

　　总的说来，林语堂在自译时，忠实于原文并不是第一位的。林语堂的翻译并没有追求与原文的对等。林语堂的翻译是在基于原文基础上对原文的一种再现。在他的自译实践中，读者的接受是他对原文进行改写的出发点和原动力。

第三节　本章小结

　　本章以林语堂的自译作品《林语堂评说中国文化》和《啼笑皆非》为例，探讨了林语堂强烈的读者意识在其翻译实践中的体现。本章首先分析了林语堂在《林语堂评说中国文化》的自译实践中，在面对不同文化前结构和不同期待视野的读者时对原作所做的改写。林语堂的改写包括以下几种形式：（1）在译文中增加符合中国读者期待视野的佚闻趣事，以交代文化背景知识，增加文章的趣味性，并拉近与读者之间的距离；（2）删去原文中针对英语读者的文化解释；（3）在译文中，用读者所熟知的译语文化中的文化意象去置换原文中符合西方读者认知的源语文化意象；（4）在文字层面上，通过增删使译文语言漂亮、生动、流畅；（5）在文化细节上，鉴于中西方读者不同的文学、文化传统及审美观念，一些对于西方读者难于理解的文化信息，在英文原文中被简化或省略，但中文译文则比较详尽。通过分析我们得出，在这本自译作品集中，林语堂对英文原文进行改写的出发点是为了方便读者的理解并增加作品的文学表现效果以吸引读者。

　　接着，本章对《啼笑皆非》汉译本中林语堂自译部分及徐诚斌翻译部分进行对比分析，探讨自译者及他译者在翻译中所表现出的不同特点。林语堂与徐诚斌在翻译时的不同在于：（1）作为自译者，林语堂在翻译自己的作品时自由度更大。在翻译中改写、增删的现象比较突出。而徐诚斌的译文则颇为忠实。（2）林语堂在自译的前11章中，补充了大量的按语，特别是彰显译者主体性的评论性按语。而在徐诚斌翻译的后12章中，按语明显减少，并且没有评论性按语。（3）徐诚斌在翻译时尽力遵循并模仿林语堂自译部分的翻译风格及用词特点。通过比较发现，林语堂比徐诚斌在翻译时有更大的自由。林语堂在自译时，忠实于原文并不是第一位的。林语堂的翻译是在基于原文基础上对原文的一种再现。而且，在他的自译实践中，读者的接受是他对原文进行改写的出发点和原动力。

　　林语堂在自译中只服务一"主"，这一"主"便是读者。而徐诚斌在翻译中除了读者这一个"主人"，还需要为原文及前 11 章林语堂的翻译风格两位"主人"服务。

结　论

　　本书从林语堂作家、译者、文化使者三者合一的身份出发，以林语堂的文学观和文化观为视角，分析了林语堂的文学观和文化观对其翻译思想形成及策略制定的影响。本书从宏观的角度对林语堂宏阔的、多重维度的翻译活动进行了深入、整体的把握，从而对林语堂的翻译研究起到有益的补充。此外，本书还挖掘了林语堂翻译思想的现代价值及其对新时期中国典籍英译工作的启示意义。

　　本书首先从林语堂的中英文作品着手，将散落其中的文化观和文学观进行整理归纳（第一章）。笔者将林语堂的文化观归纳为两点：一是通过中西文化比较与互补而实现中西文化融合的文化理想；二是当中华民族处于危亡之际时，主动担当中国文化大使的爱国情怀。笔者将林语堂的文学观归纳为三点：（1）对作品艺术性的重视；（2）反对文学功利主义；（3）强烈的读者意识。接着，本书探究了林语堂的文化观在林语堂的翻译活动中，对林语堂的翻译思想及决策制定的具体影响（第二章、第三章）。林语堂中西文化融合的文化理想在林语堂翻译中的折射具体体现在《孔子的智慧》《老子的智慧》两部译著的编译工作中。林语堂面对时代的命题和人的困惑对孔子学说和老子思想进行萃取、整理及现代化重构。林语堂在民族危难之际选择向民族文化的复归体现在他通过《京华烟云》向西方读者翻译介绍的中国文化元素中。在《京华烟云》中，林语堂的翻译目的是向西方读者介绍中国文化，从而争取国际援助。因此，这一目的决定了林语堂在《京华烟云》中力图全面、系统地介绍各个层次的中国文化，并做到真实的传达并在翻译中注重读者的接受。最后，本书分析了林语堂的文学观在他的翻译思想和翻译实践中的互文体现（第四章至第六章）。通过分析，笔者发现，林语堂"人生的艺术观"的文学观塑造了其"美"的翻译标准。林语堂的"美"并不是指辞藻的华丽，而是强调译文的文学性和艺术性。因此，当原文不符合林语堂的审美标准时，林语堂会改写原文，使译文成为符合自己审美标准的艺术品。林语堂"反对文学功利主义"的文学观体现在林语堂翻译时的选材标准上。在林语堂的整个翻译生涯中，无论社会主流意识形态和诗学观念如何变迁，林语堂从不随波逐流。林语堂对文学功用的理解，即"人生的艺术观"的思想是贯穿他翻译生涯的选材标准。林语堂强烈的读者意识表现在他在自译作品时极大的自由度上。在林语堂的自译中，原文的权威并不是第一位的。在林语堂看来，读者的接受才是最重要的。因此，在面对不同文化前结构及不同期待视野的读者时，林语堂会对原文进行改写。

综上所述，笔者认为，作为沟通中西的文化大使、著名作家和翻译家，林语堂这三重身份是一个相互影响的有机整体。林语堂的文化诉求和文学理念必然会影响林语堂的翻译思想和翻译实践。林语堂的文化观、文学观对林语堂翻译思想的影响具体体现在翻译目的、翻译标准及翻译的选材原则三个方面。就翻译的目的而言，林语堂翻译的非文本目的在于促进不同文化之间的交流和理解。林语堂心中理想的翻译是站在人类大同的高度，将单一文化的各美其美发展为整个人类文明的美美共美。也就是通过翻译使不同文化背景下的人学到自己未知的东西，倾听不同的声音，分享人类文明的共同财富，促进不同文化之间的相互学习与对话，从而促进人类文明的共同繁荣。林语堂翻译的文本目的在于使读者通过译文能喜欢并欣赏原文。就翻译的标准而言，林语堂认为译文一定要是"美"的，"美"是指作品的艺术性及文学性。就翻译的取材，即译什么而言，林语堂认为，翻译不应盲目追随社会主流意识形态和诗学观念，不应有政治功利性。译者应选择自己喜爱的作品翻译，并注重作品对人生的启蒙意义及社会关怀。

此外，本书中探讨的一些问题和一些发现具有积极的理论意义与实践意义。

本书的实践意义在于，作为文化传播的成功个案，林语堂沟通中西、传承文明的翻译思想及跨文化实践为我们在全球化语境中的典籍翻译起到了较大的启示作用。

也许在20世纪"对抗与斗争"成为不同文化之间关系的主题时，韦努蒂的抵抗式翻译会成为权力斗争的有力工具。然而强调对话、全球伦理、和平与发展的21世纪则更需要林语堂。林语堂是爱国的，他更爱人类，爱世界。他站在人类大同的高度，以宽广的胸襟将民族文化看作整个人类的珍贵遗产，以时代精神对民族文化进行编译和现代化重构，以促进人类文明的共同繁荣。这是林语堂留给我们的重要启示和宝贵的精神遗产。

林语堂的翻译实践也告诉我们，在不同的历史阶段，针对读者对源语文化的不同认知及接受程度，应采取不同的翻译策略，以保证文化交流渠道的畅通。

本书的理论意义体现于以下三点：

（1）本书明确地提出了翻译的核心价值以及译者所应具备的文化素养。这有助于翻译界改变目前的研究中将翻译与权力的过度结合，廓清贯穿人类社会始终的翻译活动的核心意义。同时这对明确译者的职责、规范译者的行为也具有一定的理论意义。

（2）本书首次系统地研究了译者以作品艺术性为旨归的改写模式。通过研究发现，林语堂对中国传奇小说进行改写的出发点在于对译文艺术性的考虑，对自己文学主张的彰显。这一研究有助于深化翻译中改写现象的研究，改变国内翻译界改写研究中几乎言必谈勒菲弗尔和意识形态的现状。

（3）本书首次将移民作家的创作文本纳入翻译的范畴，并进行理论论证。通过论证得出，移民作家创作文本中对特定文化元素的传达实质上就是翻译。这一研究对于拓宽翻译研究的领域具有一定的理论意义。

然而，由于主客观条件的限制，本书同时也存在不少缺憾与不足。首先，尽管本书试图从宏观的角度全面客观地对林语堂的翻译思想、翻译实践进行考察和分析，但由于林语堂翻译活动的宏阔、多维及复杂，本书的研究仅仅只能反映林语堂翻译活动的一个截面。其次，在说明林语堂的跨文化翻译实践在西方读者，特别是西方普通读者中的接受情况时，由于调查条件所限，不得不依赖网络信息。针对以上不足之处，今后的研究将更加深入、全面，从而更好地解读林语堂的翻译思想和翻译实践。

关于林语堂的研究可以在深度和广度两方面进一步拓宽。例如，将林语堂不同的翻译形式——编译、译写、自译等——做更加细致的专题研究。此外，将林语堂的英文著作纳入研究范围。林语堂英文著作如《风声鹤唳》《朱门》《唐人街》《吾国与吾民》《生活的艺术》中的翻译元素值得挖掘。还可将不同阶段的华裔移民作家如黄玉雪、雷庭招、朱路易、汤亭亭、任璧莲、谭恩美、哈金、裘小龙等人英文作品中的翻译元素和翻译策略进行对比研究。这些研究成果会不断丰富我们对翻译的认识。

参考文献

安乐哲，2006. 自我的圆成：中西互镜下的古典儒学与道学 [M]. 彭国翔，译. 石家庄：河北人民出版社.

白诗朗，2006. 普天之下：儒耶对话中的典范转化 [M]. 彭国翔，译. 石家庄：河北人民出版社.

布洛克，1997. 西方人文主义传统 [M]. 董乐山，译. 北京：生活·读书·新知三联书店.

卜松山，2000. 与中国作跨文化对话 [M]. 北京：中华书局.

蔡骏，2007. 译写：一种翻译的新尝试 [J]. 译林（2）：205-207.

蔡尚思，1989. 中国礼教思想史 [M]. 香港：中华书局.

曹明伦，2007. 翻译之道 [M]. 保定：河北大学出版社.

陈福康，2000. 中国译学理论 [M]. 上海：上海外语教育出版社.

陈鼓应，2001. 老子评传 [M]. 南京：南京大学出版社.

陈鼓应，2008. 老子注译与评介 [M]. 北京：中华书局.

陈来，2011. 孔夫子与现代世界 [M]. 北京：北京大学出版社.

陈荣捷，1975. 中西方对"仁"的解释 [J]. 中国哲学（2）.

陈子善，1998. 林语堂书话 [M]. 杭州：浙江人民出版社.

杜维明，1981. 孔子《论语》中的"仁" [J]. 东西方哲学（31）.

杜维明，2001a. 东亚价值与多元现代性 [M]. 北京：中国社会科学出版社.

杜维明，2001b. 文化的冲突与对话 [M]. 长沙：湖南大学出版社.

杜维明，2001c. 现代精神与儒家传统 [M]. 北京：生活·读书·新知三联书店.

杜维明，2006. 儒家传统与文明对话 [M]. 石家庄：河北人民出版社.

费正清，2013. 观察中国 [M]. 唐吉洪等，译. 长春：吉林出版集团有限责任公司.

芬格莱特, 2002. 孔子：即凡而圣 [M]. 彭国翔, 张华, 译. 南京：江苏人民
出版社.

冯友兰, 2007. 中国哲学简史 [M]. 北京：新世界出版社.

弗洛姆, 1986. 在幻想锁链的彼岸 [M]. 张燕, 译. 长沙：湖南人民出版社.

高鸿, 2005. 跨文化的中国叙事 [M]. 上海：上海二联书店.

歌德, 2010. 歌德论世界文学 [M]. 查明建, 译. 中国比较文学 (2)：2-8.

葛浩文, 2013. 作者与译者：一种不安、互惠互利，且偶尔脆弱的关系 [J]. 中
国社会科学报, 2013-11-04.

关世杰, 2007. 世界文化的东亚视角——全球化进程中的东方文明 [M]. 北京：
北京大学出版社.

郝大维, 安乐哲, 1996. 孔子哲学思微 [M]. 蒋弋为, 李志林, 译. 南京：江
苏人民出版社.

贺麟, 1988. 文化与人生 [M]. 北京：商务印书馆.

亨廷顿, 2002. 文明的冲突与世界秩序的重建 [M]. 周琪, 等译. 北京：新华
出版社.

胡适, 2013. 个人自由与社会进步 [M]. 北京：北京大学出版社.

霍尔, 2010. 超越文化 [M]. 何道宽, 译. 北京：北京大学出版社.

金学勤, 2009.《论语》英译之跨文化阐释——以理雅各、辜鸿铭为例 [M]. 成
都：四川大学出版社.

梁漱溟, 1993. 梁漱溟集 [M]. 3 卷. 北京：群言出版社.

梁漱溟, 2005. 中国文化要义 [M]. 上海：上海人民出版社.

梁漱溟, 2006. 东西文化及其哲学 [M]. 上海：上海人民出版社.

廖七一, 2002. 当代西方翻译理论探索 [M]. 南京：译林出版社.

列文森, 2009. 儒教中国及其现代命运 [M]. 郑大华, 任菁, 译. 桂林：广西
师范大学出版社.

林太乙, 1994. 林语堂名著全集 [M]. 29 卷. 长春：东北师范大学出版社.

林语堂, 2001. 林语堂评说中国文化 [M]. 北京：中国中央党校出版社.

林语堂, 1990. 八十自叙 [M]. 北京：宝文堂书店.

林语堂, 1994a. 林语堂名著全集 [M]. 1 卷. 长春：东北师范大学出版社.

林语堂, 1994b. 林语堂名著全集 [M]. 13 卷. 长春：东北师范大学出版社.

林语堂，1994c. 林语堂名著全集 ［M］. 15 卷. 长春：东北师范大学出版社.

林语堂，1994d. 林语堂名著全集 ［M］. 14 卷. 长春：东北师范大学出版社.

林语堂，1994e. 林语堂名著全集 ［M］. 16 卷. 长春：东北师范大学出版社.

林语堂，1994f. 林语堂名著全集 ［M］. 17 卷. 长春：东北师范大学出版社.

林语堂，1994g. 林语堂名著全集 ［M］. 18 卷. 长春：东北师范大学出版社.

林语堂，1994h. 林语堂名著全集 ［M］. 27 卷. 长春：东北师范大学出版社.

林语堂，2010. 啼笑皆非 ［M］. 北京：群言出版社.

林语堂，2012. 苏东坡传 ［M］. 北京：外语教学与研究出版社.

林语堂，2013. 老子的智慧 ［M］. 长沙：湖南文艺出版社.

林语堂，2009. 孔子的智慧 ［M］. 北京：当代世界出版社.

刘杰，2000. 马丁·布伯论"东方精神"的价值 ［J］. 文史哲（6）：34-40.

刘述先，2006. 全球伦理与宗教对话 ［M］. 石家庄：河北人民出版社.

刘禾，2008. 跨语际实践 ［M］. 北京：生活·读书·新知 三联书店.

刘象愚，罗钢，2000. 文化研究读本 ［M］. 北京：中国社会科学出版社.

刘象愚，杨恒达，曾艳兵，2002. 从现代主义到后现代主义 ［M］. 北京：高等
    教育出版社.

刘亚猛，朱纯深，2015. 国际译评与中国文学在域外的"活跃存在" ［J］. 中国
    翻译（1）：5-12.

卢克斯，2001. 个人主义 ［M］. 阎克文，译. 南京：江苏人民出版社.

陆薇，2007. 走向文化研究的华裔美国文学 ［M］. 北京：中华书局.

鲁迅，2009. 中国小说史略 ［M］. 北京：北京大学出版社.

罗素，1997. 西方哲学史 ［M］. 北京：商务印书馆.

罗素，等，1974. 危机时代的哲学 ［M］. 台北：台北志文出版社.

罗荣渠，1997. 从"西化"到现代化 ［M］. 北京：北京大学出版社.

罗选民，杨文地，2012. 文化自觉与典籍英译 ［J］. 外语与外语教学（5）：
    63-66.

吕若涵，2002. "论语派"论 ［M］. 上海：上海三联书店.

马祖毅，2006. 中国翻译通史 ［M］. 北京：商务印书馆.

马祖毅，2007. 汉籍外译史 ［M］. 武汉：湖北教育出版社.

马振铎，1993. 仁·人道——孔子的哲学思想 ［M］. 北京：中国社会科学出
    版社.

孟华，2001. 比较文学形象学 [M]. 北京：北京大学出版社.

明恩溥，1999. 中国人的素质 [M]. 上海：学林出版社.

莫言，2000. 我在美国出版的三本书 [J]. 小说界 (5)：170-173.

萨义德，2007. 东方学 [M]. 王宇根，译. 北京：生活·读书·新知 三联书店.

单德兴，2006. 开疆与辟土——美国华裔文学与文化. 作家访谈录与研究论文集 [M]. 天津：南开大学出版社.

沈复，1999. 浮生六记 [M]. 林语堂，译. 北京：外语教学与研究出版社.

施建伟，1997. 林语堂研究论集 [C]. 武汉：湖北教育出版社.

施萍，2005. 林语堂：文化转型的人格符号 [M]. 北京：北京大学出版社.

苏盖，2008. 他者的智慧 [M]. 刘娟娟，等译. 北京：北京大学出版社.

谭载喜，2000. 西方翻译简史 [M]. 北京：商务印书馆.

谭载喜，2005. 翻译学 [M]. 武汉：湖北教育出版社.

谭恩美，2006. 沉没之鱼 [M]. 北京：北京出版社.

汤因比，2009. 历史研究 [M]. 刘北成，郭小凌，译. 上海：上海人民出版社.

万平近，1989. 林语堂论中西文化 [M]. 上海：上海社会科学院出版社.

万平近，2008. 林语堂评传 [M]. 上海：上海远东出版社.

王建开，2003. 五四以来我国英美文学作品译介史 1919-1949 [M]. 上海：上海外语教育出版社.

王兆胜，2002. 闲话林语堂 [M]. 北京：中国国际广播出版社.

王兆胜，2005. 林语堂两脚踏中西文化 [M]. 北京：文津出版社.

王兆胜，2007. 林语堂与中国文化 [M]. 北京：社会科学文献出版社.

王杰，2000. 儒家文化的人学视野 [M]. 北京：中共中央党校出版社.

王宏志，2007. 重释"信、达、雅"——20 世纪中国翻译研究 [M]. 北京：清华大学出版社.

王宁，2006. 文化翻译与经典阐释 [M]. 北京：中华书局.

王志勤，谢天振，2013. 中国文学文化走出去：问题与反思 [J]. 学术月刊 (2)：21-27.

王佐良，1984. 严复的用心 [J]. 《翻译通讯》编辑部. 翻译研究论文集 (1949-1983). 北京：外语教学与研究出版社：479-484.

谢天振，2008. 当代国外翻译理论 [M]. 天津：南开大学出版社.

谢天振，2012. 莫言作品"外译"成功的启示［J］. 文汇读书周报，2012 –
 12 –14.

许钧，2001. 文学翻译的理论与实践——翻译对话录［M］. 南京：译林出版社.

许方，许钧，2013. 翻译与创作——许钧教授谈莫言获奖及其作品的翻译［J］.
 小说评论（2），4 –10.

雅斯贝斯，2005. 时代的精神状况［M］. 王德峰，译. 上海：上海译文出版社.

严春友，2005. 人：西方思想家的阐释［M］. 北京：中国社会科学出版社.

杨伯峻，1963. 论语译注［M］. 北京：中华书局.

杨剑龙，2008. 论语派的文化情致与小品文创作［M］. 上海：上海世纪出版
 集团.

杨自俭，2006. 英汉语比较与翻译［M］. 上海：上海外语教育出版社.

余英时，1995. 中国思想传统的现代诠释［M］. 南京：江苏人民出版社.

曾艳兵，2012. 西方现代主义文学概论［M］. 北京：北京大学出版社.

张岱年，1982. 中国哲学大纲［M］. 北京：中国社会科学出版社.

张涛，2011. 孔子在美国［M］. 北京：北京大学出版社.

赵毅衡，2001. 后仓颉时代的中国文学［J］. 花城（5）：203 –204.

赵毅衡，2007. 对岸的诱惑［M］. 上海：上海人民出版社.

赵芸，2010. 著名翻译家谈"文化走出去"［J］. 上海采风（3）：16 –29.

祝朝伟，2005. 构建与反思［M］. 上海：译文出版社.

朱徽，2009. 中国诗歌在英语世界——英美译家汉诗翻译研究［M］. 上海：上
 海外语教育出版社.

朱熹，1985. 四书集注［M］. 长沙：岳麓书社.

朱晓进，2009. 五四文学传统与三十年代文学转型［J］. 中国社会科学（6）：
 171 –184.

子通，2003. 林语堂评说七十年［M］. 北京：中国华侨出版社.

ÁLVAREZ, 2007. Translation, Power, Subversion ［M］. Beijing：Foreign
 Language Teaching and Research Press.

BAKER，2006. Routledge Encyclopedia of Translation Studies ［M］. Shanghai：
 Shanghai Foreign Language Education Press.

BASSNETT，2006. The Translator as Writer ［M］. London and New York：
 Continuum.

BASSNETT, 2001. Constructing Cultures: Essays on Literary Translation [M]. Shanghai: Shanghai Foreign Language Education Press.

BASSNETT, 1999. Post-Colonial Translation: Theory and Practice [M]. London and New York: Routledge.

BHABHA, 1994. The Location of Culture [M]. London and New York: Routledge.

CHESTERMAN, 1997. "Ethics of Translation" [A]. Eds, M. Snell-Hornby et al. Translation as Intercultural Communication. Amsterdam and Philadelphia: John Benjamins: 147 – 160.

CHESTERMAN, 2001. "Proposal for a Hieronymic Oath" [J]. The Translator, 7 (2): 139 – 153.

CRONIN, 2006. Translation and Identity [M]. London and New York: Routledge.

CRONIN, 2003. Translation and Globalization [M]. London and New York: Routledge.

GENTZLER, 2005. Contemporary Translation Theories [M]. Shanghai: Shanghai Foreign Language Education Press.

GUTT, 2004. Translation and Relevance: Cognition and Context [M]. Shanghai: Shanghai Foreign Language Education Press: 22.

HERMANS, 2004. Translation in Systems: Descriptive and Systemic Approaches Explained [M]. Shanghai: Shanghai Foreign Language Education Press: 141.

HERMANS, 2010. The Manipulation of Literature: Studies in Literary Translation [M]. London and Sydney: Croom Helm.

HORNBY, 2006. The Turns of Translation Studies: New Paradigms or Shifting Viewpoints [M]. Philadelphia: John Benjamins Publishing, 2006.

KINGSTON, 1980. China Men [M]. New York: Random House, Inc.

KINGSTON, 1976. The Woman Warrior [M]. New York: Random House, Inc.

LEFEVERE, 1990. Translation, History & Culture [M]. London: Pinter Publishers.

LEFEVERE, 2007. Translation, Rewriting and the Manipulation of Literary Fame [M]. Shanghai: Shanghai Foreign Language Education Press.

LEFEVERE, 2005. Translation/History/Culture: A Sourcebook [M]. Shanghai: Shanghai Foreign Language Education Press.

LIN, 2009. The Wisdom of Confucius [M]. Beijing: Foreign Language Teaching and Research Press.

LIN, 2009. Famous Chinese Short Stories [M]. Beijing: Foreign Language Teaching and Research Press.

LIN, 2009. Moment in Peking [M]. Beijing: Foreign Language Teaching and Research Press.

LIN, 2009. The Wisdom of China [M]. Beijing: Foreign Language Teaching and Research Press.

LIN, 2009. The Wisdom of Laotse [M]. Beijing: Foreign Language Teaching and Research Press.

LIN, 2009. My Country and My People [M]. Beijing: Foreign Language Teaching and Research Press.

LIN, 1935. The Little Critic: Essays, Satires and Sketches on China (Second Series: 1933 − 1935) [M]. Shanghai: The Commercial Press.

LIN, 1936. The Little Critic: Essays, Satires and Sketches on China (First Series: 1930 − 1932) [M]. Shanghai: The Commercial Press.

LIN, 2010. The Gay Genius: The Life and Times of Su Tungpo [M]. Beijing: Foreign Language Teaching and Research Press.

LIN, 2010. The Importance of Understanding [M]. Beijing: Foreign Language Teaching and Research Press.

LIN, 1998. The Importance of Living [M]. Beijing: Foreign Language Teaching and Research Press.

LIN, 1943. Between Tears and Laughter [M]. New York: The John Day Company.

MUNDAY, 2009. The Routledge Companion to Translation Studies [M]. London and New York: Routledge.

PEREZ, 2003. Apropos of Ideology [M]. Manchester: St. Jerome.

SAMOVAR, 2007. Intercultural Communication: A Reader [M]. Shanghai: Shanghai Foreign Language Education Press.

SHUTTLEWORTH, 2006. Dictionary of Translation Studies [M]. Shanghai: Shanghai Foreign Language Education Press.

ST-PIERRE, 2007. In Translation—Reflections, Refractions, Transformations [M].

Philadelphia: John Benjamins Publishing Co.

TAN, 1989. The Joy Luck Club [M]. New York: Ballantine Books.

TYMOCZKO, 2004. Translation in a Postcolonial Context: Early Irish Literature in English Translation [M]. Shanghai: Shanghai Foreign Language Education Press.

VENUTI, 2006. The Translation's Invisibility: A History of Translation [M]. Shanghai: Shanghai Foreign Language Education Press.

VENUTI, 2000. The Translation Studies Reader [M]. London and New York: Routledge.